# PRÉCIS
# DE PHILOSOPHIE

Rédigé conformément aux programmes officiels
POUR LA CLASSE DE PHILOSOPHIE

D'APRÈS LES LEÇONS DE PHILOSOPHIE
DE M. E. RABIER

PAR

## RENÉ WORMS

Ancien élève de l'École normale supérieure
Agrégé de philosophie

---

PARIS
LIBRAIRIE HACHETTE ET C<sup>ie</sup>
79, BOULEVARD SAINT-GERMAIN, 79

# PRÉCIS
# DE PHILOSOPHIE

22650. — PARIS. IMPRIMERIE LAHURE
9, rue de Fleurus, 9

# PRÉCIS DE PHILOSOPHIE

Rédigé conformément aux programmes officiels
POUR LA CLASSE DE PHILOSOPHIE

D'APRÈS LES LEÇONS DE PHILOSOPHIE
**DE M. E. RABIER**

PAR

RENÉ WORMS

Ancien élève de l'École normale supérieure
Agrégé de philosophie

PARIS
LIBRAIRIE HACHETTE ET C<sup>ie</sup>
79, BOULEVARD SAINT-GERMAIN, 79
—
1891

Droits de traduction et de reproduction réservés.

# PRÉFACE

Le succès qu'ont obtenu les *Leçons de Philosophie* de M. E. Rabier a fait désirer à nombre de professeurs qu'il en fût rédigé un abrégé à l'usage des élèves de la classe de philosophie. C'est cet abrégé que notre honoré maître a bien voulu nous autoriser à écrire, et que nous offrons aujourd'hui au public scolaire en vue duquel il a été composé. Pour la psychologie et la logique, traitées dans la partie publiée des *Leçons de Philosophie*, nous n'avons eu qu'à suivre le plan et la méthode de ces Leçons, en introduisant seulement dans notre étude le résumé des travaux scientifiques les plus récents. Pour la métaphysique et la morale, sur lesquelles M. Rabier n'a point encore fait paraître la suite de son travail, nous avons eu du moins pour guides le souvenir de son enseignement oral, et les précieux conseils qu'il a bien voulu nous donner. Il va de soi d'ailleurs que notre responsabilité est, ici surtout, la seule engagée.

Nous nous sommes efforcé de présenter aux élèves

un résumé à la fois élémentaire et complet de ce qu'ils doivent savoir en sortant de philosophie. Nous avons surtout voulu être clair, et nous avons préféré sacrifier au besoin l'étendue des développements à leur netteté, renvoyant les meilleurs élèves, ceux qui veulent approfondir les problèmes, aux livres mêmes de M. Rabier.

Pour faciliter aux élèves leur travail de revision, un très court sommaire a été placé à la fin de ce livre : chaque chapitre est résumé en quelques lignes, parfois sous forme de tableaux. Nous croyons que ce résumé peut rendre de réels services, à condition, bien entendu, qu'on ait lu avec attention le texte qu'il condense.

Si quelqu'une des idées émises dans ce livre soulève dans l'esprit du lecteur, élève ou maître, une difficulté ou une objection, nous le prions de vouloir bien nous en faire part : ce sera toujours avec reconnaissance que nous accueillerons ces remarques ou ces critiques.

*Paris, le 1er juillet 1890.*

RENÉ WORMS.

# PRÉCIS DE PHILOSOPHIE

## INTRODUCTION GÉNÉRALE

La philosophie est, ou prétend être, une science. Cherchons donc d'abord ce que c'est que la science en général. Nous nous demanderons ensuite quelles sont les diverses espèces de sciences. Et nous verrons enfin si, parmi ces sciences diverses, il y a lieu de faire une place à la philosophie.

# CHAPITRE I

### DE LA SCIENCE EN GÉNÉRAL

*A.* **Nature de la science.** — Qu'est-ce, tout d'abord, qu'une science?

Si nous examinons quelqu'une des sciences que nous connaissons, la géographie ou la botanique par exemple, nous sommes portés à répondre : « une science, c'est un recueil de faits. » Et cette définition serait en grande partie exacte : toute science, en effet, a pour base un certain nombre de faits, que les savants ont recueillis et qu'ils nous exposent dans leurs travaux. Mais cette définition ne serait pas complète. La science est un recueil de faits, sans doute, mais un recueil d'un genre particulier. Les faits n'y sont pas placés au hasard, pêle-mêle, sans lien les uns avec les autres. Ils y sont au contraire placés dans un ordre bien défini. *Ils ne sont pas simplement juxtaposés, ils sont coordonnés.* Comment le savant établit-il entre les faits cette coordination? Le voici. Pour savoir comment placer un fait, il recherche quelle a été la *cause* de ce fait, c'est-à-dire quel a été le fait antécédent qui l'a produit. Puis il rapproche cette cause d'autres faits qui l'ont elle-même produite, et ainsi de suite. De telle sorte qu'il rattache le premier fait qu'il avait à étudier, à une série d'autres faits, dont il dépend, dont il est l'*effet*. C'est ainsi que le savant peut disposer les faits dans un ordre rationnel. Ce procédé, qui consiste à chercher les causes de tout fait donné, est employé notamment par l'historien, qui essaie de pénétrer les raisons multiples des événements qu'il expose, et par le physicien, qui tend à rattacher chaque phénomène[1] à toute la série des causes dont il dépend. Ce procédé est le seul qui soit vraiment scientifique, car il permet seul d'*expliquer* les faits qu'on a constatés : les énumérer sans ordre et sans méthode, c'est les rendre incompréhensibles; le seul moyen d'en donner l'intelligence à celui devant qui on les expose, c'est de les rattacher aux autres faits qui en sont la cause. Car l'homme, mis en présence d'un phénomène, cherche tout d'abord à s'en rendre raison, c'est-à-dire à savoir comment il a été produit : et l'unique façon de le lui apprendre est de présenter sans cesse la cause à côté de l'effet.

En rapprochant ainsi constamment les causes des effets, on remarque bien vite que, lorsqu'un effet se reproduit, c'est que sa cause s'est antérieurement reproduite. Et réciproquement lorsqu'on voit reparaître un fait, qui une première fois, comme cause, en avait entraîné un autre à sa suite, bientôt après on voit reparaître à sa suite son ancien effet. Il y a donc un lien invariable qui unit la cause à l'effet, puisqu'ils ne peuvent pas exister l'un sans l'autre. Il y a donc entre eux un rapport constant, et ce rapport constant est ce qu'on nomme une *loi*. Exemple de lois :

1° En histoire : « La décadence amène la révolution »;

---

1. Dans la langue philosophique le mot « phénomène » n'indique pas uniquement, comme dans le langage courant, un fait extraordinaire, anormal. Il désigne « tout ce qui apparaît » (φαινομενον), tout ce qu'on voit. Il est absolument synonyme du mot « fait ».

la décadence est la cause dont la révolution est l'effet; et il y a entre ces deux termes un rapport constant et invariable.

2° En physique : « L'eau portée à 100 degrés se met à bouillir »; l'échauffement à 100 degrés est la cause dont l'ébullition est l'effet; et entre ces deux faits encore il y a un rapport constant et invariable.

On voit donc bien ce que sont les lois : ce sont les rapports invariables qu'ont les causes avec leurs effets. Mais nous avons vu que le savant, après avoir recueilli des faits, devra en chercher les causes. La cause une fois trouvée, il en rapprochera l'effet : et de ce rapprochement naîtra pour lui la formule de la loi, puisque la loi n'est que le rapport de la cause à l'effet. Ainsi, *trouver les faits, les causes, les lois*, voilà la tâche du savant. Et une science n'est autre chose, en somme, qu'un *recueil de faits coordonnés, dont chacun est lié à sa cause par une loi ou rapport invariable.*

**B. Rôle de la science.** — Telle étant la nature de la science, il est aisé de montrer quel est son rôle, et quel intérêt il y a pour l'homme à l'acquérir.

L'importance de la science est double :

1° *Au point de vue pratique.* — La science nous fait connaître les causes des faits. Or nous venons de voir qu'une cause produit toujours le même effet. Si donc la science nous apprend que, dans le passé, tel fait a eu pour conséquence tel autre, lorsque, dans l'avenir, nous verrons se reproduire le premier, nous pourrons nous attendre à voir bientôt le second se reproduire à sa suite. La science nous permettra donc de *prévoir* ce qui va se passer. Et si cet effet qui va se produire doit avoir pour nous certaines conséquences utiles ou nuisibles, la science nous permettra encore d'y *pourvoir*, en nous donnant le moyen de produire certains autres effets, au moyen de certaines causes dont nous sommes maîtres. Exemple : la science météorologique apprend au navigateur que, chaque fois que certains troubles avant-coureurs se sont produits dans l'atmosphère, une tempête s'en est suivie; donc, elle lui permet, quand il voit apparaître de nouveau ces troubles, de *prévoir* une tempête. Mais heureusement elle lui donne en même temps, dans une certaine mesure, le moyen d'y *pourvoir* : car en changeant la direction de son navire, en serrant les voiles, etc., il offrira moins de prise à la tempête. Les exemples de ce genre se comptent par milliers; et il n'est pas besoin d'insister sur le rôle considérable qu'a joué dans ce siècle la science sous toutes ses formes pour diriger l'industrie dans les progrès faits par elle, et pour assurer par là même à l'humanité une somme de bien-être infiniment plus considérable que celle dont jouissaient les générations qui nous ont immédiatement précédés.

2° *Au point de vue théorique, ou spéculatif.* — La science n'eût-elle pas tous ces avantages pratiques, elle n'en garderait pas moins pour l'homme une très haute valeur. Elle répond, en effet, à un des besoins les plus impérieux de la nature humaine : *le besoin de savoir et de comprendre.* Placé au milieu de l'univers, l'homme est porté par un irrésistible instinct à se demander quelles sont exactement les choses qui l'entourent, comment elles s'expliquent, d'où elles proviennent; quel est, à lui-même, son rôle dans le monde, comment il doit le remplir, et quels effets sa conduite aura pour lui-même et pour les êtres qui l'entourent. Toutes questions auxquelles la science répond, ou essaie au moins de répondre. Et de là vient l'attrait que présente la science à tout esprit un peu élevé.

# CHAPITRE II

### LES DIVERSES ESPÈCES DE SCIENCES ET LEUR CLASSIFICATION

*A.* **Division des sciences.** — Nous avons dit ce qu'est la science en général. Mais, à côté des *caractères généraux* qui appartiennent à toutes les sciences et que nous venons d'indiquer, il y a des *caractères spéciaux*, qui sont particuliers à chacune d'entre elles. Les différentes sciences, en effet, se distinguent les unes des autres de deux façons :

1° Par leur *objet*, c'est-à-dire par les faits qu'elles recueillent et qu'elles étudient;

2° Par leur *méthode*, c'est-à-dire par la marche qu'elles suivent pour enchaîner les uns aux autres ces faits dont elles s'occupent.

Nous verrons plus tard, dans la partie de cet ouvrage consacrée à la logique, en quoi les méthodes des principales sciences différent les unes des autres. Mais nous devons dire dès maintenant en quoi diffèrent leurs objets.

Si nous distinguons les sciences d'après l'objet qu'elles étudient, nous voyons qu'on peut les répartir en quatre grands groupes :

1° Les *sciences mathématiques*, qui ont pour objet l'étude des quantités ou grandeurs. Telles sont l'*algèbre*, qui étudie les grandeurs en général sous la forme de lettres qui les représentent ; *l'arithmétique*, qui les représente par des chiffres ; la *géométrie*, qui les considère sous l'aspect de figures étendues. Telles sont encore la *mécanique* et l'*astronomie*, qui étudient et mesurent les déplacements, la première des forces et des corps pesants, la seconde des astres.

2° Les *sciences physiques*. Ce sont la *physique* proprement dite et la *chimie*, qui toutes deux étudient les propriétés diverses des corps matériels, soit dans leur constitution externe (physique), soit dans leur constitution intime (chimie).

3° Les *sciences naturelles*. Elles étudient les êtres répandus à la surface de la terre, soit inanimés (*minéralogie*), soit animés et vivants (*biologie*). La biologie peut elle-même être subdivisée à deux points de vue différents :

α. les êtres vivants se distinguant en végétaux et en animaux, la biologie peut être divisée en *botanique* et *zoologie*.

β. les êtres vivants étant composés d'*organes* (tête, poitrine, membres, etc.) dans lesquels se manifestent des *fonctions* (circulation, respiration, digestion, etc.), la biologie peut encore être divisée en *anatomie* ou étude des organes, et *physiologie* ou étude des fonctions.

4° Les *sciences sociales*. Elles étudient l'homme et les sociétés humaines. Ce sont notamment : la *psychologie*, science de l'esprit humain ; la *philologie*, qui étudie le langage des divers peuples ; l'*histoire*, qui examine la naissance et le développement des sociétés humaines dans le passé ; la *morale*, le *droit* et l'*économie politique*, qui apprennent à l'homme les règles du bien, du juste et de l'utile.

Voilà donc quatre groupes de sciences différentes. Mais

quel lien ces différents groupes ont-ils entre eux? c'est ce qu'il faut préciser.

**B. Rapports des divers groupes de sciences.** — Remarquons tout d'abord qu'il existe une séparation marquée entre les deux premiers groupes de sciences et les deux derniers. Dans ces deux derniers (sciences naturelles et sciences sociales), on étudie des *êtres existant réellement*, soit les divers êtres autres que l'homme (sciences naturelles), soit l'homme lui-même (sciences sociales). Dans les deux premiers groupes, au contraire (sciences mathématiques et sciences physiques), on étudie seulement *certaines propriétés de ces mêmes êtres* : les unes étudient leurs propriétés physico-chimiques, les autres (sciences mathématiques) n'étudient même que leurs propriétés numériques, c'est-à-dire leurs grandeurs mesurables. Ainsi les sciences naturelles et sociales étudient la totalité de l'être, les sciences mathématiques et physiques n'en étudient que certaines propriétés, considérées à part des autres, ou, comme on dit, considérées abstraitement. Celles-ci méritent donc le nom de *sciences abstraites*, celles-là le nom de *sciences concrètes*.

Nous formons ainsi deux grandes séries, chacune composée de deux groupes de sciences. Comparons maintenant entre eux les deux groupes qui forment une même série. Rapprochons d'abord les sciences sociales des sciences naturelles. Celles-ci étudient les êtres qui nous entourent, celles-là étudient l'homme et les sociétés humaines. Mais l'homme n'est pas aussi dissemblable des autres êtres qu'on pourrait le croire à première vue. Au contraire, en tout ce qui regarde sa nature physique, il est absolument soumis aux mêmes lois que les animaux. Ainsi l'étude de l'homme rentre, par un certain côté, dans la zoologie, c'est-à-dire dans les sciences naturelles. Par quoi donc s'en distingue-t-elle? Par ce fait que l'homme est essentiellement un *animal sociable*, et que son existence ne peut se concevoir isolée de celle de ses semblables. Mais alors on voit que les sciences de l'homme devront d'abord comprendre l'étude de l'homme en tant qu'organisme physique, puis l'étude de l'homme en tant que personne sociable. Dans la première étude elles comprendront donc ce qui fait déjà l'objet de la zoologie (puisque l'homme est physiquement conformé comme les animaux), c'est-à-dire ce qui est l'objet de la plus élevée des sciences naturelles; dans la seconde étude elles ajouteront à ces notions une notion nouvelle, celle des lois spéciales qui régissent la société humaine. Les sciences de l'homme, ou sciences sociales, sont donc plus *complexes* que les sciences naturelles, puisqu'elles comprennent, d'abord, comme les sciences naturelles, l'étude des lois de l'organisme physique; et en outre, ce que ne comprennent pas les sciences naturelles, l'étude des lois de la société humaine. Ainsi, ce qui différencie les sciences naturelles des sciences sociales, c'est que les premières sont *plus simples*, et les secondes *plus complexes*. Toutes les lois des sciences naturelles se retrouvent forcément dans les sciences sociales; mais inversement, toutes les lois des sciences sociales ne se retrouvent pas forcément dans les sciences naturelles.

C'est précisément la même différence qui existe entre les sciences physiques et les sciences mathématiques. Les premières étudient dans les êtres un grand nombre de propriétés (pesanteur, chaleur, sonorité, etc.); les secondes n'en étudient que les propriétés numériques (grandeur). Les considérations mathématiques se retrouvent donc dans les sciences physiques, car on y emploie également les grandeurs et les nombres; mais inversement les considérations physico-chimiques n'ont pas d'usage en mathématiques. Les sciences mathématiques sont donc *plus simples*, les sciences physiques sont *plus complexes.*

Mais les sciences physiques, à leur tour, sont évidemment *plus simples* que les sciences naturelles, puisqu'elles étudient seulement dans les êtres réels un certain nombre de propriétés considérées abstraitement, tandis que les sciences naturelles étudient ces êtres concrètement, dans la totalité de leurs propriétés. De telle sorte que les lois physico-chimiques se retrouvent forcément dans les sciences naturelles sans que la réciproque soit nécessairement vrai.

Nous voyons donc, en résumé, que la gradation : sciences mathématiques, sciences physiques, sciences naturelles, sciences sociales, dispose ces sciences en partant des plus simples pour aboutir aux plus complexes[1]. Ces dernières sont donc, peut-on dire, *plus élevées* que les premières, en ce sens que, si on les possédait à fond, on posséderait par là même les premières, puisqu'elles renferment, dans leur objet, l'objet des précédentes sciences. Mais on comprend aussi, par là même, qu'elles sont à l'heure présente *moins avancées* que ces premières sciences, puisque, embrassant dans leur objet l'objet de celles-ci, elles ne doivent pouvoir arriver à leur perfection que lorsque les premières auront elles-mêmes atteint la leur.

Cela nous explique encore que la répartition des sciences en quatre groupes ne soit pas absolue, c'est-à-

---

1. Ce principe de classification a été posé pour la première fois par Auguste Comte, philosophe français du xixe siècle, fondateur de l'*école positiviste.*

dire qu'il soit parfois difficile de dire dans lequel des groupes il faut classer telle science. Ainsi la mécanique et l'astronomie forment la transition entre les sciences mathématiques et les sciences physiques; la minéralogie, entre les sciences physiques et les sciences naturelles; la psychologie, entre les sciences naturelles et les sciences sociales. Ce fait nous est maintenant aisé à comprendre : notre classification des sciences est fondée sur leur complexité; or, la complexité des sciences ne croit pas brusquement, mais progressivement et par degrés; il y a donc forcément des sciences qui, par leur complexité, tiennent le milieu entre deux groupes nettement caractérisés. Telles sont précisément celles que nous venons de nommer.

# CHAPITRE III

## LA PHILOSOPHIE

**A. La science et la philosophie.** — Nous venons de passer en revue les diverses espèces de sciences. Nous n'avons pas trouvé parmi elles la philosophie. Et pourtant, avons-nous dit, la philosophie se dit une science. Quelle sorte de science est-elle donc?

A l'origine de la civilisation grecque, le nom de philosophie se confondait avec le nom même de science. A cette époque où les diverses sciences étaient peu avancées, elles ne formaient encore qu'un tronc commun, qui portait le nom de sagesse ou de philosophie. Il en fut ainsi jusqu'à Socrate.

Mais, par les progrès ultérieurs des diverses sciences, elles en vinrent à se séparer. Un même homme ne fut plus capable d'embrasser dans son unique esprit tout le savoir humain; et il se forma des groupes de savants spéciaux adonnés chacun à l'étude d'un groupe de faits distincts. Seulement, la séparation des sciences ne pouvait devenir entière. Il restait certaines questions communes à toutes les sciences, certains problèmes généraux qui devaient se poser à propos de chacune d'elles. C'est l'ensemble de ces questions communes, de ces problèmes généraux, formant la souche unique dont les différentes sciences sont les rameaux, qui garda le nom de philosophie. Tel est le sens dans lequel Aristote prenait déjà le mot de philosophie; tel est le sens que nous devons encore aujourd'hui garder à ce mot. Ainsi *la philosophie est cette sorte de science qui étudie les questions générales, communes aux divers ordres de sciences particulières.*

Quelles sont exactement ces questions? C'est ce que nous allons déterminer.

**B. Divisions de la philosophie.** — Les diverses questions communes à toutes les sciences, qui forment l'objet de la philosophie, sont au nombre de quatre principales :

1° Une science, c'est un recueil de faits méthodiquement coordonnés. Mais qui recueille ces faits et qui les coordonne? C'est l'esprit humain. L'esprit est ainsi la *condition* de la science, puisque sans lui elle n'existerait pas. Mais il importe évidemment à la science de savoir ce qu'est cet esprit, comment les idées y apparaissent et s'y organisent, afin qu'elle puisse se rendre compte à elle-même des conditions dans lesquelles elle s'est formée. L'étude de l'esprit et des idées qu'il renferme est donc nécessaire à toute science : elle constitue ce qu'on nomme la *psychologie* (science de l'âme).

2° Une fois l'esprit connu, il faut encore savoir par quelle méthode il procède pour construire la science, et quels sont les meilleurs moyens qu'il peut employer pour atteindre la vérité. L'étude de ces *procédés* généraux de l'esprit, communs aux divers ordres des sciences, forme la *logique*.

3° Les diverses sciences une fois construites, on tire de chacune d'elles des conclusions particulières sur chacun des objets qui composent l'univers. En rapprochant alors les unes des autres ces diverses conclusions, on arrive à une *conclusion* générale, laquelle est l'idée d'ensemble que les différentes sciences nous donnent de l'univers. Formuler cette conclusion est l'œuvre de la *métaphysique*[1].

4° Enfin, chaque science particulière est évidemment susceptible d'une application spéciale : la mécanique peut être appliquée à la construction des machines, les sciences naturelles à la guérison des maladies, etc. Mais toutes les sciences, en servant à nous faire connaître l'univers, servent également à nous apprendre à nous y diriger. Guider la conduite humaine est donc l'*application* générale dont elles sont susceptibles. Les règles qui doivent guider la conduite humaine sont établies par la *morale*.

Voilà donc quatre questions générales, communes à toutes les sciences : 1° leurs conditions; 2° leurs procédés; 3° leurs conclusions; 4° leurs applications. A ces quatre questions répondent : 1° la psychologie; 2° la logique; 3° la métaphysique, 4° la morale. Mais l'étude de ces questions générales doit, nous l'avons vu, constituer la philosophie. *La philosophie se compose donc de quatre parties : psychologie, logique, métaphysique, morale.*

Nous étudierons ces quatre parties de la philosophie dans l'ordre même où nous venons de les indiquer. Il est rationnel, en effet, d'étudier les conditions et les méthodes des sciences avant d'examiner les conclusions auxquelles elles mènent, et d'examiner ces conclusions avant d'en déduire les applications qu'elles comportent. La psychologie et la logique doivent donc précéder la métaphysique, laquelle à son tour doit précéder la morale.

---

1. Le sens de ce mot sera précisé au début de la partie de ce ouvrage consacrée à la métaphysique.

Avant d'étudier en détail ces quatre parties de la philosophie, nous devons encore dire un mot du rôle et de l'importance de la philosophie en général.

*C.* **Importance de la philosophie.** Toute science, nous l'avons montré plus haut (chap. I, *B*), a une double importance, pratique et spéculative. A plus forte raison en est-il de même de la philosophie. La philosophie étudie les questions les plus générales, celles par conséquent qui intéressent tous les hommes; tandis que les sciences particulières ne s'adressent forcément qu'à un public plus restreint. Aussi mérite-t-elle l'attention de tous. Qui pourrait se désintéresser de la connaissance de son propre esprit (psychologie), et des moyens d'atteindre à la vérité (logique)? Comment une éducation serait-elle complète, si elle ne nous donnait quelque notion sur la constitution de l'univers en général (métaphysique), et sur la conduite que nous y devons observer (morale)? La philosophie étudie donc les problèmes dont la solution importe le plus à tout homme; elle essaie de répondre à cette suprême question que chacun de nous, à une heure de sa vie, en vient à se poser : « Que suis-je? qu'ai-je à faire dans le monde? quelles sont mon origine et ma destinée? » C'est assez pour que personne n'ait le droit de la railler ou de s'y montrer indifférent.

# PREMIÈRE PARTIE

## PSYCHOLOGIE

# PREMIÈRE SECTION

## CONSIDÉRATIONS GÉNÉRALES
## SUR LA PSYCHOLOGIE

### CHAPITRE IV

#### OBJET DE LA PSYCHOLOGIE

**A. Définition de la psychologie. La conscience.**
— Qu'est-ce que la psychologie? Nous l'avons déjà dit, c'est la science de l'esprit et des idées qu'il renferme. Nos idées sont fort multiples, et nous verrons plus loin les diverses classes entre lesquelles on peut les ranger. Mais toutes ont un caractère commun, c'est qu'elles nous sont connues par la *conscience*. Qu'est-ce donc que la conscience?

Le mot conscience a deux sens. En morale, c'est la faculté qui nous apprend, immédiatement et sans réflexion, si ce que nous faisons est bon ou mauvais, juste ou injuste; c'est le juge intérieur du bien et du mal. En psychologie, le sens du mot conscience est différent; et ce nouveau sens, bien que moins connu de la langue courante, ne lui est pas pourtant étranger. Quand nous disons : « J'ai conscience d'avoir rêvé cette nuit », cela veut dire simplement : « J'ai la notion que j'ai rêvé; j'ai le sentiment d'avoir eu cette nuit des idées étranges et inexplicables, qui constituent un rêve ». Tel est précisément le sens du mot conscience en psychologie.

Avoir conscience d'une idée, c'est en avoir la notion, le sentiment; c'est l'éprouver. On voit donc immédiatement que nous avons conscience de toutes nos idées, puisque, avoir une idée c'est l'éprouver, et l'éprouver c'est en avoir conscience[1]. Donc toute idée est, comme on dit, un *fait de conscience*, un *état de conscience*. Et la psychologie, étant la science des idées, est la science des états de conscience. L'objet de la psychologie, c'est donc l'étude des états de conscience; et entre ces trois termes : *idée, état de conscience,* et *fait psychologique,* il n'y a aucune différence.

La psychologie a donc un objet. Mais cet objet lui appartient-il en propre ou ne se confondrait-il pas, comme on l'a dit parfois, avec l'objet de certaines autres sciences? C'est ce qu'il faut encore examiner.

*B.* **Distinction de la psychologie et de la physiologie.** — Un certain nombre d'hommes de science ont prétendu, en effet, que cet objet se confondait avec celui d'une autre science : la physiologie. On a dit : les idées

1. Sur l'existence de prétendus phénomènes psychologiques inconscients, voir plus loin, le chapitre « Relations du cerveau et de la pensée ».

sont le produit du travail cérébral; la sensation, par exemple, naît d'un mouvement qui, commencé dans un des organes des sens, s'est propagé dans les nerfs sensitifs et est venu aboutir aux centres cérébraux; la pensée n'est que le dernier terme de cette série de mouvements nerveux, *elle est un mouvement nerveux elle-même*, elle est une fonction du cerveau; or l'étude des fonctions du cerveau, de la substance nerveuse en général, comme de toutes les fonctions corporelles, est du ressort de la physiologie; donc l'étude de la pensée est du ressort de la physiologie, dont la psychologie se trouve ainsi n'être qu'une branche.

Mais ce raisonnement n'est pas concluant. De ce que la pensée vient à la suite d'une série de mouvements nerveux, il ne faut pas inférer qu'elle n'est elle-même qu'un mouvement nerveux. Au contraire, entre la pensée et le mouvement nerveux, il existe une différence fondamentale : la pensée est un phénomène conscient, aperçu par nous aussitôt qu'il se produit, connu par nous directement, sans intermédiaire et avec une entière certitude, car l'essence même de la pensée, c'est de n'exister que dans l'esprit et par lui; tandis que le mouvement nerveux est, à l'inverse, essentiellement inconscient. Les déplacements de particules matérielles qui s'opèrent dans mes organes des sens, dans mes nerfs et dans mon cerveau, je ne les sens pas se produire en moi; je puis bien conjecturer qu'ils ont dû exister, puisque l'apparition de l'idée a été leur conséquence, mais je ne les ai pas directement observés, je ne les ai pas pris sur le fait. Ces mouvements de la substance nerveuse, ce sont choses qu'on ne peut observer que sur autrui, grâce à de délicates et difficiles préparations anatomiques. Mais les pensées, au contraire, je les saisis en moi-même, j'en note la naissance, j'en suis le développement, le progrès, et l'extinction dans mon propre esprit. Aussi la plupart des hommes ignorent-ils la nature et l'existence même de ces mouvements qui agitent leur substance nerveuse; mais tous savent qu'ils pensent, et ce qu'ils pensent. Ce caractère nettement inconscient pour les premiers, nettement conscient pour les seconds, suffit, croyons-nous, à marquer la distinction qui existe entre les mouvements nerveux et les pensées[1]; à montrer que les seconds sont indépendantes des premiers; et à prouver par là même que l'objet de la psychologie (les états de conscience) est distinct de celui de la physiologie (les fonctions des organes corporels, du cerveau en particulier).

Comme la physiologie est la seule science à laquelle on ait tenté de réduire la psychologie, et que cette tentative ne nous a point paru couronnée de succès, nous pouvons dès maintenant considérer la psychologie comme ayant un objet distinct de celui des autres sciences.

1. Pour l'argument qu'on tirerait contre cette distinction de la prétendue existence de faits psychologiques inconscients, et pour le développement de toute cette discussion, voir le chapitre « Relations du cerveau et de la pensée ».

# CHAPITRE V

## MÉTHODE DE LA PSYCHOLOGIE

Toute science, avons-nous dit (chap. II, A), a un objet, c'est-à-dire des faits à étudier, et une méthode, c'est-à-dire des procédés pour les étudier. Nous venons de voir quel est l'objet de la psychologie. Maintenant, la psychologie a-t-elle une méthode, et quelle est cette méthode ?

La psychologie se propose d'étudier les états de conscience. Sa marche, ses procédés, sont donc tout indiqués. Il lui faudra d'abord *observer* ces états de conscience ; puis elle devra les grouper suivant leurs affinités naturelles, les *classer* ; enfin elle cherchera à dégager les rapports qu'ils présentent constamment entre eux, à *induire* les lois qui les régissent. Examinons donc ces divers procédés dont l'ensemble constituera la méthode de la psychologie.

*A*. **Observation.** — Pour connaître nos idées, nous n'avons, semble-t-il, qu'à les observer en nous-mêmes. Car, dès qu'elles apparaissent en nous, elles nous sont révélées par la conscience que nous en avons. La conscience les saisit directement et sans intermédiaire. Elle n'est même pas, à vrai dire, distincte d'eux, puisqu'une idée n'est rien de plus qu'un état de conscience. Elle les connaît donc d'une manière parfaite, absolue ; et nulle autre connaissance ne peut être plus certaine que celle-là. Tels sont les avantages de cette méthode d'*observation interne*, d'observation directe de nos idées par la conscience.

On a fait cependant à cette observation interne diverses critiques.

1° D'abord, a-t-on dit, nos idées sont quelque chose d'extrêmement mobile et fuyant; elles ne font que passer dans l'esprit, pour en disparaître presque aussitôt et faire place à des idées tout autres; comment la conscience, qu'elles traversent un instant à peine, fera-t-elle pour les saisir?

2° En outre, à supposer que la conscience les atteigne, elle ne les saisira jamais qu'en gros, dans leur ensemble : les détails lui échapperont, faute de temps pour les analyser, faute aussi d'instruments pour le faire. Car la conscience ne peut pas, comme les sens, s'aider d'instruments qui facilitent ses recherches : elle n'a pas de scalpel pour disséquer les idées, pas de microscope pour amplifier leurs dimensions et lui permettre d'en apercevoir les moindres détails. Sa connaissance restera donc toujours grossière et superficielle.

3° Enfin, n'est-il pas à craindre que, en nous observant nous-mêmes, nous n'apportions dans cette étude bien des préventions? Ne chercherons-nous pas à voir en nous-mêmes les qualités qui n'y sont pas, à n'y point observer des défauts qui y sont très certainement, à nous prêter en un mot des sentiments et des idées qui ne sont pas véritablement les nôtres? Quel fonds peut-on faire, dès lors, sur un examen aussi peu impartial et aussi peu désintéressé?

Ces critiques sont certainement fondées jusqu'à un certain point. Mais nous les croyons exagérées, et surtout nous voyons divers remèdes applicables aux maux qu'elles signalent.

1° Les pensées sont fugitives, sans doute; mais, si elles sortent aisément de la conscience, elles y rentrent aisément aussi, par le mécanisme de la mémoire. Pour les étudier, on ne se bornera donc pas à les constater au moment où elles naissent; mais on les examinera à nouveau, au moment où elles renaissent. Et cette seconde étude offrira même plus de facilités que la première : car, les phénomènes à étudier nous étant déjà connus par une précédente expérience, nous en saurons par avance les traits caractéristiques et nous pourrons concentrer tous nos efforts sur l'examen approfondi de leurs détails.

2° Mais c'est cet examen approfondi qui, dit-on, est impossible, faute d'instruments. — C'est là, selon nous, une objection bien contestable. Sans doute l'esprit ne dispose pas ici d'instruments physiques, comme ceux dont la main ou l'œil peuvent s'aider; mais c'est précisément parce que l'objet à connaître, la pensée, n'est pas un objet physique, qu'on puisse décomposer en éléments matériels. Et cependant on peut, elle aussi, la décomposer, mais en éléments qui sont, comme elle-même, purement spirituels et moraux. On la décompose par l'*analyse psychologique*, instrument aussi parfait, en son genre, que le scalpel ou le microscope. En effet, par l'*attention* que nous lui prêtons, une idée qui au premier abord paraissait simple se révèle à nous dans toute sa riche complexité. Nous distinguons en elle divers éléments, unis, quoique parfois, en apparence, contradictoires; nous saisissons les rapports de ces éléments entre eux, le lien, factice ou réel, qui les assemble; nous apercevons d'autres idées dont celle-là dérive, ou bien auxquelles elle conduit nécessairement. C'est cette attention analytique qui permet à l'historien ou au romancier de discerner, dans l'esprit qu'ils étudient, l'idée ou le sentiment fondamental qui inspire toute la conduite de leur personnage ; d'en suivre et d'en démêler toutes les parties composantes, toutes les manifestations, tous les détours ; d'en faire comme le principe d'explication et le centre de l'individu tout entier. Ainsi l'analyse, fondée sur l'attention, aide puissamment l'observation directe, dont elle complète et couronne l'œuvre.

3° Enfin, il est très vrai que notre amour-propre et nos partis-pris nous trompent dans l'examen que nous pouvons faire de nous-mêmes. Mais si cet examen est réfléchi, s'il est raisonné, nous pouvons arriver à éliminer presque totalement cette source d'erreurs, en nous créant, à l'égard de nous-mêmes, une impartialité faite de raison. Ainsi l'historien, qui veut juger des faits contemporains, arrive à s'abstraire entièrement de ses propres préférences politiques, pour considérer les mérites et les fautes des partis d'un œil aussi désintéressé que s'il s'agissait pour lui d'apprécier les erreurs ou les actes habiles des gouvernements d'il y a vingt siècles.

La mémoire, l'attention et le raisonnement corrigent donc dans une large mesure les imperfections que présente nécessairement une vue directe des pensées par la conscience. L'observation réfléchie, mais toujours interne, vient suppléer ici à l'observation spontanée.

Ce n'est pas tout. L'observation interne (spontanée ou réfléchie) s'aide encore de deux procédés accessoires, qu'on pourrait qualifier de procédés d'*observation externe* :

1° Après avoir étudié notre propre esprit, nous pouvons étudier celui de nos semblables. Par la conversation que nous avons avec eux, par la vue de leurs actes et de leur conduite, nous pouvons juger de leur état d'esprit. Ce sera là une étude indispensable pour le psychologue. Car la psychologie étudie, non pas l'esprit de tel ou tel homme en particulier, mais l'esprit humain en général. Je ne puis donc pas me contenter d'examiner mes propres pensées, mais il me faut aussi examiner celles des autres hommes : car il peut y avoir en eux certaines facultés qui me manquent, ou bien leurs idées ont un autre tour ou un autre enchainement que les miennes, ou bien je puis trouver, dans telle particularité de leur esprit, l'explication de telle autre particularité que j'avais constatée dans mon propre esprit sans pouvoir m'en rendre compte, etc.... Il me faut donc chercher à connaître l'esprit des autres hommes, et, pour cela, aussi bien l'esprit des enfants que celui des hommes faits, aussi bien l'esprit des malades, des criminels ou des fous que celui des hommes sains et normaux. Car l'esprit de l'enfant nous montre la pensée humaine en train de se former, et l'esprit du malade, du criminel ou du fou nous montre cette même pensée en train de se déformer : deux études qui sont le complément nécessaire de l'étude de la pensée humaine normalement constituée. Il y aurait même lieu, croyons-nous, d'aller plus loin, et d'éclairer l'étude de la pensée humaine au moyen de l'étude de la pensée animale[1].

2º La pensée humaine se manifeste au dehors par des actions et des œuvres. L'homme réalise, dans sa conduite et ses travaux, les idées qu'il a conçues. A ce titre les œuvres d'un homme nous renseignent sur l'esprit de leur auteur : le poète, le musicien, le peintre, le sculpteur, impriment dans leurs productions la marque ineffaçable de leur génie : on peut donc étudier leur pensée dans leur ouvrage. De même que les individus, les nations tout entières ont un esprit à elles, et cet esprit se marque dans tout ce que fait la nation : de la langue qu'elle parle,

---

1. Voir le chapitre « *Notions de psychologie comparée* ».

de l'ensemble de ses productions, scientifiques, artistiques ou industrielles, de l'histoire de ses institutions et de son développement politique ou social, se dégage nettement l'ensemble des caractères qui constitue l'esprit de ce peuple et la façon particulière dont il a envisagé l'existence. L'étude des arts, des langues, de l'histoire interne et externe des peuples, nous aide ainsi à comprendre leur pensée, et doit être considérée comme un précieux auxiliaire par une science psychologique qui aspire à connaître tout ce qui constitue l'esprit humain.

*B.* **Expérimentation.** — Certains savants ont estimé que ce n'étaient pas encore là des sources d'information suffisantes pour la psychologie, et ils ont voulu la doter d'un procédé nouveau emprunté aux sciences physiques : l'expérimentation. Dans la simple observation, on se borne à constater les faits qui se reproduisent naturellement ; mais ces faits ne sont pas toujours ni aussi nombreux, ni aussi variés, ni aussi clairs, ni aussi probants qu'on le voudrait. On a donc imaginé de produire artificiellement de nouveaux faits, plus nombreux, plus variés, plus clairs, et plus probants, et de les faire entrer dans la science. C'est ce procédé qui se nomme l'expérimentation. Il a donné, en physique, d'excellents résultats. Appliqué à la psychologie, il a aussi fourni nombre de données intéressantes. En psychologie on conçoit trois sortes d'expérimentation possibles :

1° D'abord une expérimentation tout *idéale*, dans laquelle on *suppose* seulement la production de faits artificiels. Ainsi, la célèbre expérience de Condillac sur sa « statue animée ». Condillac suppose une statue apte à penser à laquelle il donne successivement, et seulement l'un après l'autre, les divers sens. Il examine alors les pensées qui résulteront pour la statue du don de l'odorat, de celui du goût, etc.... Mais ce n'est là qu'une expérimentatoin toute fictive.

2° Il y a, en second lieu, des expériences *réelles, mais générales*. Par exemple le législateur, avant de modifier complètement une institution, fait parfois des lois d'essai, toutes provisoires, destinées seulement à le renseigner sur la manière dont la nation les accueillera, et à lui permettre de juger s'il doit ou non se risquer à opérer une réforme complète. C'est là une expérimentation psychologique réelle, mais générale, parce que le vote de cette loi crée artificiellement dans la nation tout entière un état d'esprit nouveau, un sentiment de faveur ou d'hostilité à l'égard des nouvelles institutions.

3° Il existe enfin des expériences *réelles et particulières*. Ce sont celles qui modifient d'une manière véritable l'état d'esprit d'un individu isolé. Elles peuvent elles-mêmes être de trois espèces, suivant que, pour modifier l'état d'esprit de l'individu observé, on se sert d'un agent :

α. *psychologique*. Dans ce cas, c'est un esprit étranger qui agit sur l'esprit observé. Exemple : les phénomènes de suggestion hypnotique.

β. *physiologique*. Ici, on agit sur l'esprit du sujet en agissant sur ses organes. Exemple : en faisant à un aveugle-né l'opération de la cataracte, on lui rend la vue; par la modification apportée à l'état de ses organes, on a donc créé en lui des sensations nouvelles.

γ. *physique*. En produisant devant le sujet divers signaux lumineux ou sonores combinés d'une certaine manière, on produit dans son esprit diverses sensations, dont la durée, l'intensité, etc., correspondent suivant une loi définie à la durée et à l'intensité des excitations externes qui les ont produites. Des psychologues contemporains, les psycho-physiciens, se sont consacrés à l'étude de ces questions : le principal objet de leurs travaux est précisément la variation des états de conscience dans ses rapports avec la variation des excitations externes. Nous indiquerons plus loin (chapitre xii) les résultats essentiels de ces travaux.

En somme, l'expérimentation fournit à la psychologie d'utiles matériaux. Mais il est essentiel de remarquer que, de même que l'observation externe, elle suppose faite avant elle l'observation intérieure. Car, pour comprendre ce que sont ces modifications apportées expérimentalement à nos pensées, comme pour comprendre ce que sont les pensées des autres hommes et ce que leurs œuvres peuvent nous en apprendre, il faut savoir, par avance, ce qu'est en général une pensée, et ce que sont les principales espèces de pensées qui se rencontrent dans l'esprit humain. Or cela, nous n'avons pu le savoir qu'en prenant conscience de nos propres idées, qu'en sentant naître et se développer notre esprit individuel, en un mot, qu'en nous observant nous-mêmes. L'observation interne peut donc seule nous permettre d'aborder l'observation externe et l'expérimentation, et de tirer parti de leurs données. Ces deux procédés sont pour elle des compléments utiles, peut-être même indispensables; mais elle reste le procédé primordial et fondamental de la psychologie.

*C.* **Classification.** — Une fois que les faits psychologiques ont été recueillis grâce à l'observation interne et externe et à l'expérimentation, il y a lieu de les grouper entre eux suivant leurs affinités naturelles. C'est l'œuvre de la classification; grâce à elle on arrive à constituer des séries de faits psychologiques : sentiments, inclinations, résolutions, habitudes, instincts, sensations, souvenirs, jugements, raisonnements, etc., chaque série formant ce qu'on appelle une faculté de l'esprit (la vraie nature et le nombre des facultés seront précisés dans le chapitre suivant).

***D*. Induction.** — Enfin, les groupes de faits psychologiques étant formés, il y a lieu de rechercher quelles relations existent : 1° entre les faits d'un même groupe, 2° entre les différents groupes; en d'autres termes, quelles lois régissent les diverses classes ou la totalité des états de conscience. L'opération qui permet de passer ainsi des faits aux lois se nomme *induction*. Nous verrons en logique à quelles conditions une semblable opération est valable. Mais nous devons noter immédiatement que, en pyschologie plus encore que dans les sciences physiques, l'induction présente des difficultés considérables, à cause de la multiplicité et de la complexité des phénomènes entre lesquels il s'agit d'établir des lois.

Voilà donc un ensemble de procédés : observation, expérimentation, classification, induction, qui trouvent leur application en psychologie. Or ces procédés sont fondamentalement les mêmes que ceux que nous trouverons en usage dans les sciences physiques et naturelles[1]. La psychologie a donc, tout comme ces sciences, une méthode, et il n'y a pas lieu de lui contester — pas plus qu'à celles-ci — le titre de science. Par sa méthode comme par son objet, la psychologie est véritablement une science.

---

1. Avec cette différence importante que, dans les sciences physiques et naturelles, l'observation est nécessairement externe. En psychologie, le savant s'observe lui-même; en physique et en histoire naturelle, il observe les choses extérieures à lui.

# CHAPITRE VI

## DIVISIONS DE LA PSYCHOLOGIE

Nous avons établi que la psychologie est véritablement une science. Ce sont les principaux résultats de cette science que nous allons avoir à exposer. Mais auparavant, pour bien faire comprendre l'ordre dans lequel ces résultats seront exposés, nous devons dire quelques mots des divisions de la psychologie.

L'esprit humain renferme une multitude d'idées extrêmement différentes les unes des autres, mais qui cependant se groupent assez naturellement en quelques grandes classes. C'est ainsi qu'on peut distinguer des émotions, des souvenirs, des jugements, etc. Laissant pour le moment de côté les divisions secondaires, nous devons, d'une façon très générale, reconnaître dans l'esprit trois séries de phénomènes. La première série comprend les faits dits de *sensibilité* (émotions, inclinations, passions) c'est-à-dire tous ceux dans lesquels l'esprit ressent de la part des choses extérieures une impression qui l'affecte agréablement ou péniblement, impression qui l'attire vers elles ou qui l'éloigne d'elles : dans tous ces cas, l'esprit est *passif*, puisqu'il subit l'action des choses extérieures et cède à leur influence. La seconde série comprend des faits de *volonté* (résolutions ou volitions), c'est-à-dire par lesquels nous affirmons notre intention d'agir de la manière choisie par nous : ici l'esprit est *actif*, puisque c'est lui-même qui se détermine dans tel ou tel sens, et que, loin de subir la loi des choses extérieures, il prend la ferme résolution de les soumettre à ses propres desseins. Enfin la troisième série, la plus longue, comprend les faits dits *d'intelligence* (sensations, perceptions, souvenirs, images, idées abstraites et générales, jugements, raisonnements) : ici l'esprit ne subit plus la loi des choses, comme dans la sensibilité, il ne s'efforce pas non plus de leur imposer la sienne, comme dans la volonté, mais il collabore en quelque sorte avec elles pour tâcher de les comprendre et de les expliquer; il est ici *passif et actif tout à la fois*, passif en tant qu'il reçoit des choses ses premières notions, actif en tant qu'il élabore lui-même ces données, et les transforme en y appliquant son discernement et sa réflexion. Ainsi, trois grands groupes de faits de conscience peuvent être reconnus. Il n'y a pas lieu, croyons-nous, d'en distinguer ni un moindre ni un plus grand nombre.

1° Il n'y a pas lieu d'en distinguer moins. Car il y a là, évidemment, trois classes bien distinctes : passivité, activité, combinaison de l'activité et de la passivité, voilà trois termes irréductibles l'un à l'autre. Nous insisterons plus longuement, dans le prochain chapitre, sur la distinction de la sensibilité et de l'intelligence; et, dans le chapitre ix, sur l'indépendance de la volonté à l'égard et de la sensibilité et de l'intelligence. Mais nous pouvons nous contenter pour le moment d'avoir indiqué le principe fondamental de la division et les caractères essentiels des trois groupes.

2° Il n'y a pas lieu d'en reconnaître davantage. On a parfois proposé de faire des groupes spéciaux, soit pour les mouvements, soit pour les signes et le langage. Mais c'est faire une confusion. Dans un mouvement, en effet, il y a plusieurs choses :

α. D'abord des faits psychologiques : l'idée du mouvement à faire, puis la résolution de l'accomplir;

β. et en second lieu un fait physiologique : le déplacement réel des organes. — De même, dans le langage, il y a des faits psychologiques (idée à exprimer, volonté de l'exprimer), puis des faits physiologiques (émission d'un son). Ainsi, ni le mouvement ni le langage ne sont entièrement et exclusivement du ressort de la psychologie; et les faits psychologiques qu'ils renferment rentrent tous dans les catégories déjà reconnues, idées (ou intelligence) et résolutions (ou volonté). Il n'y a donc pas lieu d'établir pour eux des divisions psychologiques spéciales. Nous restons ainsi en présence des groupes distingués plus haut : faits de sensibilité, faits de volonté, faits d'intelligence.

On donne souvent à ces trois groupes de faits comme une sorte de personnalité, et l'on attribue à l'esprit trois *facultés* : sensibilité, volonté, intelligence. Ce nom de « faculté » est d'un emploi commode pour désigner ces ensembles de faits, et l'on peut le conserver, mais à condition de ne pas lui attribuer une valeur exagérée. Il ne faudrait pas, en effet, se représenter les facultés comme étant par elles-mêmes des êtres réels, des « entités métaphysiques », des sortes de petites âmes dont chacune aurait sa vie propre et sa réalité absolue.

Les facultés sont pour l'esprit exactement ce que sont les *propriétés* pour le minéral, et les *fonctions* pour l'être vivant. Un minéral a la *propriété* d'être pesant, celle de briller, celle d'être susceptible de telles et telles modifications sous telles et telles influences; mais chacune de ces propriétés n'est pas un être distinct: elle ne se comprend au contraire que comme étant une détermination particulière, et en quelque sorte une fraction de l'être total. De même, un animal a de multiples *fonctions* : il digère, il respire, il se meut, il se reproduit; mais la digestion, la respiration, etc., ne sont point des réalités concrètes, elles ne sont que des attributs de l'être animé. Ainsi les facultés de l'esprit ne sont pas, elles non plus, des substances autonomes se suffisant à elles-mêmes. Elles ne sont que des fragments de l'esprit, qui ne serait pas concevable sans elles, mais sans lequel surtout elles ne seraient pas concevables. Elles représentent trois groupes d'états de conscience, qui, il est vrai, sont logiquement distincts les uns des autres, mais qui se rencontrent, en fait, unis à chaque instant de notre existence[1], et qui ne sont jamais, au fond, que des démembrements d'une même conscience.

Nous aurons donc à nous occuper successivement de ces trois catégories de faits, mais sans jamais oublier qu'elles font partie d'un seul esprit, sans que leur multiplicité doive nous faire perdre de vue l'unité de la conscience qui les renferme toutes également. Mais, une fois cette énumération et cette analyse terminées, il nous restera encore, pour achever la psychologie, une dernière question. L'esprit est, chez l'homme, uni à un corps, à un organisme matériel; il agit sur ce corps, mais ce corps réagit sur lui; de là, entre eux, des relations incessantes que nous devrons examiner. Ce sera dans cette dernière partie de la psychologie que se placera aussi, tout naturellement, l'étude de ces fonctions, semi-psychologiques et semi-physiologiques, dont nous avons parlé tout à l'heure :

---

1. Car, par exemple, pour prendre une résolution (fait de volonté) il faut avoir l'idée du but à atteindre (fait d'intelligence), et le désir de l'atteindre (inclination, fait de sensibilité).

la fonction du mouvement et la fonction du langage. L'examen des principaux problèmes de la psychologie se répartira ainsi en quatre sections : étude de la sensibilité; étude de la volonté; étude de l'intelligence; étude des rapports de l'esprit et du corps.

# DEUXIÈME SECTION

## SENSIBILITÉ

Les faits de sensibilité s'appellent, d'une manière générale, des *sentiments*.

Les sentiments sont de deux espèces différentes : ce sont, d'une part, des *émotions*; de l'autre, des *inclinations* et des *passions*.

# CHAPITRE VII

## LES ÉMOTIONS

Les deux émotions fondamentales sont le plaisir et la douleur. Ce sont elles que nous étudierons d'abord ; après quoi nous traiterons des émotions dérivées.

### I. Plaisir et douleur.

*A.* **Leur nature.** — La nature de ces deux émotions est parfaitement connue à chacun de nous : car il n'est personne qui n'ait fréquemment éprouvé l'une et l'autre. Et pourtant elle est, à proprement parler, indéfinissable. On ne peut définir le plaisir et la douleur, précisément parce que ce sont des choses simples. En effet, définir une chose, c'est l'analyser ; mais analyser, c'est énumérer les parties de la chose ; or une chose simple n'a pas de parties ; elle ne peut donc être analysée, ni par suite définie. Voilà pourquoi le plaisir et la douleur, étant des choses simples, ne sont pas susceptibles de définition. Mais l'expérience de chaque jour nous les fait connaître mieux que ne pourrait le faire la meilleure définition.

Ne pouvant définir leur nature, tout au moins devons-nous énumérer leurs caractères essentiels.

1° Ce sont des états *relatifs*, c'est-à-dire que leur intensité varie :

α. avec les événements, qui nous affectent plus ou moins vivement;

β. avec le temps, qui tantôt fortifie, tantôt affaiblit le plaisir et la douleur;

γ. avec l'individu même qui en est affecté : tel est susceptible d'émotions violentes; tel autre est un flegmatique, qui ne connaîtra jamais ni grandes joies, ni grandes douleurs.

2° Le plaisir et la douleur, tout en étant essentiellement des *états affectifs*, sont toujours *unis à des sensations représentatives*. Voici le sens de ces expressions. Nous n'éprouvons du plaisir et de la douleur qu'en considérant certains objets. Ainsi il faut distinguer : 1° l'idée même de l'objet, 2° l'émotion agréable ou douloureuse que cette idée éveille en nous. La première est une notion intellectuelle, une sensation représentative (ainsi nommée parce qu'elle nous représente l'objet), la seconde est un fait de sensibilité, un état affectif (ainsi nommé parce qu'il nous affecte agréablement ou péniblement). La sensation représentative et l'état affectif sont donc toujours liés l'un à l'autre. Mais ils n'en restent pas moins distincts; et même on peut établir que, dans l'impression totale perçue par l'individu, l'élément représentatif et l'élément affectif, quoique coexistants, sont en raison inverse l'un de l'autre. En effet, regardez par exemple le soleil en plein midi : la douleur (élément affectif) sera vive; mais l'idée même que vous aurez prise de la grandeur et de la forme du soleil (élément représentatif) sera bien peu nette : la vivacité de l'émotion aura nui à la netteté de la représentation. Supposez au contraire un astronome regardant une étoile avec un télescope : l'idée qu'il prendra de l'étoile (élément représentatif) sera parfaitement nette, mais la douleur (élément affectif) causée par la fatigue de l'observation sera très faible : ici la représentation est excellente, l'émotion à peu près nulle. En un mot donc, toute émotion est liée à une représentation ; mais ces deux impressions restent distinctes l'une de l'autre, et, dans l'impression totale, l'importance de l'une est en raison inverse de l'importance de l'autre.

*B*. **Leurs rapports.** — Le plaisir et la douleur sont l'opposé l'un de l'autre. Mais sont-ce vraiment tous deux des réalités positives, ou ne faudrait-il pas dire plutôt que l'un n'est que l'absence de l'autre?

Le philosophe Schopenhauer a soutenu que le plaisir est simplement la cessation de la douleur. L'état de l'homme, suivant lui, est d'avoir sans cesse besoin, de désirer sans cesse quelque chose : or le besoin et le désir sont pour l'homme une souffrance; son état normal est donc la souffrance. Le plaisir, qui résulte de la satisfaction des besoins et des désirs, n'est donc que la cessation de la souffrance. Il est donc tout négatif; la souffrance seule est positive. De là Schopenhauer tire très logiquement le pessimisme, c'est-à-dire cette affirmation que la vie humaine est essentiellement triste : la souffrance, en effet, étant notre état normal, et le plaisir n'étant qu'une interruption momentanée de la douleur, l'homme doit être considéré comme malheureux dans la plus grande partie de sa vie.

Mais cette théorie de Schopenhauer est des plus contestables. D'abord, il n'est pas vrai que tout besoin et tout désir soient une souffrance : nous avons l'amour, le désir, le besoin du beau, et cependant ce besoin n'est pas, pour la plupart des hommes et dans la vie ordinaire, une souffrance. De plus, il est inexact de dire que tout plaisir ne soit que la cessation d'une douleur. Les plaisirs esthétiques, par exemple, ne sont pas dans ce cas : la vue d'un beau tableau est un plaisir qui n'était pas précédé d'une douleur; nous ne souffrions pas de ne pas voir ce tableau, et sa vue ne nous en procure pas moins un vif plaisir. Même pour les plaisirs plus matériels, tels que ceux de la table, il est faux de dire qu'ils ne soient que la cessation d'une douleur : car il n'est pas nécessaire, pour connaître ces plaisirs, d'avoir éprouvé les douleurs de la faim. Ainsi il est inexact de dire que le plaisir est simplement une absence de douleur, comme il était inexact de dire que tout désir engendre une souffrance. Donc les conclusions pessimistes que Schopenhauer a tirées de ces deux propositions erronées tombent avec ces propositions mêmes.

En un mot — pour revenir aux rapports du plaisir et de la douleur — nous devons conclure que l'un ne consiste pas uniquement dans l'absence et la négation de l'autre; que ce sont deux états opposés sans doute, mais pourtant bien réels et parfaitement positifs tous les deux.

C. **Leurs causes.** — Pour Aristote, la cause de nos émotions est en nous-mêmes, dans notre activité propre; le plaisir n'est pas distinct de l'action faite, il ne fait que s'ajouter à elle « comme s'ajoute à la jeunesse sa fleur ».

Cette théorie n'est exacte qu'en partie. Il est vrai qu'il est des plaisirs et des douleurs dont la cause tient à notre seule activité, par exemple ceux que procure le souvenir d'une action bien ou mal faite. Mais souvent aussi notre activité, quoique bien dirigée, ne nous procure pas de plaisir, parce qu'elle a été contrariée par les choses extérieures : par exemple, une bonne action peut être pour nous une source de tristesse, si notre bienfait a été adressé à un ingrat. Ainsi l'émotion résulte souvent de l'accord ou du désaccord de notre activité propre avec les choses qui nous entourent, avec notre milieu. Enfin ce milieu lui-même peut être directement la cause de nos émotions. Un bonheur ou un malheur survenu à quelqu'un de notre entourage, sans que nous en soyons en rien la cause, peut nous remplir nous-mêmes de joie ou de tristesse. La cause de nos émotions, en un mot, est donc :

1° soit en nous-mêmes, dans notre propre activité;

2° soit dans l'accord ou le désaccord de cette activité personnelle avec notre milieu;

3° soit dans notre milieu même.

**D. Leur rôle.** — Le plaisir joue dans la vie humaine un rôle essentiellement bienfaisant. C'est lui qui en fait le charme, qui la rend pour nous douce et bonne, qui nous attache à elle et nous fait souhaiter sa continuation. Si parfois il nous égare, le plus souvent il nous dirige bien : c'est l'espoir du plaisir qui nous fait travailler et agir; c'est le plaisir lui-même qui est la récompense et le guide de nos efforts. Le plaisir s'attache toujours à la conduite droite, il accompagne nécessairement l'acte vertueux : car, quel que doive être le résultat extérieur de notre acte, nous ne pouvons pas ne pas trouver plaisir à avoir accompli notre devoir.

La douleur, elle aussi, est essentiellement bonne. Sans doute elle est toujours pénible en soi, et parfois funeste par ses suites, car elle peut conduire à l'abattement et à la mort, mais d'autre part :

1° Elle nous détourne du mal, en nous frappant, quand notre conduite est mauvaise.

2° Elle nous oblige à agir, pour éviter le danger et la peine : or agir, c'est vivre, et vivre, c'est être heureux; c'est donc pour éviter la douleur que nous faisons les actes qui nous rendent heureux; la douleur ainsi conduit au plaisir, et elle le rend plus agréable encore par le contraste.

3° Enfin la douleur purifie et élève l'âme. Elle nous fait comprendre que nous avons mal agi, et nous ramène à des sentiments meilleurs. — La douleur que nous trouvons dans le monde nous fait souvent aussi imaginer un monde meilleur, où notre vie serait faite de joies pures et calmes, faite d'inaltérable félicité : la douleur ainsi crée le rêve admirable des poètes et l'espérance sublime de la religion.

## II. Émotions dérivées.

Le plaisir et la douleur ne sont pas les seules espèces d'émotions dont l'esprit soit susceptible; mais on peut les considérer comme les deux émotions fondamentales dont dérivent toutes les autres. Spinoza a montré, au IIIe livre de son *Éthique*, que l'on peut en déduire les diverses autres émotions; car toutes celles-ci ne sont, d'après lui, qu'un plaisir ou qu'une peine causés par un certain objet, et les différences qui existent entre elles tiennent uniquement à la façon dont cet objet est considéré. Examinons en effet ces émotions secondaires; nous trouvons que :

1° L'*espérance* est le plaisir, la *crainte* est la douleur que nous cause l'attente d'un événement que nous considérons comme devant arriver; ces deux émotions se rapportent donc au futur.

2° La *joie* est le plaisir, la *tristesse* est la douleur que nous cause un événement actuel; ces émotions se rapportent donc au présent.

3° La *sécurité* ou *tranquillité d'âme* est le plaisir avec lequel nous envisageons un événement, parce qu'il s'est déjà produit sans rien contenir de fâcheux pour nous; le *désespoir* est la douleur avec laquelle nous envisageons un événement passé, à cause des suites funestes qu'il a pour nous; le *regret* est un désespoir atténué; le *remords* est un désespoir auquel se joint l'idée que cet événement funeste s'est produit par notre propre faute; toutes ces émotions se rapportent donc au passé.

En un mot, les diverses émotions secondaires ne sont autre chose qu'un sentiment de plaisir ou de douleur, joint à l'idée que la cause de ce plaisir ou de cette douleur est future, présente ou passée.

# CHAPITRE VIII

## LES INCLINATIONS ET LES PASSIONS

Les passions n'étant, comme nous le montrerons en détail, que des inclinations plus fortes, il y a lieu de réunir en un seul chapitre l'étude de ces deux sortes de sentiments.

### I. Inclinations.

*A.* **Leur nature et leurs caractères.** — Les inclinations sont des sentiments qui naissent en nous à la suite et par l'effet des émotions agréables ou pénibles. Quand nous avons éprouvé du plaisir à contempler un objet, nous sentons naître en nous une « inclination » qui nous attire vers lui. Ainsi, l'inclination est une sorte de mouvement de l'âme qui la porte à se diriger dans tel ou tel sens, sous l'attrait du plaisir, ou sous la menace de la douleur.

Ce mouvement de l'âme, qui l'attache aux choses qui lui ont une fois paru bonnes, c'est ce qu'on nomme (en prenant le mot dans son sens le plus général) l'*amour*. L'amour est ainsi la forme commune de toutes les inclinations. Et comme il n'est pas de chose que nous ne puissions aimer, fût-ce nous-même, ou fût-ce une pure création de notre esprit, on conçoit qu'il n'est pas de chose qui ne puisse être, pour une âme humaine, l'objet d'une inclination.

Outre l'amour, les inclinations présentent souvent un second caractère, mais moins constant que le premier : c'est le *désir*.

Il n'y a pas désir partout où il y a amour; car, par exemple, l'homme aime tout ce qu'il croit lui être bon, qu'il possède déjà ce bien ou qu'il ait seulement l'espérance de le posséder un jour; mais, parmi les choses qu'il croit bonnes, il ne désire que celles qu'il ne possède pas déjà. L'amour peut consacrer un état antécédent; le désir ne saurait tendre qu'à faire naître un état nouveau. De plus, le désir implique, de la part de celui qui l'éprouve, une tendance à s'adjoindre l'objet désiré en s'en faisant une sorte de bien personnel, et comme une dépendance de sa propre personne : on désire des mets recherchés, une parure somptueuse, etc. Mais il n'existe plus, à proprement parler, quand la chose souhaitée est supérieure au sujet qui la souhaite, et ne peut devenir pour lui un simple accessoire de son être; on peut aimer une telle chose, mais non, à proprement parler, la désirer; il est des âmes qui « aiment » Dieu, il n'en est pas qui le « désirent ».

L'inclination est donc, en résumé, un mouvement de l'âme qui naît d'un sentiment de plaisir ou de peine, mouvement fait d'amour et parfois, en même temps, de désir.

**B. Leurs causes et leur division.** — Il y a autant d'espèces différentes d'inclinations qu'il y a d'objets susceptibles de faire naître en nous une inclination. Mais nous avons déjà dit qu'il y a une infinité d'objets dans ce cas, puisque tous les objets possibles peuvent provoquer de notre part un sentiment d'amour. Il est donc impossible de donner une énumération complète des inclinations, et, par suite, d'en faire une classification absolument rigoureuse. On peut seulement indiquer les principales catégories entre lesquelles elles se répartissent, et les formes les plus connues qu'elles revêtent.

Nous les diviserons en trois grands groupes.

I. *Inclinations personnelles.* — Toutes dérivent de l'amour de soi. Parmi elles :

α. Les unes sont corporelles, et ont pour objet le bien-être du corps. Tel est l'amour de l'alimentation, de la boisson, du mouvement physique, du repos. Ces inclinations doivent être satisfaites, dans la mesure où il faut le faire pour assurer la conservation de la vie, mais de façon à ne pas leur laisser prendre le pas sur des inclinations plus élevées.

β. D'autres sont spirituelles : elles ont pour objet le développement de l'esprit. Tels sont la curiosité (besoin de l'intelligence), le désir d'émotion (besoin de la sensibilité), le besoin d'agir, l'amour de la liberté et de la puissance, avec leurs dérivés, l'ambition et l'amour de la gloire, tous besoins de la volonté.

γ. D'autres enfin sont mixtes, c'est-à-dire se rapportent aussi bien à l'âme qu'au corps. Ce sont : le désir de conserver notre être et de le développer, c'est-à-dire l'instinct de conservation, et le désir de posséder les choses qui aideront à le conserver et à le développer, c'est-à-dire l'instinct de la propriété, avec son dérivé l'avarice.

Toutes ces inclinations, d'une façon générale, sont bonnes en soi, car elles nous aident toutes à rendre notre existence plus durable et meilleure; mais toutes sont susceptibles d'excès et dégénèrent trop facilement en passions égoïstes. Aussi est-ce toujours avec réserve que nous devons les satisfaire.

II. *Inclinations interpersonnelles ou altruistes.* — Toutes nous portent à aimer autrui. L'objet qu'elles nous font aimer est :

α. Tantôt un être inférieur à nous; ces inclinations comprennent l'amour des animaux et l'amour de la nature inanimée.

β. Tantôt un être égal à nous, un être humain; tels sont : l'amitié, l'amour proprement dit, l'amour filial, l'amour maternel, etc.

γ. Tantôt une collection d'êtres humains : tel est l'amour que nous portons à notre famille en général, à notre ville natale, à notre patrie, à l'humanité tout entière.

Ces inclinations, au premier abord, paraissent profondément distinctes des inclinations personnelles énumérées plus haut. S'aimer soi-même et aimer autrui, voilà deux sentiments, semble-t-il, bien distincts. Pourtant, on a essayé de les rapprocher et de les confondre.

La Rochefoucauld a soutenu, avec talent, que notre prétendu amour pour autrui n'était qu'une façon de nous aimer nous-mêmes. « Nous aimons autrui, dit-il, à cause des avantages que nous espérons en retirer. » Ainsi présentée, la doctrine se heurte au sentiment universel. Bien évidemment il est des cas où l'on agit par pur amour, sans espérer en échange aucune récompense : celui qui se dévoue pour sauver un de ses semblables agit par sentiment et non par calcul; car le meilleur calcul serait assurément de ne pas exposer ses jours.

La théorie de La Rochefoucauld ne saurait donc pas être défendue en ces termes; mais il est une autre façon, plus habile, de la présenter. Aimer autrui, dirait-on ici, c'est une façon de s'aimer soi-même : car on n'aime autrui que parce qu'on trouve plaisir à pratiquer ces sentiments d'affection, parce qu'on met son propre bonheur à faire le bien ; donc c'est la considération de notre plaisir et de notre bonheur propres qui nous pousse à être charitable et bon : donc c'est encore un égoïsme qui se dissimule sous les apparences de la générosité. Ainsi présentée, la thèse aurait plus de chances de succès : substituer à l'égoïsme brutal un égoïsme plus raffiné et plus pur, un égoïsme qui saurait trouver son compte à s'oublier lui-même et à se prendre pour du dévouement, c'est assurément rendre moins grande la distance qui sépare l'amour de soi-même de l'amour d'autrui. Et c'est peut-être expliquer la conduite de quelques esprits rares et raffinés, qui ne cherchent dans l'accomplissement du devoir qu'une satisfaction personnelle, qui l'y trouvent en effet, et qui, n'étant au vrai que d'habiles calculateurs, passent dans le monde pour des cœurs d'élite. Mais pourquoi ne pas admettre qu'il y a aussi, à côté de ces savants psychologues, des milliers d'âmes plus naïves et plus simples, qui ne voient pas dans le dévouement une forme supérieure de l'égoïsme, qui croient au contraire, lorsqu'elles se dévouent, immoler à autrui leur bonheur personnel, et qui n'en sont pas moins capables, lorsqu'il le faut, de dévouement, d'abnégation et de sacrifice? Oui, il est juste de dire qu'aux yeux d'une raison impartiale, aimer autrui, c'est s'aimer soi-même de la meilleure de toutes les manières, parce que c'est grandir son être de toute la hauteur d'un apparent désintéressement. Mais la plupart des hommes n'en cherchent pas tant : ils aiment par élan de cœur, sans réflexion et sans raisonnement; ils aiment parce qu'il faut aimer, et non parce qu'il est profitable d'aimer; parce que cela entre dans leur nature, et non parce que cela entre dans leurs calculs.

Leur affection pour autrui n'a pas pour mobile un intérêt.

III. *Inclinations supérieures.* — Ce sont les inclinations qui nous portent à aimer ces choses impersonnelles, le vrai, le beau, le juste, le bien; ou bien à aimer l'Être personnel et transcendant en qui toutes ces qualités résident, c'est-à-dire Dieu.

Le même problème se pose à propos de ces inclinations qu'à propos des inclinations interpersonnelles. On pourrait, elles aussi, essayer de les réduire aux inclinations égoïstes, en disant par exemple : aimer le vrai, c'est aimer à développer sa propre intelligence; aimer le beau, c'est aimer à développer sa propre sensibilité. La réponse que nous avons faite à la théorie de La Rochefoucauld s'appliquerait ici encore : la plupart des hommes, en disant qu'ils aiment la vérité, croient aimer quelque chose de distinct d'eux-mêmes, quelque chose de supérieur à eux, quelque chose qui n'a pas besoin d'eux pour être, et qui continuerait sans eux à subsister; ils croient aimer la vérité, non pour eux, mais pour elle-même. La cause de leur inclination est à leurs yeux désintéressée : elle est donc désintéressée en réalité; car comment pourrions-nous contester ce qu'ils nous disent, et prétendre connaître mieux qu'eux-mêmes les motifs qui les ont dirigés?

## II. Passions.

**A. Leur nature et leurs caractères.** — La passion est une inclination exagérée. Ce n'est pas nécessairement une inclination pervertie; car il y a des passions saines, la passion de la science, par exemple. Mais c'est une inclination qui a pris, pour ainsi dire, des dimensions exceptionnelles, soit en violence, soit en durée.

Principaux caractères de la passion :

1° Elle est *exclusive*. Étant d'une intensité extrême, elle remplit l'âme à elle seule et tend à en exclure toute autre inclination. Il est des gens dont une passion fait toute l'existence.

2° Elle est *instable*. Une inclination peut se maintenir dans l'âme avec une force toujours à peu près constante; mais une passion doit avoir quelques moments de rémission, sans quoi elle épuiserait rapidement l'âme et la tuerait infailliblement; la passion présente donc des alternatives de force et de faiblesse, des crises et des répits, et comme un rythme régulier dans sa marche (Herbert Spencer).

3° Enfin, elle est *contagieuse*. Elle se communique aisément à l'entourage de celui qu'elle possède, à cause de son énergie même : c'est ainsi qu'on s'explique la diffusion des grands mouvements de fureur ou d'enthousiasme à travers les masses populaires, etc.

*B.* **Leurs causes et leur division.** — Les passions étant des inclinations qui ont simplement pris, par suite de circonstances diverses (absence de répression, etc.), une plus grande violence, leurs causes et leur division sont exactement les mêmes que celles des inclinations.

*C.* **Leur rôle.** — La passion peut égarer l'esprit, surtout quand elle est une passion égoïste (ambition, avarice, etc.); mais elle lui est, au fond, utile; si elle a un objet élevé, elle le conduit directement vers le bien. Si même elle n'a qu'un objet moralement indifférent, elle réveille l'esprit et l'empêche de tomber dans l'immobilité et l'indifférence de la brute. Les stoïciens, pour glorifier la raison, auraient voulu supprimer la passion; mais supprimer la passion, n'eût-ce pas été abolir en l'âme le ressort même de la vie?

Tel est aussi le rôle de la sensibilité en général. Mal dirigée, elle peut conduire l'esprit à sa perte. Bien dirigée, elle lui fait accomplir les plus grandes choses. De toute façon, elle lui est essentielle, étant le principe qui met en jeu son activité.

# TROISIÈME SECTION

## VOLONTÉ

Nous passons à l'étude de la seconde série de faits psychologiques, les *résolutions*.

Une résolution peut être prise de trois façons : par volonté proprement dite, par habitude, par instinct. Il y a lieu d'étudier successivement ces trois espèces de faits.

# CHAPITRE IX

## LA VOLONTÉ ET LE LIBRE ARBITRE

Une résolution prise par volonté s'appelle *volition*.

On a souvent soutenu : 1° que la volition se confondait avec d'autres espèces de faits psychologiques, particulièrement avec le désir; 2° qu'en tout cas elle était déterminée par nos sentiments et par nos idées, qu'elle n'était pas libre. Nous allons établir au contraire : 1° qu'elle est distincte du désir; 2° qu'elle est libre.

### I. Volition et désir.

La volition n'est pas le désir. En effet :

1° Le désir est simplement l'inclination qui nous pousse vers un objet. La volition est plus : elle est l'affirmation portée par l'esprit que cet objet nous est nécessaire, et que nous ferons tout pour l'atteindre.

De cette différence capitale en dérivent d'autres.

2° On peut désirer même des choses qu'on reconnaît impossibles; on ne saurait vouloir que celles qu'on pense être en mesure de se procurer.

3° Le désir ne porte que sur l'objet, le but à atteindre; la volonté doit nécessairement aussi porter sur les moyens de l'atteindre.

4° On peut désirer une chose sans la vouloir. Des désirs irréalisables ou immoraux traversent parfois l'esprit, sans arriver d'ordinaire à obtenir l'adhésion de la volonté : nous pouvons souhaiter, parfois, le malheur d'un individu, mais d'ordinaire nous le ne voulons pas, c'est-à-dire que nous ne prenons pas la résolution de tout faire pour y contribuer. Fort heureusement : car le désir, naissant en nous sous l'influence des circonstances, n'est pas criminel, mais la volition qui le suivrait, étant libre, serait coupable.

C'est cette liberté de la volition qu'il s'agit maintenant d'établir.

### II. Déterminisme et liberté.

Quand nous avons à agir, il se présente d'ordinaire à notre esprit plusieurs déterminations opposées : est-ce ici qu'il faut aller, est-ce là? ce moyen est-il celui que nous devons employer, ou ne serait-ce pas plutôt tel autre? Ainsi, divers partis s'offrant à nous, nous réfléchissons, nous délibérons, nous pesons les avantages et les inconvénients de chaque détermination, et finalement, nous nous arrêtons à l'une d'elles. La question est de savoir si ce choix n'a dépendu que de nous, ou si au contraire nous avons été contraints de choisir de la sorte. En d'autres termes, l'homme a-t-il, ou non, un libre pouvoir de juger des actions qu'il doit faire? possède-t-il un *libre arbitre*? ou bien est-il déterminé à agir par une force étrangère, est-il soumis au *déterminisme*?

**A. Position de la question.** — A la question ainsi posée, la morale semble exiger que nous répondions : « Oui »; la science semble exiger que nous répondions : « Non ».

La morale, tout d'abord, réclame en faveur du libre arbitre. Car, si nous ne sommes pas libres de choisir le parti à prendre, nous ne sommes donc plus *responsables* du choix fait : on ne peut plus nous faire un mérite ou un démérite de nos actions, nous en louer ou nous en blâmer ; et la morale alors ne s'écroule-t-elle pas?

Mais la science, de son côté, paraît avoir des prétentions contraires. Nos actions, dit-elle, doivent être déterminées par des causes invariables ; autrement, il n'y aurait plus de lien fixe entre la cause et l'effet, il n'y aurait plus de lois régissant les faits psychologiques. Mais si l'homme était libre, ce lien causal serait rompu : certaines circonstances auraient provoqué un jour une détermination ; le lendemain, par les caprices du libre arbitre, elles provoqueraient une détermination contraire. Donc plus de lois fixes pour les états de conscience, si l'on admet le libre arbirte. Or, sans lois, plus de science possible. Par conséquent, dit-on, avec le libre arbitre il n'y a pas place pour une science de l'esprit.

En faveur de sa thèse la morale invoque le sens commun. Tous, dit-elle, nous sentons en nous le pouvoir de commander à nos désirs et à nos passions, de nous diriger dans le sens que nous choisissons, d'accomplir les actions que nous avons jugées les meilleures. Le sens commun témoigne ainsi en faveur du libre arbitre.

Mais, répond la science, cette croyance universelle au libre arbitre n'est que l'ignorance des motifs qui nous font agir. L'homme ne connaît pas les ressorts secrets qui le font mouvoir. Il ne sait pas que ses idées ont une force propre indépendante de son choix, et qui détermine nécessairement celui-ci. Il est témoin de la lutte que les idées contraires se livrent dans son esprit, il n'en est pas le juge ; elles triomphent par leurs propres armes, et non par celles qu'il leur donne. — Pourtant lui-même, à vrai dire, n'ignore pas toujours sur ce point la vérité. Il reconnaît parfois qu'il a été entraîné à l'action par une force supérieure à lui, par une impulsion à laquelle il a résisté, mais qu'il n'a pu vaincre. C'est alors, et alors seulement, qu'il connaît sa véritable situation; mais, quand il se croit libre, cette croyance ne prouve que son ignorance.

Tels étant la position de la question et les arguments fondamentaux donnés de part et d'autre, recherchons la solution.

*B*. **Élimination des opinions extrêmes.** — Il convient d'abord d'écarter les solutions extrêmes que les deux partis ont données, en poussant chacun jusqu'à l'exagération son propre système.

Allant jusqu'aux dernières conséquences de leur théorie, les partisans du libre arbitre ont soutenu, non seulement que l'homme pouvait choisir librement entre les motifs qui le déterminent à agir, mais qu'il pouvait se déterminer à agir sans aucun motif. Par exemple, disent-ils, voulant faire une aumône, je prends une pièce d'argent dans ma bourse; je la choisis absolument au hasard; voilà donc un fait sans cause, que la libre décision de la volonté a seule produit. Le choix n'avait aucune importance par lui-même; j'ai opté entre des partis également indifférents; j'ai donc la liberté de choisir sans motifs et dans l'indifférence absolue : d'où le nom de théorie de la *liberté d'indifférence* donnée à ce système. Mais le raisonnement sur lequel il se fonde est manifestement erroné. Car d'abord le fait de prendre une pièce d'argent, et une pièce de telle valeur définie, est déterminé par mon intention de faire l'aumône et de faire une certaine aumône. Reste le fait d'avoir pris telle pièce de cette valeur plutôt que telle autre de la même valeur. Mais ceci non plus n'est pas un fait sans cause; la raison de mon choix, c'est que cette pièce s'est trouvée la première sous ma main, c'est qu'elle était celle qu'il m'était le plus aisé de prendre; la cause de ma détermination est tout irréfléchie, mais elle n'en est pas moins réelle. Il n'existe donc pas de cas où l'on puisse trouver un fait sans cause, une détermination de l'esprit qui n'ait été précédée d'aucun motif.

La thèse extrême des adversaires du libre arbitre n'est d'ailleurs pas meilleure que celle de ses partisans. Toutes nos déterminations, disent-ils, ont une cause. Cette cause, c'est ou l'état de notre organisme, ou une impulsion venue du dehors; dans un cas comme dans l'autre, c'est une cause étrangère à notre esprit, et sur laquelle il n'a pas de pouvoir. L'esprit est donc toujours, et nécessairement, entraîné à agir par une cause placée hors de lui-même. Cette théorie est dite théorie du *déterminisme physique*, parce que pour elle c'est la nature qui détermine l'esprit à agir[1]. Mais sa base même est ruineuse : car les causes de nos déterminations, ce sont des motifs connus et appréciés par l'esprit; les choses extérieures et l'organisme ne peuvent, en aucun cas, agir sur l'esprit que par l'intermédiaire de ses propres pensées; si donc ses résolutions sont la suite nécessaire de quelque chose, ce quelque chose ne peut être que des sentiments ou des idées. Ainsi, en admettant que nos volitions soient soumises à un déterminisme rigoureux, ce déterminisme en aucun cas ne saurait être un déterminisme physique.

---

1. Il ne faut pas la confondre avec le *fatalisme physique*, qui est la doctrine musulmane. Le fatalisme reconnaît au contraire à l'homme le pouvoir de se déterminer librement à agir; mais, d'après lui, cette action libre viendra nécessairement se heurter à la force de la nature : quoi que nous fassions, le résultat sera le même; « c'était écrit ». Doctrine extrêmement dangereuse, car elle anéantirait en l'homme toute volonté d'agir. Mais doctrine évidemment fausse, car chaque jour nous voyons l'activité humaine, aidée et dirigée par la science, triompher des obstacles que lui oppose la nature.

*C*. **Conciliation des opinions moyennes.** — De ce que nous venons de dire il résulte qu'il faut reconnaître qu'un fait psychologique a toujours une cause, mais que cette cause n'est pas physique; elle est, elle aussi, toute psychologique : un état de conscience a sa raison d'être dans un état de conscience antécédent. Seulement ces états antécédents peuvent être de nature bien diverse : ce peuvent être, ou des impulsions de la sensibilité, et alors on les nomme des *mobiles*; ou au contraire des jugements portés par l'intelligence, et on leur donne la qualification propre de *motifs*. Tantôt c'est l'impulsion aveugle qui l'emporte, tantôt c'est le raisonnement; tantôt le mobile, tantôt le motif. On pourrait soutenir que ces variations sont le fait de la liberté. Mais, sans invoquer cet argument, et en accordant aux déterministes ce qu'ils demandent, c'est-à-dire en admettant avec eux que c'est à leur force interne, et non à un libre choix de l'esprit, que le mobile ou le motif doit son triomphe; en admettant, en un mot, un *déterminisme psychologique* absolument rigoureux, nous ne pensons pas encore que l'homme doive renoncer à se croire libre.

Remarquons, en effet, que les causes déterminantes de nos actions sont nos idées *personnelles*. Placez deux individus en présence d'une même situation : très souvent, les partis qu'ils prendront seront différents. Pourquoi cela? les mêmes influences s'exerçaient pourtant sur eux, les mêmes raisons d'agir devaient se présenter à leurs esprits; s'ils ont agi différemment, c'est, comme on dit, parce qu'ils ne voient pas les choses de la même manière, parce que leur tournure d'esprit, leur caractère et leur personnalité sont différentes. Cette personnalité est donc ce qui donne à chacun sa ligne de conduite, ce qui lui inspire ses raisons d'agir : c'est elle qui crée, pour chaque résolution à prendre, nos motifs et nos mobiles on peut bien admettre que, une fois formés, ceux-ci luttent simplement entre eux, et que le plus fort triomphe naturellement, sans qu'aucun choix nouveau intervienne de notre part; mais dans leur formation même, et par suite dans la force qu'a chacun d'eux, il faut reconnaître l'œuvre de notre personnalité. Or cette personnalité est libre, puisque c'est par elle que nous nous distinguons des autres êtres, et que même nous nous opposons à eux. Elle est libre, parce qu'elle est individuelle et varie avec chacun. Les motifs créés par elle sont donc libres aussi, en ce sens; et la décision finale, quoiqu'elle ne résulte que d'un choc de motifs, est libre, puisque ces motifs le sont eux-mêmes.

En un mot, nous croyons que le déterminisme et la liberté, entendus rationnellement, ne sont nullement inconciliables. Chaque résolution a sa cause; cette cause est toute psychologique; le conflit des causes aboutit à un choix nécessaire, où la plus forte triomphe inévitablement : voilà ce qu'il faut accorder au déterminisme. Mais ces causes elles-mêmes sont l'œuvre de notre personnalité, laquelle est libre; donc elles sont libres, et la décision prise l'est avec elles; voilà la part qu'il faut faire à la liberté. Le vulgaire, qui croit à sa liberté parce qu'il en fait l'expérience journalière, ne se trompe donc pas en réalité. Une analyse insuffisante peut nous conduire à admettre que cette liberté n'est qu'une illusion, que le déterminisme est la loi de l'esprit, comme de la nature. Mais une analyse poussée plus loin nous fait retrouver, derrière ce déterminisme, l'indépendance de la personne humaine.

La liberté et le déterminisme sont vrais tous les deux, sur des plans différents. Le déterminisme est à la surface de l'esprit; la liberté est au fond.

# CHAPITRE X

## L'HABITUDE

La plupart de nos actions ne sont pas le produit d'une volonté raisonnée. Le plus souvent, nous agissons automatiquement, en quelque sorte, et sans réflexion, par instinct ou par habitude. Agir par instinct, c'est suivre, sans savoir pourquoi, une impulsion naturelle. Agir par habitude, c'est répéter un acte par la seule raison qu'on l'a déjà fait antérieurement. Très différentes en apparence, ces deux façons d'agir procèdent, en réalité, d'un même principe : l'instinct, comme nous le montrerons, se ramène à l'habitude. C'est donc par l'étude de l'habitude, de sa nature et de ses effets, qu'il faut commencer.

Toute action une fois accomplie laisse, chez celui qui l'a faite, une trace durable. En exerçant nos organes, nous leur faisons prendre un certain développement, une certaine souplesse, qui leur restent acquis quand l'exercice primitif a cessé. Nous créons en eux, en un mot, une manière d'être, une *habitude* (ἕξις, *habitus*, manière d'être) qui survit à l'acte dont elle est née. Et remarquez que, pour créer ainsi une habitude, il n'est pas nécessaire de répéter un grand nombre de fois l'action créatrice : une seule action, pourvu qu'elle soit énergique, suffit pour engendrer un état durable.

Mais pourquoi l'acte produit-il ainsi une modification durable? En vertu de ce simple principe (connu dans la science sous le nom de loi d'inertie) que tout ce qui est une fois persiste indéfiniment, tant qu'une force étrangère ne vient pas l'altérer. L'être, si des forces ne venaient le transformer, resterait éternellement ce qu'il est; et quand il s'est modifié, sa modification tend pareillement à durer. Un corps, tant qu'aucune force n'agit sur lui, reste en repos, ou, s'il est entré en mouvement, continue à se mouvoir indéfiniment dans la même direction et avec la même vitesse. C'est le même principe d'inertie qui explique l'immobilité de la pierre et l'aptitude de l'homme à subir, par le fait de l'habitude, une modification durable[1].

Maintenant, cette manière d'être, une fois produite, va à son tour engendrer des effets remarquables. Quand les organes ont acquis, par le fait de l'exercice, un certain développement et une certaine souplesse, ils sont devenus aptes à faire plus aisément l'acte primitif. Que les mêmes raisons d'agir se représentent, et ils accompliront les mêmes mouvements, mais d'une manière beaucoup plus facile et plus sûre. Il suffit donc que l'impulsion qui avait donné naissance à la première action se reproduise, et même avec une moindre intensité que lors de ce premier essai, pour que l'action elle-même se répète, avec moins d'effort même et plus de perfection[2]. C'est ainsi que celui qui a péniblement appris un air musical le répète ensuite à la moindre occasion, avec une facilité croissante; c'est ainsi également que celui qui a habitué son organisme

---

1. Il y a donc des habitudes physiques et physiologiques, au même titre que des habitudes psychologiques.
2. Se rappeler cette loi, que nous retrouverons quand nous traiterons de la mémoire, faculté qui a, elle aussi, son origine dans une habitude.

aux excès continue à s'y livrer de plus en plus, sans trouver désormais le frein qui l'arrêtait une première fois.

Tel est donc le premier effet de l'habitude : rendre plus aisé à accomplir un acte une fois fait, et, par là même, en provoquer la répétition. Mais ce n'est pas tout. L'habitude a encore un second effet, inverse en apparence de celui-là. Elle supprime ou du moins amoindrit l'effort nécessaire pour accomplir l'acte; elle nous fait trouver spontanément les moyens de l'accomplir, et, par suite, elle nous dispense de réfléchir à ces moyens, de combiner la façon de les mettre en œuvre, de *penser* longuement à ce que nous allons faire. Elle tend donc à rendre l'acte de plus en plus spontané, automatique, irréfléchi, inconscient. Ainsi, pour reprendre les exemples déjà donnés, nous arrivons à répéter sans la moindre difficulté, mais machinalement et avec une parfaite inconscience, des airs dont l'étude nous a coûté de véritables efforts. Ainsi encore celui qui s'est adonné aux excès de la boisson finit par ne plus avoir la notion exacte de ce qu'il fait; il ne trouve plus même, à vrai dire, de plaisir à s'enivrer, quoique la force de l'habitude l'y contraigne de plus en plus; et c'est par là précisément que son intempérance est punie : chez lui, en devenant une nécessité, l'excès a cessé d'être un plaisir.

On voit donc bien maintenant quel est le double effet de l'habitude : elle facilite la répétition des actes, mais elle les rend par là même de plus en plus inconscients. Elle tend à faire de nous un mécanisme parfait, mais que n'animerait plus aucun esprit. Ainsi se comprennent ses rapports avec la volonté. Elle économise la volonté, en nous permettant bientôt d'accomplir, sans nouvel effort, un acte pour lequel il nous avait fallu d'abord une tension énergique de toutes nos facultés spirituelles. Mais elle peut tuer la volonté, si celle-ci, satisfaite des résultats acquis, prend l'habitude de trop se reposer sur ce dangereux auxiliaire. C'est ainsi que l'habitude peut, suivant les cas, favoriser ou entraver le progrès. Elle le favorise : en ce sens qu'elle décharge l'intelligence et la volonté du soin de revenir sans cesse sur les besognes déjà faites, et qu'elle les rend, par là, libres pour des tâches nouvelles et plus difficiles. Mais elle l'entrave aussi bien souvent : car une habitude prise est un obstacle à la création d'une habitude meilleure; car, en faisant durer ce qui est, elle empêche souvent de se réaliser ce qui devrait être : l'attachement aux habitudes acquises est, sous le nom de routine, l'une des plus grandes difficultés qu'ait à vaincre toute heureuse innovation. Les services rendus par l'habitude ne doivent donc pas nous faire oublier les funestes effets qu'aurait son excessif développement, s'il excluait celui de la volonté et de l'intelligence.

# CHAPITRE XI

## L'INSTINCT

L'instinct est une impulsion naturelle qui nous pousse à agir dans un sens déterminé. La marque des actes instinctifs, c'est qu'ils se font spontanément, sans effort, sans réflexion préalable.

Un danger physique nous menace-t-il : l'instinct nous montre immédiatement ce que nous devons faire pour y échapper; sans qu'il y ait eu pour notre esprit un travail à faire, nous trouvons, automatiquement en quelque sorte, le mouvement à exécuter et l'attitude à prendre en face du danger. Ainsi les actes instinctifs ont les caractères fondamentaux des actes devenus habituels : la facilité et l'irréflexion, qui à eux deux constituent la spontanéité. Ils les ont même à un plus haut degré que les actes habituels; si invétérée que soit une habitude prise par nous, elle ne donne pas encore absolument à nos actes cette spontanéité d'exécution que possèdent les actes instinctifs. Plus l'acte habituel se répète, plus il tend à produire cet automatisme que l'acte instinctif possède du premier coup, sans pourtant y arriver complètement : l'acte instinctif nous apparaît ainsi comme la *limite* à laquelle tend l'acte habituel.

Une autre différence existe entre l'habitude et l'instinct : l'habitude a été acquise par nous, l'instinct est *inné en nous*. Nous savons comment nous avons contracté une habitude, et, en somme, fût-elle invétérée, nous savons encore à peu près pourquoi nous lui obéissons, et ce que nous avons en vue en nous laissant guider par elle; aussi pouvons-nous encore, le plus souvent, lui résister. Pour l'instinct, il n'en est pas de même; nous ne savons pas comment il est né en nous; nous l'avons trouvé en nous dès notre naissance, ce n'est pas nous qui l'avons créé. Dès la première fois que nous nous sommes trouvés en danger, l'idée de ce que nous avions à faire s'est présentée à nous, et nous avons spontanément exécuté le geste qu'elle nous indiquait. Et depuis nous l'avons répété chaque fois que nous nous sommes trouvés dans le même danger, sans nous demander pourquoi, sans même savoir comment nous le faisions, mais de telle façon cependant qu'il fût parfaitement exécuté. Il semble qu'ici la nature ait pris pour nous la peine d'organiser la série de nos actes, qu'elle nous ait fourni spontanément la combinaison, l'association d'idées qui devait nous sauver, et qu'en vue du but à atteindre elle nous ait donné des moyens d'exécution parfaits, en nous laissant d'ailleurs entièrement ignorer pourquoi et comment elle nous faisait ainsi agir[1].

Toutefois, ce ne serait là qu'une conception superficielle de l'instinct. Avant d'admettre que l'instinct est une faculté première, irréductible, un don original de

---

[1]. Ce caractère de l'instinct : « impliquer, chez l'être qui agit, la perfection des moyens avec l'ignorance du but », est surtout frappant dans l'instinct des animaux. C'est ainsi que l'abeille, par exemple, amasse le miel dans sa ruche avec un art admirable que lui inspire l'instinct. Mais elle ignore si parfaitement le but de son acte, que, si l'on vient à percer le fond de la ruche, de telle sorte que le miel s'écoule à mesure qu'il est déposé, l'abeille n'en continue pas moins indéfiniment son travail devenu inutile.

la nature, il faut rechercher s'il ne pourrait pas se ramener à quelqu'une des facultés qui nous sont déjà connues. Or tel est précisément le cas. Reprenons la comparaison de l'instinct et de l'habitude. L'instinct, disions-nous, présente la même spontanéité que l'habitude, mais à un plus haut degré. L'habitude, acquise par nous, tend à atteindre cette spontanéité de l'instinct, sans y arriver parfaitement. Mais nous savons, d'autre part, que les êtres en général, et l'homme en particulier, lèguent leur constitution à leurs descendants : ils leur lèguent donc, entre autres choses, les habitudes qu'ils ont acquises. Si ces habitudes sont bonnes à entretenir, ou même simplement si elles ont « passé dans le sang » avec une grande force, le descendant qui en a hérité continuera d'accomplir les actes auxquels elles le poussent, et répétera lui-même ces actes un grand nombre de fois. Par la répétition, l'habitude se fortifiera, les actes deviendront de plus en plus faciles et de plus en plus irréfléchis tout ensemble, de plus en plus spontanés en un mot. Transmise par ce premier héritier à ses propres descendants, l'habitude ira chez eux en se fortifiant de plus en plus ; et à mesure qu'il sera accompli par un plus grand nombre de générations, l'acte arrivera à une spontanéité et à un automatisme plus parfaits. Ainsi, après une suite ininterrompue de transmissions héréditaires, il sera arrivé à cet état de parfait automatisme qui caractérise l'instinct. Cet acte primitivement *volontaire*, puis *habituel*, sera devenu *instinctif*. Et alors, les descendants éloignés de celui qui le premier contracta l'habitude, n'auront plus aucun effort à faire pour la contracter à leur tour : ils la trouveront, toute formée, dans la constitution dont ils ont hérité. Actuellement donc, elle sera innée chez un être, bien qu'elle ne l'ait pas été chez ses premiers ancêtres, mais que ceux-ci, au contraire, l'aient acquise peu à peu : l'instinct, inné chez l'individu, n'est ainsi qu'une habitude acquise par la race. L'habitude peut donc arriver, en se répétant de père en fils, à revêtir les caractères de l'instinct : automatisme et innéité. On peut ainsi s'expliquer la production des instincts, sans les attribuer à une faveur spéciale faite par la nature à l'homme, en admettant qu'ils sont simplement la transformation d'une habitude, héréditairement transmise, ou, comme on dit parfois, une « habitude ancestrale ».

Par là s'explique ce fait que l'instinct a, sur le progrès, la même influence que l'habitude, avec plus d'intensité seulement; ce qui est tout naturel, puisqu'il est une habitude agrandie et fortifiée par l'hérédité.

L'instinct, en effet, peut servir le progrès, et il peut l'entraver. En suppléant la volonté et l'intelligence, pour ce qui touche à la conservation immédiate de la vie, il leur permet de s'appliquer à des buts plus élevés, au développement et à l'embellisement de l'existence, et par là même il favorise le progrès. Mais chez les êtres qui n'ont pas éprouvé ces besoins plus nobles, et qui se sont contentés des premières satisfactions que l'instinct suffit à fournir, chez ces êtres, l'instinct a été un obstacle au progrès, parce qu'il a arrêté toute initiative : une fois sa vie assurée par le jeu de l'instinct, l'être s'est endormi dans l'inertie de la brute. C'est ainsi que l'instinct, qui appartient à la fois et à l'homme et à l'animal, a fait progresser le premier et a immobilisé le second.

# QUATRIÈME SECTION

## INTELLIGENCE

Sous le titre « intelligence » doivent se ranger toutes les idées qui contribuent à former la *connaissance* que nous avons de nous-mêmes et du monde.

Ces idées proviennent des sources suivantes :

1° La sensation et la perception ;
2° La mémoire ;
3° L'imagination ;
4° L'abstraction ;
5° La généralisation ;
6° Le jugement ;
7° Le raisonnement.

La sensation et la perception forment les opérations dites *sensitives*, parce que, bien qu'étant essentiellement des opérations de l'esprit, elles se font sous la dépendance et l'action des sens. Le jugement et le raisonnement, au contraire, dans lesquels l'esprit intervient seul, sont dits opérations *proprement intellectuelles*, ou opérations *rationnelles*. On nomme parfois opérations *mixtes* la mémoire, l'imagination, l'abstraction et la généralisation.

D'une façon générale, la sensation fournit à l'esprit la matière de ses idées : elle est donc une *fonction d'acquisition*. Les six autres facultés[1] travaillent sur les données qu'elle fournit, et combinent les idées en les transformant : elles sont donc des *fonctions d'élaboration*.

Cette combinaison des idées entre elles se fait sous l'influence de divers principes, lesquels ne sont pas des facultés, parce qu'ils ne sont pas des groupes de faits, mais méritent plutôt d'être appelés des lois, parce qu'ils président à l'organisation et au groupement de ces faits entre eux. Ces principes se rattachent à deux sources : l'association des idées et la raison. Nous devrons donc étudier aussi ces deux sources des principes organisateurs, et nous demander si elles ne ramènent pas, comme on l'a souvent soutenu, à une seule. La première devra être étudiée avant les facultés d'élaboration, parce qu'il faut connaître ses principes pour comprendre le fonctionnement de celles-ci. La seconde pourra n'être étudiée qu'après les fonctions d'élaboration, sur le mécanisme desquelles elle nous donnera une vue d'ensemble.

Enfin nous terminerons cette étude de l'intelligence par l'examen des résultats auxquels elle nous conduit, en nous faisant connaître notre être propre, le monde extérieur, et leur auteur commun.

---

[1]. Le nom de faculté est donné d'abord aux trois grands groupes de faits que nous avons distingués dans l'esprit, sensibilité, volonté intelligence; mais il est donné aussi aux groupes secondaires qui sont des démembrements de ceux-là. Ainsi la mémoire, qui n'est qu'une fraction de l'intelligence, est appelée faculté, tout comme l'intelligence elle-même.

# CHAPITRE XII

## LA SENSATION ET LA PERCEPTION

La sensation et la perception ne sont pas deux choses absolument et entièrement distinctes l'une de l'autre : la perception n'est que l'achèvement de la sensation. Pour bien nous en rendre compte, analysons une perception complète.

Voici, par exemple, ce mur qui est en face de moi. Je le vois ; j'en ai une représentation, une idée. Cette représentation ou cette idée, c'est ce qu'on nomme une perception. Comment cette perception est-elle née dans mon esprit ? Le voici :

1° Il y a là-bas, hors de moi, un objet réel, un mur. Ce mur est, je suppose, éclairé par le soleil : il est brillant de lumière. De sa surface partent donc incessamment des ondes lumineuses, dont quelques-unes, en se propageant, viennent frapper mon œil. C'est sous l'excitation de ces ondes lumineuses que se produisent les phénomènes de vision. Cette *excitation*, premier terme de la vision, est, comme on le voit, un fait purement *physique*.

2° L'excitation de l'onde lumineuse produit sur l'œil une certaine *impression* : l'image du mur vient se peindre sur la rétine. Mais ce n'est pas tout : le nerf optique est lui-même ébranlé par cette impression, et des vibrations faisant suite aux vibrations lumineuses de l'éther se propagent le long de ce nerf, depuis son extrémité périphérique, le fond de l'œil, jusqu'à son extrémité centrale, le cerveau; et ces vibrations de la substance nerveuse se continuent à travers le cerveau lui-même[1]. L'impression faite sur l'œil et les mouvements qui se sont propagés, à la suite de cette impression, dans le nerf optique et dans le cerveau, voilà un second terme de la vision, terme tout *physiologique*.

3° Et maintenant, quand les vibrations produites dans le cerveau ont une intensité suffisante, il apparaît dans la conscience une image de l'objet lumineux : image pure et simple, qui n'est que la traduction de l'impression subie, mais qui, étant consciente, est déjà essentiellement un phénomène *psychologique* : c'est la *sensation*.

4° Mais cette sensation ne reste pas ainsi à l'état brut : à peine est-elle entrée dans la conscience qu'une foule d'autres idées, déjà acquises par l'esprit, viennent se joindre à elle, pour la modifier et la compléter. Au premier moment (sensation), je ne voyais que la simple image du mur lumineux. Maintenant, grâce aux sensations concomitantes, ce mur m'apparaît comme le centre de tout un tableau : je le replace dans son milieu, j'en vois les tenants et les aboutissants. Grâce aux souvenirs que la sensation remémore, je me rappelle l'avoir déjà vu, et en quelles circonstances : si c'est, je suppose, le débris d'une vieille maison, cela fait revivre dans mon esprit tout un monde de souvenirs. Enfin, des jugements viennent encore se greffer sur la sensation : je me mets à raisonner en

---

1. La science n'a pas encore fait connaître, d'une façon certaine, à quelle région précise du cerveau viennent définitivement et en dernier lieu aboutir les nerfs sensitifs.

moi-même sur ce mur, je songe à ce qui a pu amener la ruine de la maison dont il faisait partie, je me demande ce qui l'a lui-même sauvé du désastre et ce qui fait qu'il est encore là. Et, toutes ces notions, se mêlant et s'ajoutant les unes aux autres, finissent par composer dans mon esprit l'impression totale que j'emporterai du mur, l'idée qui m'en restera, en un mot, la *perception* que j'en ai. La vision désormais est achevée. La perception en est le dernier terme ; terme, comme on voit, *psychologique* tout comme la sensation, mais plus complexe, plus élevé que la sensation.

Nous savons donc maintenant ce que sont la sensation et la perception. Étudions d'un peu plus près chacune d'elles, et d'abord la sensation.

### I. Sensation.

Toute sensation a quatre caractères : 1° elle dure un certain temps ; 2° elle a une certaine intensité ; 3° elle a une certaine qualité, c'est-à-dire qu'elle est ou visuelle, ou auditive, ou tactile, etc. ; 4° elle a une certaine tonalité, c'est-à-dire qu'elle est accompagnée d'un certain degré de plaisir ou de douleur. Reprenons successivement ces caractères.

*A.* **Durée.** — La sensation ne se produit pas immédiatement après l'excitation, car il faut du temps au mouvement né de l'impression pour se propager à travers les nerfs jusqu'au cerveau. De plus la sensation, une fois entrée dans la conscience, n'en disparaît pas aussitôt : elle y persiste un certain temps, assez court, mais appréciable.

Pour mesurer ces durées, on a inventé l'ingénieuse disposition suivante. Un observateur applique son œil à l'une des extrémités d'un cylindre ouvert. A l'autre bout apparaît tout à coup une lumière, dont l'apparition s'enregistre automatiquement sur un chronomètre. L'observateur, dès le moment où il aperçoit la lumière, doit *réagir*, c'est-à-dire presser un timbre sonore : l'apparition du signal sonore s'enregistre également sur un chronomètre. Le temps qui s'écoule entre l'excitation (signal lumineux) et la réaction (signal sonore) est ainsi connu. Or ce temps se compose de quatre éléments (en supposant que la lumière, dès qu'elle a apparu, a fait impression sur l'œil, ce qui pratiquement est vrai, vu la très grande vitesse de la lumière et les faibles dimensions du cylindre), savoir :

1° Temps mis par l'impression à passer de l'œil au cerveau, jusqu'à l'apparition de la sensation ; en d'autres

termes, temps mis par le mouvement à parcourir les nerfs sensitifs ; c'est le *premier temps physiologique*.

2° Temps que dure la sensation visuelle elle-même ; c'est le *premier temps psychologique*.

3° Temps que dure la volition de réagir par un signal sonore ; c'est le *second temps psychologique*.

4° Temps que cette volition met à produire le signal ; en d'autres termes, temps mis par le mouvement volontaire à parcourir les nerfs moteurs ; c'est le *second temps physiologique*.

Ainsi, si le temps total écoulé entre l'excitation et la réaction est marqué par AE, le premier temps physiologique (mouvement sensitif) sera représenté par AB ; le premier temps psychologique (sensation), par BC ; le second temps psychologique (volition) par CD; le second temps physiologique (mouvement moteur), par DE.

Il s'agit de calculer la durée de la sensation, c'est-à-dire BC.

On connaît, grâce à l'expérience, la quantité AE (temps total). Les quantités AB et DE (temps physiologiques), peuvent être déterminées, puisqu'elles sont égales à la longueur des nerfs parcourus divisée par la vitesse de l'influx nerveux (30 mètres environ par seconde), et qu'on connaît ces deux éléments.

On connaît donc déjà, par une simple soustraction, la somme des deux temps psychologiques :

(1) $$BC + CD = AE - AB - DE.$$

Reste à isoler BC. Voici comment on opère.

On a remarqué que, si deux excitations se suivent de trop près, les deux sensations produites se confondent. Pour que les sensations restent distinctes, il faut qu'un certain intervalle minimum de temps sépare les deux excitations. Supposons donc que, après avoir produit une première excitation au moment A, nous en produisions une seconde au moment A', séparé du moment A exactement par cet intervalle minimum, et en faisant réagir une seconde fois l'observateur en E'. Superposons l'une à l'autre les deux figures représentant les temps des deux opérations. Puisque nous avons calculé l'intervalle AA' de telle façon que les deux sensations restassent distinctes, la seconde ne se produira qu'après l'achèvement de la première ; mais, comme cet intervalle est minimum, la seconde se produira immédiatement après l'achèvement de la première ; de sorte que la seconde commencera exactement au moment où la première finira. En d'autres termes, le point B' (début de la sensation) de la seconde coïncidera avec le point C (fin de la sensation) de la première. On aura donc la figure suivante :

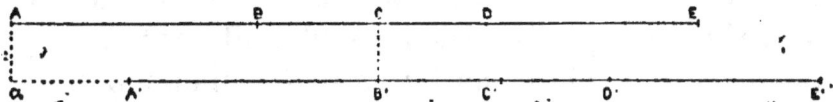

Si maintenant nous prolongeons la ligne A'E', et que nous abaissions sur elle une perpendiculaire Aα, nous voyons que :

1° AC = αB';

2° AB = A'B', car tous deux représentent le temps mis par l'influx nerveux à aller de l'œil au cerveau, et il n'y a pas de raison pour que ce temps ne soit pas égal dans les deux expériences.

3° Donc BC = αA', puisque BC = AC — AB, et que αA' = αB' — A'B'.

Donc la durée de la sensation proprement dite (BC) est égale au temps minimum αA'. Mais ce temps est connu par l'expérience. Donc la durée de la sensation l'est par là même.

Rien de plus facile maintenant que de calculer la durée de la volition (CD). On la tirerait, par soustraction, de la formule (I).

Le résultat de ces expériences est que la durée de la sensation n'est pas constante. Elle varie : 1° avec les individus ; 2° avec les circonstances ; notamment, une sensation dure d'ordinaire plus longtemps si, à elle seule, elle occupe tout l'esprit ; elle dure moins longtemps si elle est combattue par d'autres sensations qui se produisent presque en même temps. La durée moyenne d'une sensation est de $\frac{1}{5}$ à $\frac{1}{8}$ de seconde.

LA SENSATION ET LA PERCEPTION. 77

**B. Intensité.** — Pour produire une sensation, l'excitation doit être d'intensité moyenne. Une excitation ou trop faible, ou trop forte, n'arrive pas à la conscience. Ainsi, une corde tendue qui aurait moins de 16 ou plus de 34 000 vibrations par seconde ne produirait aucun son.

Dans cette échelle comprise entre le minimum et le maximum perceptibles, les sens apprécient, non pas l'intensité absolue de chaque excitation, mais seulement la différence qui existe entre cette intensité et celle des excitations voisines (ce qu'on nomme en musique les intervalles).

Et même les sens n'apprécient pas exactement cette différence ; ils la trouvent d'ordinaire moindre qu'elle n'est réellement. Si une lumière produit un certain effet, dix lumières égales ne produiront pas un effet décuple. En d'autres termes, les différences perçues croissent moins vite que les différences réelles ; l'écart est moindre entre deux sensations qu'entre les deux excitations correspondantes. Mais quel est le rapport exact qui relie les variations de la sensation à celles de l'excitation ? Pour le trouver, on a recours, notamment, à la méthode dite « des différences à peine perceptibles ». Voici une sensation S. En voici une seconde S' qui la suit immédiatement. Si les excitations E et E' qui leur ont donné naissance diffèrent très peu d'intensité entre elles, la deuxième sensation ne paraîtra pas à l'esprit différer en intensité de la première. Pour que l'esprit remarque entre S et S' la différence d'intensité la plus faible, c'est-à-dire une différence égale à l'unité d'intensité, telle que l'on ait $S' = S + 1$, on constate qu'il faut qu'il y ait, en passant de E à E', une élévation d'intensité de $\frac{1}{3}$, telle que l'on ait $E' = E + \frac{E}{3} = \frac{4}{3} E$. De même, pour que l'esprit aperçoive entre S' et une autre sensation S'' une différence d'intensité minima, telle que $S'' = S' + 1 = S + 2$, il faut qu'on ait d'autre part $E'' = \frac{4}{5}E' = \frac{4}{5} \times \frac{4}{5}E = \left(\frac{4}{5}\right)^2 E$.

On peut donc ainsi former deux progressions correspondantes, dont l'une représente les excitations, et l'autre les sensations.

$$S \quad S+1 \quad S+2 \ldots \ldots \ldots S+n$$
$$E \quad \frac{4}{5}E \quad \left(\frac{4}{5}\right)^2 E \ldots \ldots \ldots \left(\frac{4}{5}\right)^n E$$

Ainsi, tandis que les excitations croissent en une progression géométrique dont la raison d'habitude[1] est $\frac{4}{5}$, les sensations ne croissent qu'en une progression arithmétique dont la raison est 1. Or, quand deux progressions, l'une arithmétique, l'autre géométrique, se correspondent ainsi terme à terme, on dit que chaque terme de la première est le logarithme du terme correspondant de la seconde. D'où cette formule dernière : *la sensation croît (en intensité) comme le logarithme de l'excitation.* Telle est l'expression de la loi *psycho-physique*, dite aussi, du nom de son inventeur, *loi de Fechner.*

C. **Qualité.** — Au point de vue de leur qualité, c'est-à-dire de l'espèce spéciale de représentations qu'elles nous donnent, les sensations peuvent se diviser en sept groupes :

I. *Sensations des organes internes,* surtout des organes digestifs et respiratoires ; ce sont les sensations de la faim, de la soif, de la nausée, de l'étouffement, etc. Ces

---

[1]. La raison est du moins celle-là, quand il s'agit d'apprécier des excitations tactiles, calorifiques et acoustiques. Elle n'est pas la même pour les autres excitations.

sensations sont presque toutes accompagnées de douleur : « nous ne sentons, a-t-on dit, nos organes internes que pour en souffrir. » Bien plus, elles ne sont guère elles-mêmes qu'une douleur : l'état affectif est ici presque tout ; aussi l'élément représentatif (qui, nous l'avons vu au chapitre VII, est inverse de l'élément affectif) y est-il presque nul : ces sensations ne nous donnent qu'une idée très incomplète des organes dont elles émanent, et nulle science ne peut être fondée sur elles.

II. *Sensations du goût.*

III. *Sensations de l'odorat.*

Ces deux sortes de sensations sont sans cesse unies : dans ce qu'on nomme le « goût » des aliments, il entre autant de sensations d'odeur que de sensations gustatives proprement dites. Ici encore l'élément affectif joue un rôle important : une odeur, une saveur, ont pour principal caractère d'être agréables ou pénibles. Cependant, l'élément représentatif tend à prendre une place déjà un peu plus large que dans les sensations des organes internes. Aussi ces sens commencent-ils à avoir une utilité, bien faible encore, il est vrai, dans la science (en fournissant au chimiste, par exemple, d'utiles indications sur les corps qu'il veut reconnaître).

Nous arrivons à des sensations où l'élément représentatif se développe de plus en plus.

IV. *Sensations du toucher.* Le toucher ne s'exerce pas seulement par la main, mais bien par toute la surface du corps ; la main est seulement plus sensible que toutes les autres parties du corps aux impressions tactiles. Le toucher nous fait connaître trois choses : 1° l'étendue des corps touchés ; 2° leur poids, c'est-à-dire la pression qu'ils exercent sur nous ; 3° enfin, leur température. Il semble que ce ne soient pas les mêmes filets nerveux qui conduisent aux centres cérébraux ces trois sortes d'impressions différentes.

V. *Sensations musculaires.* Ce sont les sensations que nous avons du déplacement de nos muscles et des mouvements que nous exécutons. De savantes discussions se sont élevées sur la nature et l'origine de ces sensations. Pour les uns, la sensation musculaire serait l'idée du mouvement exécuté; elle naîtrait de l'impression transmise au cerveau par des nerfs *sensitifs* venant des muscles. Pour les autres, elle serait la volition du mouvement à exécuter; elle proviendrait de l'ébranlement que transmettent au cerveau les nerfs *moteurs* se rendant au muscle, quand la volonté les met en mouvement. L'origine de la sensation musculaire serait donc sensitive pour la première théorie, motrice pour la seconde; cette sensation précéderait, pour les uns, suivrait, pour les autres, le mouvement à accomplir. L'état de la science ne permet pas encore de se prononcer avec certitude sur la solution.

VI. *Sensations de l'ouïe.* Elles ont trois propriétés : l'*intensité*, dont les lois nous sont connues, et qui dépend de l'amplitude des vibrations; la *hauteur* et le *timbre*, qui constituent à proprement parler les *qualités* de la sensation. La hauteur est ce qui caractérise la place d'un son dans l'échelle musicale, le timbre est ce qui marque sa provenance. La première dépend du nombre des vibrations; la deuxième, des notes complémentaires ou harmoniques ajoutées au son principal.

VII. *Sensations de la vue.* Elles ont, elles aussi, trois propriétés : l'*intensité*, dont nous avons examiné les lois plus haut; la *tonalité*, qui marque la différence entre une couleur et une autre (le bleu et le violet, par exemple); enfin la *saturation*, qui dépend de la pureté de la couleur, c'est-à-dire de la quantité de lumière blanche qui est mélangée avec elle; la saturation peut ainsi servir à marquer la différence qui existe entre plusieurs nuances d'une même couleur (entre le foncé et le clair, par exemple).

Quoique ayant aussi leur caractère agréable ou pénible, qui fait d'eux des instruments esthétiques incomparables, l'ouïe et la vue sont avant tout des sens scientifiques, parce que ce sont eux qui nous renseignent de la façon la plus complète sur l'état des choses qui nous entourent, et qui nous permettent de nous en faire une représentation raisonnée.

Dans l'intérieur de chacune de ces sept espèces de sensations, il faudrait distinguer un nombre indéfini de sous-espèces : une odeur n'a presque rien de commun avec une autre, un son n'a que peu d'analogies avec un autre son. Néanmoins, quand on s'élève dans l'échelle des sens, on voit ces différences individuelles de sensation à sensation se réduire peu à peu ou plutôt devenir elles-mêmes susceptibles d'une appréciation scientifique. Nul ne saurait dire quelle distance sépare une odeur de rose d'une odeur de violette; mais on peut dire, au contraire, quel intervalle mathématique sépare un son d'un autre, et de quelle quantité une pression tactile est plus forte que la pression voisine. Entièrement qualitatives pour les sens inférieurs, les différences de sensations semblent n'être que quantitatives pour les sens plus élevés.

Enfin une dernière question se pose. N'y aurait-il pas lieu d'admettre, ou plus de sept groupes de sensations, ou moins de sept groupes? Nous ne le pensons pas. En effet :

1° Il n'y a pas lieu d'admettre plus de sept groupes de sensations. — Aux espèces de sensations reconnues plus haut, on a proposé d'adjoindre :

α. Les sensations d'*effort*. Mais tout effort vise à mouvoir un organe par le déplacement d'un muscle; les sensations d'effort ne sont donc autre chose que des sensations musculaires.

β. Les sensations de *résistance*. Mais il n'y a pas, à proprement parler, de *sensation* pour la résistance : on ne sent pas la résistance, on l'infère. Quand, en effet, nous faisons un effort musculaire pour déplacer un objet et que nous n'y parvenons pas, notre toucher ne nous donne qu'une sensation : celle de l'étendue et du poids de cet objet. Mais là-dessus, notre esprit se met à travailler et il décide que, puisque nous n'avons pu malgré nos efforts mouvoir la chose, c'est qu'elle-même opposait à notre effort un effort en sens contraire; et c'est cet effort attribué par l'esprit lui-même à la chose, qu'il nomme résistance. L'idée de résistance ne vient donc pas directement des sens eux-mêmes; elle est un produit complexe de l'activité intellectuelle. Il y a un jugement de résistance, il n'y a pas de sensation de la résistance.

2° Il n'y a pas lieu, non plus, d'admettre moins de sept espèces de sensations. On a dit parfois que toute sensation n'est qu'un choc nerveux, et qu'il n'y a pas lieu dès lors d'établir des séparations si absolues entre les divers groupes de sensations, puisque tous sont simplement des chocs nerveux diversement combinés. Cette théorie n'est pas exacte : car le choc nerveux est seulement l'antécédent physiologique de la sensation; il n'est pas la sensation même, laquelle est psychologique de son essence. Il est inconscient, elle est consciente. Il est donc fort possible que la cause physiologique des sensations soit fondamentalement la même pour toutes; mais il n'en reste pas moins vrai que les sensations elles-mêmes présentent à la conscience des différences irréductibles : or la conscience les connaît directement et infailliblement; c'est donc qu'elles sont, en elles-mêmes, différentes les unes des autres. Il faut donc maintenir qu'il existe, entre les sensations, des différences réelles qui justifient leur répartition entre les catégories que nous avons établies ci-dessus.

*D*. **Tonalité.** — Le quatrième caractère des sensations, c'est qu'elles présentent une certaine tonalité, c'est-à-dire qu'elles sont toujours accompagnées d'un certain degré de plaisir ou de douleur. Nous avons déjà vu (chap. vii) ce mélange incessant de l'élément affectif et de l'élément représentatif dans toute sensation éprouvée par l'esprit. Et nous avons dit que ces deux éléments sont, en vertu d'une loi constante, en raison inverse l'un de l'autre. Une application de cette loi a été montrée tout à l'heure; lorsqu'on a constaté que : 1° dans les sensations des organes internes, l'élément affectif est presque tout, et l'élément représentatif presque rien; 2° dans les sensations gustatives et olfactives, l'élément représentatif commence à se développer au détriment de l'élément affectif; 3° enfin, dans les quatre derniers groupes de sensations, l'élément représentatif prend la plus grande place. Il ne faudrait pas croire que, même dans ces dernières sensations, l'élément affectif soit réduit à un rôle insignifiant : bien des sensations de tact (de température surtout), bien des efforts musculaires, bien des impressions auditives et visuelles, sont susceptibles de nous causer une vive douleur; et l'audition d'un concert ou la vue d'une gracieuse œuvre d'art ne laisseront pas, en revanche, d'éveiller en nous les plus vifs sentiments de plaisir.

## II. Perception.

L'étude détaillée que nous venons de faire de la sensation nous permet d'être bref sur la perception, puisque la perception n'est, comme nous l'avons montré au début de ce chapitre, qu'une sensation élaborée et complétée. Ce travail d'élaboration comprend deux parties.

1° La sensation est rapportée soit au moi, soit au monde extérieur; c'est-à-dire que telle sensation nous fait songer seulement à l'état de nos organes (la sensation de faim par exemple), tandis que telle autre nous paraît être l'image de choses placées hors de nous-mêmes (la sensation visuelle d'un mur, d'une table par exemple); cette opération, par laquelle nous attribuons l'origine de nos sensations, tantôt au moi, tantôt au non-moi, suppose que ces idées du moi et du non-moi existaient déjà dans l'esprit; nous verrons, au chapitre xx, comment il se fait qu'elles s'y trouvent.

2° La sensation se surcharge immédiatement d'autres sensations, de souvenirs, de jugements, d'inférences de toute sorte qui viennent s'associer à elle, comme on l'a vu plus haut; cette opération se fait par le jeu de l'association des idées, que nous allons maintenant étudier.

# CHAPITRE XIII

## L'ASSOCIATION ET LA DISSOCIATION DES IDÉES

Une sensation, une fois entrée dans l'esprit, y subit deux séries de modifications principales.

1º D'abord elle s'associe avec d'autres sensations, et tout naturellement avec celles qui sont entrées dans la conscience immédiatement avant elle ou immédiatement après. Cette association des idées est donc déterminée par leur voisinage, par leur contiguïté dans la conscience; d'où son nom d'*association par contiguïté*.

2º Une seconde transformation, inverse de celle-là, est celle qui s'opère par *dissociation*. Une sensation n'est jamais absolument simple : elle comprend toujours plusieurs éléments; par exemple, la sensation d'un tableau comprend une série de sous-sensations, dont chacune nous représente l'un des personnages figurés dans le tableau. Une fois entrés dans la conscience, ces divers éléments peuvent rester unis, de façon à nous laisser l'idée du tableau dans son ensemble; mais ils peuvent aussi se séparer, de façon à nous donner l'idée isolée de tel ou tel personnage du tableau : c'est ce que prouve le fait, bien connu de tous, qu'au bout d'un certain temps nous ne retenons plus d'une œuvre ordinaire que tel ou tel détail qui nous avait particulièrement frappés.

3° Maintenant, ces dissociations elles-mêmes peuvent être la source d'associations nouvelles. Les éléments d'une sensation ainsi dissociés, vont pouvoir se rapprocher des éléments, également dissociés, d'une autre sensation. Par exemple, l'image d'un personnage, isolée de tout le reste du tableau dont elle faisait partie, va se rapprocher dans la conscience d'une image à peu près semblable d'un autre personnage, que nous avions remarqué dans un autre tableau, image qui s'était dissociée également de la sensation totale dont elle-même faisait partie. Ce qui détermine donc le rapprochement de ces deux images dissociées, c'est leur ressemblance. Nous avons donc une nouvelle sorte d'associations d'idées, les *associations par ressemblance*. Elles diffèrent, comme on le voit aisément, des associations par contiguïté en ce que : α. elles sont seules précédées d'une dissociation ; β. elles sont des associations de sensations partielles, tandis que les premières étaient des associations de sensations totales.

Mais comment se fait-il, demandera-t-on, que les idées s'associent et se dissocient ainsi? Ces phénomènes, quoique essentiellement psychologiques, ont peut-être des causes physiologiques. On sait que le cerveau est composé de cellules nerveuses à prolongements étoilés, et il semble que l'apparition d'une idée dans l'esprit soit due à l'ébranlement produit dans une cellule nerveuse par suite du mouvement transmis par les nerfs sensitifs. On a donc supposé que la dissociation des idées aurait pour cause la localisation du mouvement dans une partie de la cellule ébranlée, dans un de ses prolongements par exemple; et que leur association aurait pour cause l'union de deux cellules voisines, soit au moyen d'un seul prolongement, s'il ne s'agit que d'associations par ressemblance, soit au moyen de plusieurs prolongements à la fois, s'il s'agit d'associations par contiguïté. Mais ce ne sont là que de pures hypothèses, qui ne rendent guère plus clairs les faits psychologiques, tout à fait incontestés, dont il s'agit.

Ce qui est mieux établi, c'est l'effet produit par les associations d'idées. Toute association d'idées par contiguïté ou par ressemblance — comme d'ailleurs toute modification mentale — produit dans l'esprit une manière d'être durable, une habitude. En d'autres termes, quand deux sensations, totales ou partielles, se seront une fois associées, elles prendront par là même l'habitude de demeurer associées. Aussi, quand l'une reparaîtra dans la conscience, sous l'influence d'excitations extérieures, elle aura une tendance à réveiller à sa suite l'autre idée à laquelle l'unissait une association antérieurement contractée. Ce phénomène, comme nous allons le voir, est de la plus haute importance pour faire comprendre le mécanisme de la mémoire. — Dans la théorie physiologique que nous rappelions il y a un instant, on explique ces habitudes psychologiques nées de l'association par la production d'une habitude physiologique. Les deux cellules s'étant une fois unies, dit-on, le mouvement nerveux s'est propagé de l'une dans l'autre; dès lors il aura, pour l'avenir, plus de facilité à se propager encore de la même façon; aussi, dès que, sous l'influence d'une nouvelle excitation sensorielle, il aura passé du nerf sensitif dans l'une des cellules, se transmettra-t-il immédiatement à l'autre. Nous ne pouvons que redire de cette théorie physiologique ce que nous en avons dit plus haut : c'est une ingénieuse hypothèse, et rien de plus.

# CHAPITRE XIV

## LA MÉMOIRE

Les idées une fois entrées dans la conscience en disparaissent rapidement, pour faire place aux sensations nouvelles que produisent incessamment en nous les objets qui nous entourent. Mais cette disparition n'est que momentanée ; nos idées ne sont pas définitivement perdues pour nous ; elles peuvent reparaître dans notre conscience, à un intervalle plus ou moins éloigné, sous forme de *souvenirs*. L'ensemble de ces faits de réapparition s'appelle *mémoire* ; et si l'on compare l'idée reparue sous la forme de souvenir à ce qu'elle était sous sa forme primitive de sensation, on appellera la sensation même un *état primaire* ; et le souvenir qui lui correspond un *état secondaire*.

A. La première question, évidemment, qui se pose à propos de la mémoire, est de savoir comment il se fait que les idées reparaissent. En voici la solution : le souvenir n'est que la reproduction affaiblie de la sensation primitive (le souvenir d'un paysage, par exemple, c'est l'image affaiblie de ce paysage) ; il devra donc naître en nous sous l'influence des mêmes causes — mais moins intenses — que celles dont la sensation primitive était née. Le souvenir naîtra donc en nous sous l'influence d'une excitation analogue à l'excitation primitive (le seul fait, par exemple, que nous approchons du site primitif suffit à réveiller en nous l'image affaiblie du paysage); cette excitation, quoique faible, suffira, car elle n'aura qu'à repasser par les traces laissées par la première excitation, elle profitera de la modification durable, de l'habitude, créée en nous par celle-là. Car l'idée primitive et le mouvement physiologique qui l'avaient produite n'avaient pas entièrement disparu : ils avaient laissé leur empreinte, l'une sur l'esprit, l'autre sur le cerveau; en ce sens que, leur ayant fait subir une modification déterminée, ils avaient engendré en eux une aptitude à être plus tard modifiés plus aisément dans le même sens. Ils avaient, en un mot, donné au cerveau et à l'esprit une certaine habitude, qui rendra singulièrement plus facile la reproduction d'un mouvement et d'une idée semblables aux premiers. — Et maintenant, une fois que ce souvenir aura ainsi reparu, il réveillera à sa suite toutes les idées qui s'étaient primitivement trouvées associées avec la sensation remémorée : car, ici encore, il y a eu une habitude créée, par l'association cette fois, et cette habitude favorise la transmission physiologique des mouvements cérébraux, la production psychologique des idées-souvenirs. C'est grâce à ces associations une fois contractées, que la sensation remémorée va se présenter à l'esprit avec tout un cortège d'idées accessoires (le souvenir du paysage rappellera toutes les impressions morales que nous avons éprouvées jadis en le contemplant réellement). En un mot donc, le souvenir naît sous l'influence de causes analogues à celles qui ont provoqué l'apparition de la sensation primitive dont il est la copie, et grâce aux habitudes physiologiques et psychologiques laissées dans le cerveau par les mouvements cellulaires et leurs combinaisons, dans l'esprit par les images primitives et leurs diverses associations.

B. Ainsi les sensations ont reparu. Mais comment se fait-il que les idées ainsi acquises par l'esprit ne soient pas prises pour des sensations neuves, mais soient immédiatement reconnues au contraire pour ce qu'elles sont, c'est-à-dire pour la reproduction pure et simple d'idées antérieures? — Cela tient à un caractère essentiel qui distingue les souvenirs des sensations. Les états secondaires sont plus faibles, ils ne sont qu'une copie atténuée de la sensation première; aussi contrastent-ils étrangement avec les sensations nouvelles, beaucoup plus vives, que nous éprouvons au moment même où les souvenirs naissent en nous. L'image remémorée d'un paysage, par exemple, m'apparaîtra bien moins vive que l'image aux couleurs éclatantes d'une gravure que je regarde au même moment. Je serai, par là, amené à penser que la première n'est pas une sensation présente, et à la rejeter dans le passé, en la rapportant à l'image primitive qu'elle ne fait que reproduire.

Tel est le caractère qui distingue les souvenirs des sensations; grâce à lui, nous reconnaissons spontanément la différence des deux états, et nous projetons dans le passé les idées simplement remémorées. Mais qu'il vienne à manquer, et le moyen de faire la distinction n'existera plus. C'est ainsi que certains souvenirs, en prenant une vivacité anormale, nous apparaissent comme des états primitifs. Telle l'hallucination, souvenir qui prend la force d'une sensation première. C'est ainsi également que, en l'absence d'états primitifs vivaces, un souvenir, même faible, passe pour un état nouveau. Tel le rêve, qui n'est qu'un souvenir d'états antérieurs bizarrement combinés, passe aux yeux du dormeur — en l'absence de toute sensation vive qui puisse contraster avec lui — pour la représentation d'événements nouveaux.

C. Nous avons montré comment il se fait que les souvenirs nous apparaissent comme des sensations déjà éprouvées. Mais ce n'est pas tout : non seulement nous nous rappelons avoir déjà éprouvé ces sensations, mais nous nous rappelons les avoir déjà éprouvées *à tel ou tel moment déterminé* ; non seulement nous les projetons dans le passé, mais nous les localisons en un point précis du passé. En un mot, nous mesurons l'intervalle qui a séparé leur première apparition de leur retour, et nous fixons une date à cette première apparition. Mais comment le pouvons-nous faire? comment pouvons-nous mesurer le temps qui sépare les deux apparitions de l'idée? En remontant, dira-t-on, la série des idées intermédiaires qui se sont produites dans l'intervalle. Ce moyen serait excellent, sans doute, s'il était praticable; malheureusement il ne l'est pas : car nos souvenirs étant toujours incomplets, il y aura forcément des lacunes dans cette série d'idées intermédiaires que nous nous efforcerions de restituer. Il nous faut donc trouver un autre moyen de mesurer le temps écoulé. — Ce moyen, on l'a trouvé en remarquant la relation qui existe, grâce au mouvement, entre les dimensions du temps et celles de l'espace. Tout mouvement, en effet, se produit sur une certaine longueur d'espace, et dure d'autre part un certain temps. Le temps mis par un mobile à faire un chemin déterminé pourra donc avoir pour mesure l'espace parcouru lui-même. Or nous savons mesurer l'espace; donc, par là, nous saurons mesurer indirectement le temps. Par exemple, on prendra pour unité de durée le jour, c'est-à-dire le temps nécessaire pour que les astres aient accompli dans l'espace une certaine révolution définie; ou bien on mesurera les heures et leurs fractions au moyen du mouvement accompli dans l'espace par des aiguilles autour d'un cadran. Nous nous ferons ainsi une échelle des temps, et, quand nous voudrons savoir à quel moment telle idée nous a pour la première fois apparu, nous nous demanderons à quel moment de l'année et du jour elle s'est produite, c'est-à-dire, en somme, quelle était à ce moment-là la position de la terre dans l'espace; et ainsi la date de l'idée remémorée sera fixée, non par son rapport avec nos autres sensations (ce qui serait impossible, vu les défaillances de la mémoire), mais par le rapport de concomitance qui existait entre cette idée et les phénomènes cosmologiques qui se produisaient au même moment.

Telles sont, croyons-nous, les solutions qu'il convient de donner aux principales questions que soulève l'étude de la mémoire. Reste à signaler le rôle considérable que joue cette faculté dans notre existence. D'abord elle fait l'unité de la vie, en empêchant les idées une fois acquises de disparaître, en les maintenant à notre disposition pendant un certain temps, et en faisant ainsi servir notre passé à la satisfaction de nos besoins présents. Puis elle est la condition de la science, qui ne peut naître que de l'accumulation des faits observés, et qui exige par conséquent que les observations passées puissent être constamment représentées à l'esprit par la mémoire. Nous n'insisterons pas davantage sur ce rôle de la mémoire, dont l'étude ne présente aucune difficulté par elle-même.

# CHAPITRE XV

## L'IMAGINATION

*A.* **Nature de l'imagination.** — Il existe dans notre esprit un certain nombre de notions, que nous ne trouvons pas toutes formées dans notre expérience, mais que nous créons par nous-mêmes; elles sont, comme on dit, le produit de notre *imagination*.

L'imagination est donc la faculté créatrice des idées. Il n'y a pas lieu de distinguer, comme on le fait parfois, deux sortes d'imagination : l'une créatrice, l'autre reproductrice, qui ne ferait que nous répéter les sensations antérieurement éprouvées. Cette prétendue « imagination reproductrice » n'est, en réalité, rien autre chose que la mémoire; la seule forme véritable de l'imagination, c'est l'imagination créatrice.

Est-ce à dire toutefois que l'imagination crée, de toutes pièces, *ex nihilo*, les idées qu'elle nous présente? Non : l'imagination ne serait pas apte à forger ainsi la substance même des idées. La matière, le fond de toute idée, nous vient de la perception. Ce que fait l'imagination, c'est de métamorphoser ces perceptions, d'en changer en quelque sorte le vêtement et l'apparence, et de les transformer si bien qu'elles deviennent méconnaissables pour celui-là même qui les a éprouvées. L'imagination, en un mot, ne crée pas la *matière* des idées qu'elle nous présente, elle n'en crée que la *forme*.

Mais comment fait-elle pour transformer ainsi les données qu'elle emprunte à la perception? Elle a pour cela des procédés variés. Tantôt, trouvant dans la conscience une idée complexe, elle lui retranche quelqu'un de ses éléments, et l'altère ainsi par *soustraction* : ainsi des parents complaisants aiment à s'imaginer leur fils avec moins de défauts qu'il n'en a réellement, et suppriment, de l'idée qu'ils s'en font, de fâcheux travers qu'ils ont constatés en lui, mais qu'ils ne veulent pas, malgré tout, lui reconnaître. Tantôt, au contraire, avec une idée simple elle associe, elle combine des idées nouvelles, de façon à l'altérer par *addition* : ainsi ces parents débonnaires imaginent chez leur enfant nombre d'excellentes qualités qu'il n'a pas, mais qu'ils ont constatées en autrui et qu'ils se plaisent à lui attribuer. Tantôt enfin elle emploie à la fois ces deux procédés, ajoutant d'un côté, retranchant de l'autre, si bien qu'à l'idée primitive elle finit par substituer une idée toute différente : c'est l'altération par *substitution*; ainsi, pour garder le même exemple, l'image de l'enfant, à la fois ornée de qualités et allégée de défauts, est enfin totalement transformée dans l'esprit des parents; à l'idée de leur fils s'est substituée l'idée d'un être idéal, d'une sorte d'ange, qui n'aurait que des qualités sans aucune sorte de défauts.

*B.* **Explication de l'imagination.** — L'imagination, avons-nous dit, procède par addition, par soustraction, ou enfin par substitution, c'est-à-dire par addition et soustraction à la fois. Mais ces procédés ne sont pas pour nous quelque chose de nouveau. Qu'est-ce qu'altérer une idée par addition? c'est lui associer une idée voisine : l'imagination, ici, ne fait donc autre chose que réaliser une *asso-*

*ciation d'idées par contiguïté*. Qu'est-ce qu'altérer une idée par soustraction? c'est la dissocier en ses éléments et n'en plus laisser subsister qu'un seul : l'imagination procède ici par simple *dissociation*. Qu'est-ce enfin que subtituer une idée à une autre? c'est, avons-nous dit, en soustraire quelque chose, puis ajouter à ce reste quelque chose de nouveau; c'est donc commencer par une dissociation, puis adjoindre à l'élément dissocié des éléments analogues, venus du dehors; c'est donc faire une *association d'idées par ressemblance*. Et ainsi l'imagination n'a pas d'autres procédés que ceux de la dissociation et de l'association des idées.

Seulement, pourquoi ces associations se font-elles dans tel ou tel sens? Pourquoi est-ce tel élément qui disparait, et tel autre qui se substitue à lui? On peut invoquer ici diverses causes. D'abord c'est souvent la *volonté* de l'individu qui détermine ces choix : il en est ainsi, par exemple, chez l'inventeur qui tend sa pensée pour imaginer quelque subtile combinaison. Puis, c'est souvent aussi le *sentiment* : ainsi, dans l'exemple pris tout à l'heure, c'était le sentiment maternel qui faisait laisser dans l'ombre un caractère et qui en faisait inventer un autre. Enfin, quand ces causes psychologiques manquent, on peut invoquer des *causes physiologiques* : si l'idée à transformer a appelé telle autre idée, qui est venue pour partie se substituer à elle, c'est que, entre les deux cellules cérébrales dont la mise en mouvement produit ces idées, il y avait une *ligne de moindre résistance*, le long de laquelle le mouvement s'est facilement propagé. Explication tout hypothétique d'ailleurs; la mécanique cérébrale, par laquelle on prétend expliquer la psychologie, étant une science moins avancée que la psychologie elle-même.

**C. Rôle de l'imagination.** — 1° Dans la vie pratique, tandis que la sensation nous fait connaître le présent, et la mémoire le passé, l'imagination nous donne *l'idée de l'avenir*. Et elle le présente d'ordinaire à nos yeux sous les riantes couleurs de *l'espérance*. Pour nous permettre de réaliser ces espérances qu'elle nous fait concevoir, elle nous présente *l'image des buts qu'il nous faut poursuivre et des moyens que nous avons pour les atteindre*. C'est elle qui invente ainsi toutes celles de nos idées qui se rapportent au futur.

2° Dans l'art, elle crée *l'idéal* vers lequel l'artiste se dirige. Elle crée aussi la *fiction*, qu'invente le poète auquel la réalité se dérobe. Elle crée enfin le *symbole*, c'est-à-dire cette corrélation de deux réalités qui fait que l'une peut représenter l'autre (le son ou la couleur, symboles de l'idée).

3° Dans la science aussi, malgré les apparences, elle a un rôle capital. Ici encore elle entrevoit entre les choses des corrélations, des rapports, que la simple perception ne nous donnait pas. Et ce sont des rapports entrevus qui forment le fond des grandes *hypothèses* si précieuses pour relier entre elles des notions déjà acquises, mais encore éparses, et pour guider le savant dans de nouvelles recherches (*voir*, en Logique, la leçon sur l'Hypothèse).

# CHAPITRE XVI

## L'ABSTRACTION ET LA GÉNÉRALISATION

Nous réunissons dans un même chapitre ces deux facultés, à cause du lien intime qui les relie, toute généralisation (comme nous le montrerons plus loin) présupposant une abstraction.

### I. Abstraction.

*A.* **Définition et mécanisme de l'abstraction.** — Abstraire, c'est mettre à part un élément d'un tout; en psychologie c'est donc, d'une idée complexe, tirer un de ses éléments simples pour le considérer isolément. Envisager une chose abstraitement, c'est l'envisager sous un unique rapport, sous une seule face, en négligeant la plus grande partie de ses caractères pour n'en étudier qu'un seul.

Cette définition suffit pour nous montrer quelle est l'opération psychologique à laquelle se ramène l'abstraction : c'est évidemment la *dissociation*, puisque abstraire c'est dissocier une idée pour en retenir un unique élément.

*B.* **Diverses espèces d'abstractions.** — Suivant que cette dissociation s'est faite volontairement, c'est-à-dire sous l'influence d'une tension de l'esprit, ou au contraire spontanément, c'est-à-dire par le seul jeu des causes physiologiques, l'abstraction sera dite ou volontaire ou spontanée.

On peut encore classer les abstractions à d'autres points de vue. On peut, en effet, distinguer :

1° Plusieurs ordres d'abstractions. En considérant un objet complexe, on en abstrait soit un caractère particulier, soit le rapport qui unit ses divers caractères entre eux. L'abstraction porte donc tantôt sur un pur fait, tantôt sur un rapport ou loi.

2° Plusieurs degrés dans l'abstraction. Quand on tire ainsi d'un tout complexe certaines des choses qu'il renferme, on fait une abstraction du premier degré; quand, de ces choses spéciales, on tire une chose encore plus simple, on fait une abstraction du second degré, et ainsi de suite. Par exemple, si dans un corps solide on ne considère que les relations de ses parties dans l'espace en négligeant son poids, sa couleur et toutes ses qualités physiques, on fait de la géométrie. Mais si, dans ces relations elles-mêmes, on élimine encore l'idée d'espace, pour ne considérer que les purs rapports de quantités, on fait ce que Descartes appelait de la « mathématique universelle », en d'autres termes, de l'algèbre.

C. **Rôle de l'abstraction**. — 1° Son utilité. Elle débarrasse l'esprit d'une foule d'idées superflues, en lui permettant de ne garder que les plus nécessaires. Elle permet, de plus, l'œuvre de la généralisation.

2° Son danger. Comme elle ne nous présente qu'un côté des choses, elle risque de nous amener à en exagérer l'importance : c'est ainsi que, avec des idées abstraites, certains philosophes du moyen âge ont prétendu faire des êtres réels (voir plus loin), et que les poètes mythologues

L'ABSTRACTION ET LA GÉNÉRALISATION. 99

de l'antiquité ont fait des dieux (la sagesse, idée abstraite, divinisée dans Minerve, etc...). Elle risque, en tout cas, de nous faire oublier les autres aspects de la réalité, et de faire de nous des esprits étroits : ne dit-on pas sans cesse et à bon droit de ces systématiques qui oublient la vie réelle pour suivre le développement de leur chimère, que ce sont des esprits abstraits?

## II. Généralisation.

A. **Définition et mécanisme de la généralisation.** — Généraliser, c'est affirmer qu'une proposition, trouvée vraie dans tel cas particulier, est vraie aussi dans d'autres cas. En d'autres termes, c'est affirmer qu'un caractère qui convient à un objet, convient également à une série d'autres objets.

Mais, pour dégager ce caractère unique qu'on généralise, il a d'abord fallu l'abstraire du premier objet dans lequel on a constaté son existence; puis l'abstraire pareillement des autres objets comparés. C'est alors seulement qu'on a pu rapprocher les uns des autres ces caractères abstraits des divers objets, reconnaître qu'ils sont identiques les uns aux autres, et proclamer par suite la généralité du caractère. Ainsi l'opération dite « généralisation » a supposé une série d'abstractions préalables.

Cela même nous indique quelle est la vraie nature de cette opération. Chacune de ces abstractions préalables était une dissociation d'idées; la généralisation a consisté dans le fait de rapprocher les idées partielles ainsi obtenues par dissociation, et de les enchaîner les unes aux autres, en reconnaissant leur similitude : elle a donc été une *association d'idées par ressemblance* (où la ressemblance des idées va même jusqu'à l'identité).

**B. Diverses espèces de généralisations.** — Par les mêmes considérations que ci-dessus, on montrerait que la généralisation peut être raisonnée et volontaire ou, au contraire, purement spontanée et irréfléchie, les associations d'idées se formant, dans le premier cas, sous l'influence d'une tension de l'esprit, dans le second cas, pour des raisons purement mécaniques.

De même, on peut reconnaître divers ordres de généralisations, suivant que le caractère abstrait qu'on généralise est, ou un fait, ou un rapport.

De même encore, on peut reconnaître plusieurs ordres de généralisations : un caractère obtenu par une double abstraction sera plus général qu'un caractère obtenu par abstraction simple. Par exemple, les rapports géométriques, tirés de la considération des lignes, surfaces et solides par abstraction simple, sont déjà très généraux. Mais les rapports algébriques, produits par double abstraction, sont encore plus généraux, puisqu'ils s'appliquent, non seulement aux objets qu'étudie la géométrie, mais à toute espèce d'objets possibles.

**C. Nature des idées générales.** — Nous venons de le voir, les idées générales ne sont autre chose que des idées simples, tirées par abstraction des idées complexes, et reconnues communes à toutes ces idées complexes. Mais il y a eu, pendant une partie du moyen âge, une longue discussion sur la nature de ces idées, discussion dont il importe de connaître le principe. Trois théories principales étaient en présence :

1° Pour les uns, les idées générales étaient des êtres réels. Par exemple, nous avons l'idée générale de cheval, de lit, en dehors des idées particulières que nous pouvons avoir de tel cheval, de tel lit ; eh bien, disait-on dans cette école, le cheval et le lit en général, le « cheval en soi » et le « lit en soi » sont une chose réelle. D'où le nom de *réalistes* donné aux philosophes de cette école.

2° Pour d'autres, qui tombaient dans l'excès contraire, les idées générales n'étaient que de purs mots, des noms donnés arbitrairement par l'esprit aux choses, sans qu'il y eût rien dans la réalité qui leur correspondît. Cette école prenait la qualification d'école *nominaliste*.

3° Enfin, les derniers reconnaissaient dans les idées générales des conceptions de l'esprit, tirées par lui des choses réelles. Ces philosophes se nommaient *conceptualistes*.

La vérité est du côté des conceptualistes. Quant aux théories des réalistes et des nominalistes, on en a proposé récemment une ingénieuse explication d'ordre physiologique. Il est des gens à qui toute idée se présente sous la forme d'un son : en pensant à une chose ils entendent le mot qui l'exprime résonner à leur oreille; on les nomme des *auditifs*; tels auraient été les nominalistes. Il est d'autres personnes à qui toute idée se présente sous la forme d'une image visuelle : quand elles pensent à une chose elles en voient la représentation devant leurs yeux, fût-ce même une chose abstraite; on les nomme des *visuels*; tels auraient été les réalistes. Ce célèbre débat métaphysique aurait donc eu toute sa raison d'être dans une différence de tempéraments.

*D.* **Rôle de la généralisation.** — La généralisation a une double utilité : elle établit un lien entre les idées, en montrant qu'elles ont un ou plusieurs caractères communs; elle simplifie les idées, en rejetant dans l'ombre tous ceux de leurs caractères qui ne sont pas ce caractère commun.

Par là elle est la condition :

1° de toute pensée distincte : car l'esprit ne peut se

laisser surcharger par la multitude des idées de détails, et, pour tirer quelque parti de celles qu'il conserve, il doit les relier entre elles en leur trouvant des caractères communs;

2° de toute science : car la science, elle aussi, élimine les détails, et tend à établir des lois générales;

3° de tout langage : car la langue n'a pas de mots pour marquer toutes les nuances des idées, et elle ne saurait exprimer que des sentiments ou des notions ayant un degré suffisant de généralité.

Mais la généralisation a aussi son danger; poussée trop loin, elle égare l'esprit, en lui faisant établir des rapports entre des situations qui n'en comportent pas, en étendant une même loi à des cas véritablement dissemblables, en étayant des rapprochements factices sur des caractères peu importants, tandis qu'on laisse dans l'ombre d'autres caractères plus essentiels et qui mériteraient mieux d'être remarqués. L'abus de la généralisation est un des travers de l'esprit logique qui veut simplifier à tout prix; c'est l'un de ceux auxquels le tempérament français est le plus enclin.

# CHAPITRE XVII

## LE JUGEMENT

*A.* **Nature du jugement.** — Juger, c'est attribuer une qualité à un être, c'est affirmer qu'un certain caractère appartient à un individu donné.

Tout jugement s'exprime par une *proposition*. La proposition elle-même se compose de trois termes : le *sujet*, ou individu considéré ; l'*attribut*, ou qualité prêtée à ce sujet ; le *verbe*, ou *copule* servant à lier ces deux éléments et à affirmer que l'attribut convient au sujet.

En un mot, le jugement et la proposition qui l'exprime établissent un rapport de convenance entre un sujet et un attribut.

Le jugement ressemble donc à l'association des idées (à l'association par ressemblance) en ce qu'il unit, lui aussi, deux idées l'une à l'autre. Mais il diffère de l'association en plusieurs points essentiels.

1° L'association établit un *rapport de ressemblance* entre deux êtres de même ordre, deux « substantifs » pour l'ordinaire ; le jugement établit un *rapport de convenance* entre deux termes d'ordre différent, entre un être et une qualité de cet être, c'est-à-dire entre un « substantif » et un « adjectif ».

2° L'association s'opère d'ordinaire spontanément, rarement sous l'influence de la réflexion ; le jugement, au contraire, bien qu'il puisse aussi se produire spontanément, est d'habitude une opération réfléchie et raisonnée. L'association se fait d'elle-même sans que nous sachions au premier moment pourquoi les deux idées se sont jointes ; nous ne nous rendons compte qu'après coup des raisons qui la justifient. Pour le jugement, au contraire, les raisons qu'il y a de rapprocher les deux idées nous ont apparu tout d'abord, et ce n'est d'ordinaire qu'après les avoir pesées que nous formulons la proposition. L'association est donc une opération essentiellement *mécanique*; le jugement, une opération essentiellement *rationnelle*.

3° Le processus physiologique qui produit l'association des idées a pu être retracé, au moins par hypothèse. Mais rien de tel n'a encore été fait jusqu'ici pour le jugement. Cela ne veut pas dire qu'il n'y ait pas de faits physiologiques qui soient corrélatifs au jugement, mais ces faits sont apparemment très complexes, et l'on ne peut encore rien affirmer de précis sur leur nature.

Il y a donc lieu d'établir une distinction entre le jugement et la simple association, malgré les analogies que présentent ces deux ordres de faits. On a proposé fort justement de marquer cette distinction en appelant le jugement, non pas une association, mais une *liaison* d'idées.

*B.* **Diverses espèces de jugements.** — Les jugements peuvent être classés à différents points de vue :

1° Le jugement est *universel*, si le sujet est pris dans toute son extension, c'est-à-dire s'il embrasse une classe d'individus tout entière ; exemple : « Tous les hommes sont mortels. » Il est *particulier*, si le sujet est pris seulement dans une partie de son extension, c'est-à-dire s'il n'embrasse que quelques individus de la classe exemple : « Quelques hommes sont mortels. » Enfin il est *singulier*, si le sujet est un nom propre; exemple : « Socrate est mortel. » Les jugements singuliers sont considérés par les logiciens comme des jugements universels, parce qu'un nom propre équivaut à une classe tout entière dont il serait l'unique représentant.

2° Le jugement est *affirmatif*, si la proposition affirme que l'attribut convient au sujet : « Pierre est homme. » Il est *négatif*, si la proposition nie que l'attribut convienne au sujet : « Pierre n'est pas sage. »

3° Le jugement est *analytique* si l'attribut est par avance contenu dans la notion du sujet, de telle sorte que le jugement n'ait qu'à l'en dégager. Par exemple cette proposition : « Trois est plus grand que deux, » est une proposition analytique : car trois étant par définition égal à $2 + 1$, l'idée que trois est plus grand que deux était par avance contenue dans la notion que nous avons du nombre trois. Le jugement est au contraire *synthétique* si, l'attribut n'étant pas contenu par avance dans la notion du sujet, le jugement a dû l'y ajouter. Par exemple cette proposition : « Ce poêle est brûlant », est synthétique, parce que l'idée de « brûlant » n'est pas renfermée dans la notion de « poêle », et qu'on peut connaître fort bien ce poêle sans savoir qu'en ce moment il est brûlant.

4° Le jugement est *a priori*, quand on peut le formuler sans avoir besoin de recourir à l'expérience, quand il est évident par lui-même. Il est *a posteriori*, quand, n'étant pas évident par lui-même, il ne peut être prononcé qu'après expérience faite. Il est aisé de voir que les jugements a priori seront d'ordinaire analytiques : car si l'esprit croit pouvoir affirmer qu'un attribut convient à un sujet, sans l'avoir vérifié en fait, c'est le plus souvent que cet attribut est compris dans la définition même du sujet.

Inversement, les jugements a postériori seront d'habitude synthétiques : car il serait bien inutile de recourir à l'expérience pour n'aboutir qu'à un jugement analytique, qui eût pu être découvert et formulé a priori.

5° On distingue encore les jugements portés *en extension* des jugements portés en *compréhension*. Cette division n'est pas du même genre que les divisions précédentes. Ce ne sont pas ici deux classes de jugements différents, ce sont deux points de vue sous lesquels on peut considérer un seul et même jugement. Porter ce jugement : « tous les hommes sont mortels », peut signifier deux choses :

α. « tous les hommes rentrent dans la classe des êtres mortels »; alors le sujet « homme » est considéré comme rentrant dans l'extension de l'attribut « mortel », et le jugement est dit « en extension ».

β. ou bien, « dans tous les hommes se trouve l'attribut de la mortalité » ; et alors l'attribut « mortel » est considéré comme rentrant dans la compréhension du sujet « homme », et le jugement est dit « en compréhension ». De ces deux façons de considérer un même jugement, c'est la seconde qui est la plus logique et la meilleure. (Voir dans la *Logique*, la leçon sur la Déduction.)

On a parfois essayé de donner une classification complète des jugements, en ramenant à un petit nombre de types les affirmations[1] que l'esprit peut porter sur les choses par le moyen du jugement. Mais c'est là une vaine entreprise. Ces affirmations, en réalité, sont innombrables, et, le plus souvent, sans lien fort rigoureux entre

---

1. Affirmation se disant en grec κατηγορία, on a appelé « catégories » ces affirmations types, dont Aristote et Kant ont fait le principe de leur division des jugements.

elles. Il faut donc renoncer à l'idée de donner une énumération complète et une classification méthodique des jugements; et il vaut mieux se borner à étudier d'une manière plus approfondie quelques jugements qui ont une importance spéciale; c'est ce que nous allons entreprendre.

*C*. **De quelques jugements spéciaux.** — 1° *Jugement de substance*. Quand nous voyons un être présenter des déformations incessantes, tout en gardant intacte sa matière, par exemple, quand nous voyons un gâteau de cire s'amincir et s'allonger sous l'influence de la chaleur, mais sans perdre par là aucune de ses particules constituantes, nous jugeons qu'en cet être il y a deux sortes d'éléments; les uns qui peuvent varier et constituent la forme changeante de l'objet, les autres qui demeurent inaltérables et constituent le fond permanent de l'être. Les premiers nous paraissent à peine faire partie de l'être, puisqu'ils peuvent disparaître sans que lui-même soit altéré; ils ne se trouvent en lui qu'à titre accidentel, aussi les nomme-t-on ses *accidents*. Les seconds, au contraire, nous les appelons la *substance* de l'être. Telle est l'origine de l'*idée de substance*.

2° *Jugement de cause*. Quand un fait en suit toujours un autre, nous sommes nécessairement amenés à penser que le premier de ces faits a produit l'autre, par une sorte de force intérieure qu'il possède en lui. Nous disons alors que le premier est *cause* du second. Telle est l'origine de l'*idée de cause*. Elle naît donc, dans l'esprit, de la vue des choses extérieures. — Mais elle pourrait y naître aussi de l'observation interne. L'homme sent en lui le pouvoir de prendre des résolutions; et il se voit agir d'une certaine manière, à la suite de ces résolutions; il est donc naturellement porté à croire que ses résolutions ont produit ses actes; et de cette source encore il a pu tirer l'idée de cause.

3° *Jugement de fin.* L'homme se propose certains buts; mais pour les atteindre il doit employer certains moyens; il dira donc que c'est le but à atteindre qui a déterminé la production des moyens, qu'il a été la *fin* en vue de laquelle ces moyens ont été organisés. Puis, cette idée de fin, née de son expérience personnelle, il la transporte dans l'explication de la nature. Quand il voit un certain nombre de facteurs concourir à la production d'un événement, surtout lorsque le concours de ces facteurs ne s'explique pas clairement par leur seule nature, il est porté à croire que ces facteurs ont été disposés tout exprès, en vue de produire cet événement, par une intelligence supérieure et providentielle. De là ce jugement, qu'il existe des fins dans la nature, et un auteur de ces fins.

En un mot, les caractères de substance, de cause et de fin, sont des attributs que nous prêtons à certains objets dans les jugements étudiés plus haut. Mais il faut bien se garder de confondre ces trois jugements, par lesquels nous formons seulement les *idées* de substance, de cause et de fin à propos de cas particuliers, avec trois autres jugements, beaucoup plus généraux, et appelés pour cette raison des *principes*, par lesquels nous étendons à la nature tout entière ces idées de substance, de cause et de fin[1]. Ces trois jugements que nous venons d'étudier sont particuliers, affirmatifs, synthétiques et a postériori; les trois jugements-principes que nous aurons à examiner plus tard (voir leçon sur la Raison) sont également affir-

---

[1]. En affirmant que dans la nature tout entière : 1° il y a une somme d'être, de substance, constante et immuable; 2° tout fait a une cause constante; 3° toute chose a été produite en vue d'une fin.

matifs et synthétiques; mais ils sont universels, et c'est une question de savoir s'ils ne sont pas a priori[1].

**Appendice. De la croyance.** — Dans tout jugement, il y a trois moments, trois phases successives:

1° On aperçoit un rapport de convenance entre un sujet et un attribut;

2° On se persuade de la vérité de ce rapport, on y croit;

3° On l'affirme.

La croyance n'est donc rien de plus qu'un moment du jugement. Mais elle est d'une nature toute spéciale. La perception du rapport est l'œuvre de l'intelligence seule; l'affirmation est uniquement le produit de la volonté; la croyance est faite à la fois de volonté et d'intelligence Car c'est une chose remarquable que, quoique rationnellement convaincu de la vérité d'un fait ou d'une proposition, on n'y *croit* cependant, dans toute la force du terme, que par un assentiment de la volonté. Et d'autre part, on aurait beau vouloir croire, si l'intelligence n'était pas convaincue on ne parviendrait pas à croire. Donc, ni l'intelligence sans la volonté, ni la volonté sans l'intelligence, ne peuvent engendrer une véritable croyance. La croyance est donc une opération mixte, à la fois intellectuelle et volontaire.

---

1. On peut formuler ainsi la distinction de l'idée de substance cause, fin, et du principe de substance, causalité, finalité : « l'*idée* est le produit d'un jugement particulier; le *principe* est le produit d'un jugement universel. »

# CHAPITRE XVIII

## LE RAISONNEMENT

**A. Nature du raisonnement.** — Raisonner, c'est tirer, d'un ou de plusieurs jugements donnés, un jugement nouveau. C'est conclure d'une proposition établie à une proposition à établir. C'est donc essentiellement, et suivant une analyse faite plus haut, apercevoir un rapport entre deux ou plusieurs jugements, y croire et l'affirmer. Juger, c'était établir un rapport entre deux idées, l'une sujet, l'autre attribut; raisonner, c'est établir un rapport entre deux ou plusieurs jugements, l'un principe, l'autre conséquence. Le raisonnement, en un mot, est une synthèse de jugements.

Par là même il nous apparaît comme constituant une opération plus intellectuelle encore, si l'on peut ainsi dire, que le jugement. Les données sur lesquelles opère le raisonnement, les jugements, étaient déjà le produit d'un travail intellectuel. Le raisonnement vient de plus, avec réflexion et par suite des rapports de convenance aperçus par l'esprit entre les jugements, unir entre eux ces jugements, œuvre en elle-même tout intellectuelle. L'opération du raisonnement est donc doublement intellectuelle : elle implique plusieurs fois l'usage de la réflexion, quand le jugement ne l'impliquait qu'une seule fois. Le raisonnement peut donc être considéré comme la plus élevée des œuvres de l'intelligence.

En somme, nous avons vu d'abord l'esprit subir l'action des choses extérieures dans la sensation. Déjà il se montre plus indépendant dans les fonctions suivantes : car il associe les perceptions suivant ses lois propres. Mais la mémoire et l'imagination sont encore des opérations essentiellement mécaniques, fatales en quelque sorte, sur lesquelles la libre tension de l'esprit et son activité personnelle n'ont que peu de prises. L'abstraction et la généralisation comportent déjà une plus grande initiative de l'esprit : elles sont moins souvent spontanées et automatiques, plus souvent réfléchies et volontaires. Avec le jugement, l'élément « réflexion » prend la place principale : l'automatisme est presque exclu, l'intelligence triomphe du mécanisme. Avec le raisonnement cette victoire est consommée : tout raisonnement est réfléchi; l'esprit ici n'a opéré que parce qu'il l'a voulu, il a été le seul auteur de son acte[1].

*B.* **Diverses espèces de raisonnement.** — On distingue trois espèces de raisonnement :

1° *L'analogie.* Ici l'esprit conclut d'un cas particulier à un autre cas particulier. Par exemple, de ce que le feu m'a brûlé une fois, j'infère qu'il me brûlera une seconde fois, si j'en approche ma main.

2° *L'induction.* Ici l'esprit conclut d'un cas particulier à une règle générale. Par exemple, de ce que le feu m'a brûlé une fois, j'en conclus qu'il me brûlera toujours si j'en approche ma main : car ayant été une fois la cause

---

[1]. Ce qu'on pourrait résumer en cette formule : quand on s'élève dans la série des opérations intellectuelles, de la sensation au raisonnement, la passivité de l'esprit décroît et son activité augmente.

de ma brûlure, il le sera toujours dans les mêmes conditions. Ce raisonnement est donc, psychologiquement, composé de deux opérations :

α. de l'expérience que j'ai faite je tire, j'abstrais un rapport entre ma brûlure et le feu considéré comme cause de ma brûlure;

β. je généralise ce rapport, j'affirme que la cause — le feu — sera toujours suivie du même effet — la brûlure. Ainsi l'induction est formée d'une abstraction suivie d'une généralisation, mais d'une abstraction et d'une généralisation réfléchies et raisonnées.

3° *La déduction*. Ici l'esprit conclut d'une loi générale à un cas particulier. Par exemple, de la proposition générale : « tout feu brûle », on conclut : « ce feu me brûlera ». — Cette déduction est précisément l'inverse de l'induction. L'induction généralisait, la déduction particularise. Il est des cas où la déduction se fait immédiatement, sans aucun effort; c'est ce qui a lieu dans l'exemple que nous venons de citer. Mais dans la plupart des cas, la déduction n'est plus aussi aisée : il faut des intermédiaires entre la proposition dont on part et celle à laquelle on veut aboutir. Ainsi de cette proposition : « les Athéniens étaient Grecs », on ne peut tirer cette autre proposition : « Socrate était Grec », qu'à condition d'avoir d'abord reconnu que « Socrate était Athénien ». La déduction ici se complique, elle n'est plus une déduction immédiate; elle prend la forme d'un *syllogisme*.

Sur toutes ces formes de raisonnement, nous nous expliquerons en détail dans la Logique.

C. **Rôle du raisonnement.** — Le raisonnement nous fait trouver certaines propositions en les tirant d'autres propositions déjà connues. Il nous mène donc à des vérités nouvelles, par le moyen de certaines autres antérieurement acquises : il nous donne donc la vérité *médiatement*.

Par là le raisonnement nous apparaît comme marquant à la fois la grandeur de notre esprit et sa faiblesse. Sa grandeur : car c'est une force que de n'être pas borné à recevoir la vérité toute faite, mais de pouvoir contribuer soi-même à la faire en la tirant de ce qu'on a appris du dehors. Mais aussi sa faiblesse : car un esprit qui serait plus parfait que le nôtre, tel qu'on peut concevoir l'esprit divin, connaîtrait immédiatement toutes les vérités, par une vue intuitive unique, sans avoir besoin de les tirer avec effort les unes des autres par les longues chaînes d'un raisonnement péniblement construit et parfois trompeur.

# CHAPITRE XIX

## LA RAISON
## ET LES PRINCIPES DIRECTEURS DE LA CONNAISSANCE

Nous avons terminé l'étude des opérations de l'intelligence. Mais ces opérations impliquent toute la mise en œuvre de certains principes que l'esprit applique sans cesse, et dont l'ensemble constitue la *raison*. La raison domine ainsi l'esprit tout entier, et son étude doit nécessairement accompagner celle des facultés au jeu desquelles elle préside.

**A. Nature de la connaissance.** — Toute connaissance a deux caractères : elle enferme plusieurs éléments, et elle unit entre eux ces éléments. Prenons en effet les deux formes extrêmes de la connaissance, la forme la plus inférieure, c'est-à-dire la sensation, et la forme la plus élevée, c'est-à-dire le raisonnement. Dans la sensation, nous trouvons plusieurs éléments, plusieurs sous-sensations, qui peuvent même se dissocier : la sensation d'un tableau comprend les sous-sensations de chacun des personnages représentés dans ce tableau. Mais ces divers éléments sont unis entre eux : les notions que nous avons des personnages individuels concourent toutes à produire la notion générale que nous avons du tableau. De même un raisonnement comprend plusieurs éléments, puisqu'il embrasse nécessairement plusieurs jugements. Mais ces divers éléments sont unis entre eux, puisque le raisonnement en est précisément la synthèse. Ainsi toute connaissance, la plus élevée comme la plus inférieure, est à la fois multiple et une.

On peut aller plus loin dans cette analyse. Comparons la connaissance grossière qu'a du monde le sauvage ou l'enfant, avec la connaissance perfectionnée qu'en a le savant. Qu'est-ce qui distingue ces deux connaissances? La première, celle de l'enfant, manque d'étendue : il connaît fort peu de choses. Elle manque aussi de liaison : les choses qu'il connaît lui apparaissent comme isolées ; il ne sait pas au juste quel lien les rassemble, quels rapports existent entre elles. La seconde, au contraire, la connaissance du savant, a plus d'étendue, puisque le savant connaît plus de choses. Elle a aussi plus de liaison : car il aperçoit, derrière les phénomènes divers, les lois stables et simples qui les régissent, qui les unissent les uns aux autres. La connaissance scientifique a donc à la fois plus d'étendue et plus de liaison que la connaissance vulgaire : en d'autres termes, elle est à la fois plus multiple et plus une que celle-ci.

*B*. **Principes directeurs de la connaissance.** — Les deux éléments de la connaissance, multiplicité et unité, ont une origine bien différente. La multiplicité vient du dehors. Si l'esprit connaît une multiplicité de choses, c'est qu'il est placé dans un monde complexe, formé lui-même d'objets différents les uns des autres, et dont plusieurs attirent en même temps ou successivement l'attention de l'esprit. L'unité, au contraire, vient du dedans : dans cette masse confuse de notions qui dérivent d'influences extérieures, l'esprit met l'unité, grâce aux principes qu'il porte en lui. Ces principes dérivent de la raison, qu'on peut donc définir l'aspiration de l'esprit vers l'unité, ou encore la source des principes unificateurs de la connaissance. Quels sont ces principes?

Le premier se nomme *principe d'identité ou de contradiction*. Il se formule ainsi : « Une chose est ce qu'elle est »; ou encore : « A n'est pas non-A ». La vérité de ce principe est évidente. Voici son utilité : une chose ne pouvant pas être autre qu'elle n'est, on ne lui reconnaîtra jamais à la fois deux caractères contradictoires; on éliminera donc de la représentation de cette chose tout attribut qui en détruirait l'unité. Le principe d'identité sert donc à mettre l'unité dans la représentation que nous nous faisons de chaque chose individuellement considérée.

Mais ce n'est pas tout, et ce qui nous importe plus encore, c'est d'unifier notre représentation du monde tout entier, c'est-à-dire notre représentation de l'ensemble des choses considérées dans leurs rapports réciproques. Cette seconde unification est l'œuvre d'un principe nouveau, le *principe de causalité*. Ce principe se formule ainsi : « Tout fait a une cause, et toute cause produit toujours un même effet. » — Utilité de ce principe : il permet de relier tous les phénomènes de l'univers, en établissant entre eux des rapports multiples de cause à effet. Il met donc, comme nous l'avons dit, l'unité dans notre représentation du monde tout entier. — Valeur de ce principe : il n'est pas aussi rigoureusement nécessaire que le principe de contradiction : car il est moins absurde de supposer un fait sans cause, que de supposer que le blanc et le noir ne font qu'un. Mais il s'impose pourtant, lui aussi, à l'esprit avec une très grande force : si nous voulons comprendre une chose, en rendre raison, nous n'avons d'autre ressource que de chercher la *cause* dont elle dérive. Inconcevable sans le principe de contradiction (puisqu'on ne peut concevoir qu'une chose soit à la fois A et non-A), ce monde serait inexplicable sans le principe de causalité (puisqu'on ne peut expliquer que par la cause).

Il existe encore d'autres principes, mais qui sont moins importants et plus contestables. Ce sont :

1° Le *principe de substance* : « La forme des êtres change, mais leur substance demeure ; il y a dans le monde une quantité d'existence qui se transforme sans disparaître. »

2° Le *principe de finalité* : « Toute chose est produite en vue d'une fin, qui est le bien général de l'univers et des êtres qu'il renferme[1]. »

3° Le *principe de moindre action* : « La nature fait toujours tout par les voies les plus simples. »

4° Le *principe de continuité* : « La nature ne procède pas par sauts brusques, mais par transformations lentes. »

Ces quatre principes sont utiles, sans doute, en ce qu'ils peuvent guider le savant dans ses recherches. Mais ils ne sauraient être comparés en importance aux deux premiers : car il y a une foule de gens auxquels ces derniers principes restent totalement ignorés, tandis que les deux premiers sont la condition de toute pensée. Pour comprendre quoi que ce soit, il faut admettre qu'une chose est ce qu'elle est, et qu'elle a été produite par une

1. On comprend bien maintenant quelle est la différence qui existe entre les *idées* de substance, cause et fin, et les *principes* de causalité, substantialité et finalité. L'idée de cause, etc., est le produit d'un *jugement particulier* qui relie tel fait déterminé à un fait antécédent, considéré comme la raison d'être du premier. Le principe de causalité est le produit d'un *jugement universel* par lequel nous décidons que tout fait doit ainsi s'expliquer par un autre fait. De même pour la substance et la fin.

cause ; mais il n'est pas nécessaire de savoir que la nature ne procède jamais par sauts brusques. Cela est si vrai, que ces quatre derniers principes ont soulevé, et soulèvent encore, les plus vives et les plus légitimes discussions, tandis que les deux premiers n'ont jamais été explicitement contestés. Il n'y a donc pas lieu de considérer les quatre derniers principes comme fondamentaux ; il faut au contraire réserver ce titre aux deux principes d'identité et de causalité. Ce sera donc de ces deux derniers seulement que nous entendrons traiter quand nous parlerons des « principes directeurs de la connaissance » ou « principes rationnels ».

**C. Origine des principes directeurs.** — D'où viennent les principes directeurs ? De la raison, dira-t-on. Mais la raison elle-même, d'où vient-elle ? Est-elle une faculté innée en nous, une faculté première et irréductible, ou bien n'est-elle qu'un produit de notre expérience, un résumé des connaissances que nous avons acquises ? Les deux opinions peuvent être soutenues, et l'ont été en effet. De là, deux principales théories sur la nature et l'origine de la raison et des principes rationnels :

1re théorie, dite *théorie criticiste*, parce qu'elle a été exposée magistralement par Kant dans sa *Critique de la raison pure*. La raison et les principes rationnels, dit Kant, sont innés en nous. Ils sont le fond même de l'intelligence, et ce qui lui permet de grouper et d'organiser les connaissances qu'elle reçoit des sens. L'individu les porte en lui-même en naissant ; ils sont, en lui, antérieurs à toute expérience, et ce sont eux qui rendent possible et fructueuse l'expérience. Cette théorie est fondée sur un fait vrai : c'est que les principes semblent diriger notre intelligence dès le début de la vie. Mais on peut lui faire trois objections capitales :

α. D'abord, elle n'explique rien : dire que la raison est innée, c'est dire que « elle est parce qu'elle est », et rien de plus.

β. De plus, d'après cette théorie, les principes existent dans l'esprit avant toute expérience; mais on ne comprend pas bien comment il peut en être ainsi : ces principes sont des lois qui régissent les faits de conscience; mais une loi ne peut être que le résumé des faits auxquels elle s'applique, elle ne saurait être antérieure à ces faits mêmes; on ne peut donc admettre que les principes soient antérieurs à toute expérience.

γ. Mais, à supposer qu'ils le fussent (comme le veut Kant), ils n'auraient aucune valeur. Ils n'en peuvent avoir, en effet, que s'ils sont le résumé de l'expérience : car alors ils nous donnent évidemment une idée exacte du monde. Mais s'ils sont antérieurs à l'expérience, s'ils sont des lois que l'esprit a tirées de lui-même et imposées arbitrairement aux choses, qui nous prouve que ces lois peuvent vraiment s'appliquer aux faits, et qu'elles sont la fidèle représentation de la réalité? Rien, assurément. La théorie de Kant enlèverait donc aux principes leur valeur logique. On est donc obligé de la rejeter.

2º L'échec de cette théorie et les raisons qui la réfutent nous portent à chercher l'origine des principes et de la raison dans l'expérience. C'est ce que fait la *théorie empiriste* (ἐμπειρία, expérience), dont le principal défenseur est Stuart Mill. Pour les empiristes, l'homme ne possède pas les principes en venant au monde; ce n'est qu'après avoir vu un grand nombre de choses qu'il conclut que « toute chose est ce qu'elle est » et que « tout fait a une cause constante; toute cause a toujours un même effet ».

Cette théorie repose sur une tendance louable : ne rien

admettre d'inné que ce dont on ne peut expliquer autrement l'origine. Mais elle soulève, elle aussi, de graves difficultés :

α. Les apparences sont contre elles : il semble bien que les principes soient innés, et que dès le début ils guident notre intelligence.

β. On ne voit même pas bien comment la simple expérience des sens aurait pu les former, car elle témoigne plutôt contre eux, ou tout au moins contre le principe de causalité. En effet, les sens ne nous montrent ni la cause de chaque fait, ni l'effet de chaque cause; il semblerait même bien souvent, à première vue, qu'une cause n'a pas toujours le même effet, et qu'un effet peut provenir de causes variables (de là, notre croyance au hasard). L'expérience des sens ne pourrait, à elle seule, engendrer en nous les principes, que si tout au moins elle témoignait constamment en leur faveur. Or nous venons de voir qu'elle ne le fait pas. Elle ne suffit donc pas à les expliquer.

γ. Enfin, des principes qui dériveraient de notre seule expérience individuelle (comme le veut l'école empiriste) n'auraient pas une bien haute valeur. Ils seraient, sans doute, le résumé de tout ce que nos sens nous ont appris à nous-mêmes. Mais ce que nos sens nous ont directement appris est bien peu de chose en comparaison des faits innombrables qui se produisent dans l'univers. Or, à tous ces autres faits que nous ne connaîtrions pas par expérience, les principes pourraient ne pas s'appliquer : tout au moins ignorerions-nous s'ils leur sont applicables Ces principes n'auraient donc qu'une portée bien restreinte, trop faible pour donner à la connaissance qui se fonde sur eux une véritable valeur.

Pour toutes ces raisons, la théorie empiriste ne peut être admise.

3° Une ingénieuse modification de la théorie empiriste vient lui donner une bien plus grande valeur. Elle a été proposée par M. Herbert Spencer, et peut être appelée *théorie de l'hérédité*. D'après cette théorie, les principes dérivent bien encore de l'expérience; seulement, ce n'est plus de notre expérience individuelle, c'est de l'expérience de nos ancêtres, de *l'expérience collective de la race humaine*. Ces principes n'existaient point à l'origine. Mais ils ont été formés peu à peu, dans le cours des siècles, par l'accumulation des expériences successives des diverses générations. Chaque génération a légué à celle qui l'a suivie le résumé de sa propre expérience, et c'est ainsi que ces principes, lentement et progressivement élaborés, ont peu à peu passé dans la constitution native de chaque individu, et se retrouvent enfin à l'état inné dans l'esprit des hommes d'aujourd'hui. Cette théorie, en amendant la doctrine empiriste, fait tomber deux des objections qu'on lui opposait. D'abord, elle explique notre croyance à l'innéité des principes, qui sont bien (tout comme les instincts; voir chap. xi) innés dans l'individu, mais qui ont été acquis par la race; en cela, elle prend à la théorie criticiste ce qu'elle avait de plus solide, son point de départ, et elle réconcilie, dans une certaine mesure, le criticisme et l'empirisme. Puis elle assure aux principes rationnels une bien plus haute valeur que ne pouvait leur en donner le simple empirisme : s'ils sont en effet le résumé, non plus de notre expérience individuelle, mais de toutes les expériences de la race humaine, ils s'étendront donc à un nombre de cas beaucoup plus considérable, ils auront une tout autre portée et une tout autre valeur. La théorie empiriste, ainsi modifiée et agrandie, se trouve alors approcher très près de la vérité.

Pourtant, elle n'y atteint pas encore. Deux des objections faites à l'empirisme ont pu être écartées, grâce à l'introduction de l'idée d'hérédité. Mais il reste une objection (celle que nous présentions tout à l'heure la seconde, β) : comment l'expérience, même héréditaire, peut-elle créer les principes, puisqu'elle témoigne souvent contre eux? si l'expérience individuelle se double de l'expérience ancestrale, le nombre des cas où les sens démentent le principe de causalité va au contraire se multiplier, et l'origine des principes va devenir tout à fait inexplicable. Et de plus, peut-on ajouter, la théorie de l'hérédité se heurte à cette objection nouvelle : si les principes nous sont aujourd'hui nécessaires pour penser, comment se fait-il qu'ils ne l'aient pas été pour les premiers hommes, et que de longues générations humaines aient pu se succéder avant que ces principes eussent été dégagés de l'expérience? La théorie de l'hérédité n'explique donc pas tout. Elle contient une grande part de vérité. Il reste à la compléter.

Si les sens ne nous montrent pas une correspondance constante de la cause et de l'effet, d'où donc peut venir notre croyance à cette correspondance régulière? Elle ne peut venir, évidemment, que de l'activité propre de notre esprit. L'esprit remarque un certain nombre de fois, dans les données fournies par les sens, un rapport entre deux phénomènes; de ce rapport il tire l'idée de cause, puis il étend cette idée à tous les phénomènes possibles, en affirmant que tous doivent également avoir une cause. Cette extension n'est pas arbitraire : car le principe de causalité se vérifiera par la suite dans toute expérience scientifiquement conduite : toute expérience bien menée, en effet, nous montrera les causes des faits qui se produisent devant nous. Mais elle ne peut être, nous le répétons, que l'œuvre propre de l'esprit, l'œuvre de cette activité mentale qui forme la personnalité indépendante et libre de chacun de nous (*voir* le chapitre sur la Liberté). L'activité de l'esprit, essentiellement, est organisatrice. Pour organiser, il faut unifier. L'esprit tendra donc à unifier les données des sens, et pour cela il créera les principes. Ces principes, les sensations elles-mêmes lui en fournissaient la *matière* : car elles lui montraient la causalité réalisée en bien des cas. Mais il restait à dégager la *forme* de ces principes, c'est-à-dire à leur donner leur caractère d'universalité, à montrer la causalité s'étendant à tous les cas possibles. C'est ce qu'a fait l'esprit. De l'unité relative que lui fournissait la sensation, il a fait l'unité absolue : unité qui est dans les choses, au fond, mais que les choses ne montrent pas toujours, et qu'il fallait en dégager.

Ainsi les principes n'ont d'abord été dans l'esprit qu'à l'état de tendance cachée, tendance qui présidait déjà à toutes nos conceptions, mais qui ne se traduisait pas encore en formules expresses. Les premiers hommes cherchaient déjà à mettre l'unité dans leur connaissance, mais ils n'avaient pas encore inventé l'énoncé même des principes. — C'est précisément ainsi qu'on peut lever maintenant, avec notre théorie, l'autre objection qui prévalait tout à l'heure contre la théorie de l'hérédité. Les principes, disions-nous, doivent s'être trouvés dans l'esprit des premiers hommes, comme ils se trouvent dans le nôtre. Eh bien, oui, ils s'y trouvaient d'une certaine manière, mais *en puissance* seulement, c'est-à-dire que la tendance dont ils dérivent était déjà dans ces esprits primitifs, si l'expression arrêtée et définitive des principes n'y était pas. L'évolution mentale a ainsi consisté dans ce fait que l'esprit a pris une conscience sans cesse plus complète des tendances qu'il portait en lui dès les premiers jours, et qu'il est arrivé enfin, par les progrès de la réflexion savante, à formuler ces tendances en quelques principes scientifiques. Ces principes, sous leur forme actuelle, sont donc bien le produit d'une élaboration lente, qui s'est opérée dans le cours des siècles par l'accumulation des expériences héréditaires. Mais, dans les plus anciennes de ces expériences, l'esprit portait déjà avec lui-même la tendance d'où sont dérivés ces principes, tendance qui n'est pas autre chose que ce besoin d'unité dont son activité est formée tout entière. Les principes ont donc pu être dégagés de l'expérience, mais seulement par l'œuvre personnelle de l'esprit. Ils ont été *acquis* par nous, mais grâce à une activité mentale qui, elle, était *innée* dans l'esprit. Telle est la vraie conciliation de l'empirisme et du criticisme ; et telle est précisément la solution que Leibniz donnait de ce débat, déjà agité de son temps entre les élèves de Descartes, innéistes, et ceux de Locke, empiristes, quand il disait : « Tout ce qui est dans l'intelligence vient des sens, sauf l'intelligence elle-même. »

*D.* **L'association des idées et la raison.** — Nous sommes en mesure maintenant de résoudre une question souvent agitée, et que nous avons nous-même indiquée plus haut (voir les considérations générales sur l'intelligence) : la question des rapports qui existent entre l'association des idées et la raison.

L'association et la raison ont même rôle : toutes deux mettent l'unité dans la connaissance, la première en joignant l'une à l'autre les idées contiguës ou analogues, la seconde en organisant toutes les idées au moyen de principes généraux. On est ainsi amené à se demander si, en réalité, elles ne seraient pas une seule et même fonction sous deux aspects différents ; et au cas où elles le seraient, au cas où l'une des deux dériverait ainsi de l'autre, on peut encore se demander laquelle est la fonction principale, laquelle est la fonction dérivée.

De là, trois théories :

1ʳᵉ *théorie.* « La dualité des deux fonctions n'est qu'apparente. La raison n'est qu'une forme, qu'un dérivé de l'association. C'est en associant des idées particulières qu'on est arrivé à établir entre elles des rapports particuliers de cause à effet, rapports qui ont été ensuite généralisés par l'expérience ultérieure, et qui se sont enfin fusionnés pour donner le principe universel de causalité. » Cette théorie n'est pas autre chose que la doctrine empiriste que nous avons réfutée plus haut. Elle ne saurait être admise.

2ᵉ *théorie.* « La dualité des deux fonctions est réelle. Toutes deux servent bien à établir un lien entre nos idées, mais le lien établi par l'association est purement mécanique et dû au hasard, le lien établi par la raison est réfléchi et scientifiquement construit. » Cette théorie s'appuie sur des faits exacts, et peut à la rigueur être acceptée. Nous lui préférons cependant la suivante.

3ᵉ *théorie.* « La dualité des deux fonctions est apparente. L'association n'est qu'un dérivé de la raison. L'esprit peut lier ses idées, soit avec réflexion, soit spontanément et sans efforts. Mais l'opération spontanée n'est qu'une abréviation, et comme un diminutif de l'opération réfléchie. L'association est à la raison ce que l'instinct est à la volonté : c'est une raison qui s'est faite mécanisme pour s'épargner l'effort, et pour réserver ses forces en vue d'œuvres plus difficiles. L'association, en un mot, est une forme inférieure que revêt d'habitude la raison. » Cette théorie hardie nous paraît la mieux fondée. Tout au moins a-t-elle l'avantage de mettre dans l'esprit une unité absolue de composition ; d'assimiler, dans le sens où cela est légitime, l'association et la raison; de rapprocher l'intelligence et la volonté ; surtout de montrer que le fond et la substance de l'esprit sont une activité personnelle, qui rend l'être indépendant de tout ce qui l'entoure, et qui se nomme, suivant le côté par lequel on la considère, la raison ou la liberté.

# CHAPITRE XX

## LES RÉSULTATS DE L'ACTIVITÉ INTELLECTUELLE

Ayant achevé l'étude des fonctions intellectuelles, nous devons enfin nous demander quel en est le produit; autrement dit, quelles sont les idées que nous fournit ce travail de l'intelligence.

Toutes ces idées se groupent en trois séries : les unes nous font connaître les choses placées hors de nous-mêmes; d'autres, notre propre être; d'autres enfin, l'Être suprême qui régit à la fois et nous-mêmes et les choses, Dieu. Il nous faut étudier successivement ces trois séries d'idées et leur formation.

### I. L'idée du monde extérieur.

L'étude des enfants qui viennent de naître montre qu'ils ne semblent pas, aux premiers moments de leur existence, distinguer parfaitement leur être propre des choses extérieures, le « moi » du « non moi ». Leurs premières sensations sont quelque chose de confus, d'indécis : ils souffrent, mais sans savoir au juste comment et de quoi ils souffrent. Ce n'est que plus tard qu'ils parviennent à s'en rendre compte, en distinguant de leur propre être les objets externes qui agissent sur lui.

Comment apprennent-ils à faire cette distinction? Comment apprennent-ils qu'il y a des choses hors d'eux-mêmes? C'est bien simple, répondra le vulgaire : ils apprennent l'existence de ces choses en les regardant, en les percevant. Mais cette réponse ne peut satisfaire le philosophe. Car, nous l'avons déjà vu, la sensation et la perception sont des phénomènes purement psychologiques, purement internes : percevoir, c'est percevoir une idée, percevoir un état de notre propre esprit ; on ne perçoit donc pas à proprement parler les choses extérieures, on ne perçoit que l'idée qu'on en a.

Justement, répondent certains philosophes (Victor Cousin entre autres), je ne perçois d'une chose que l'idée que j'en ai ; mais cette idée représente la chose elle-même ; et par conséquent, de l'existence de l'idée dans mon esprit, j'inférerai l'existence, dans le monde extérieur, d'une chose représentée plus ou moins fidèlement en moi par cette idée.

Le principe de cette solution est juste, mais elle renferme un point inexact : elle estime en effet qu'il faut un raisonnement pour passer de l'idée à la chose, pour conclure de l'existence de l'idée à l'existence de la chose. Or cela n'est pas et ne saurait être : car un semblable raisonnement dépasserait la portée de l'enfant et de l'animal, qui pourtant croient à l'existence des choses extérieures. Ce qu'il faut donc dire, c'est que l'enfant passe spontanément de l'idée à la chose en prenant son idée pour la chose même. Il n'a, en somme, dans son esprit, il ne perçoit qu'une simple idée : mais il croit percevoir la chose même. Il y a là de sa part une *illusion*, une confusion ; mais ce n'est, à vrai dire, qu'une demi-illusion : puisque, s'il ne perçoit pas les choses mêmes, comme il le croit, il perçoit du moins des idées qui les représentent, et qu'il y a hors de lui, dans la réalité, des choses représentées en lui par ces idées[1].

Ainsi nos sensations, phénomènes tout internes en réalité, semblent se détacher de nous-mêmes, par suite d'une illusion que nous nous faisons, pour constituer des objets extérieurs, pour « s'objectiver ». Si elles le font, c'est qu'elles ont une tendance invincible à le faire, c'est qu'il y a là une illusion naturelle à l'esprit ; toute sensation s'objectivera donc, chaque fois que la réflexion et le jugement n'interviendront pas pour nous prévenir qu'elle n'est qu'un simple phénomène intérieur[2]. — Mais comment les sensations s'objectivent-elles ? cela paraît nécessiter deux opérations. Au premier moment, les sensations, qui en réalité ne résident que dans l'esprit, sont projetées à la périphérie du corps, dans l'organe où elles ont leur condition ou leur cause (« extériorisation » des sensations). C'est seulement à un second moment qu'elles sont définitivement projetées hors de nous-mêmes, pour s'ériger en choses externes. Ainsi le son, qui est une pure notion de l'esprit, est d'abord projeté dans l'oreille, et ce n'est qu'ensuite qu'on s'imagine un objet sonore. On a le son

---

1. M. Taine a fort bien exprimé cette théorie, dans son livre *De l'Intelligence*, en disant que la prétendue perception des choses extérieures est une « hallucination vraie ». L'halluciné croit voir des choses réelles, alors que ce qu'il prend pour un être est simplement une idée de son esprit : voilà en quoi la perception ordinaire est semblable à l'hallucination. Mais l'idée de l'halluciné ne correspond à rien de réel ; dans la perception normale, au contraire, il y a une chose réelle qui correspond à l'idée. La perception normale se distingue donc de l'hallucination en ce qu'elle est véridique. Elle est donc bien une « hallucination vraie ».

2. C'est pour cela que dans le rêve et dans l'hallucination, le jugement et la réflexion étant suspendus, les idées les plus bizarres s'objectivent. De là l'erreur du rêve et de l'hallucination. Nous retrouverons cette loi en logique, quand nous étudierons les causes de l'erreur.

« dans l'oreille » avant de songer au bruit extérieur. De même, on rapporte à la main la notion de pesanteur, avant de la rapporter à l'objet pesant. En un mot, les sensations sortent de l'esprit par une marche inverse de celle par laquelle elles y étaient entrées. Elles étaient venues des choses aux sens, et des sens à l'esprit. Elles sont projetées maintenant de l'esprit dans les sens, et des sens dans le monde extérieur. — Maintenant dans quel ordre les sensations s'objectivent-elles? Il semblerait que les premières à s'objectiver dussent être les sensations visuelles : la vue, en effet, paraît bien nous donner par elle-même la notion de choses distantes de nous. Il n'en est rien cependant. Si l'on interroge un aveugle-né auquel on vient de rendre la vue (c'est-à-dire au moment où la vision, encore toute récente, n'est pas altérée par le mélange de données venues d'autres sens), il répond invariablement qu'il voit bien des objets, mais que ces objets « touchent son œil ». Preuve évidente que la vue ne perçoit pas naturellement la distance[1], qu'elle ne projette pas par elle-même les objets dans l'espace. Le sens qui le premier nous fait croire à l'existence d'objets distincts de nous, c'est le sens musculaire. C'est en faisant effort pour atteindre une chose, en remuant nos membres pour la saisir, que nous apprenons tout d'abord quelle distance la sépare de nous. Après quoi, le sens du tact intervient pour préciser ces premières données; la chose une fois saisie, la main la palpe, la tourne et la retourne en tous sens, et c'est ainsi que nous pouvons nous faire une idée de la forme de cette chose, de ses limites, de son indépendance par rapport

---

[1]. Elle ne perçoit naturellement que la couleur (Condillac). La couleur est la « perception propre » de la vue. La distance n'est pour la vue qu'une « perception acquise ».

aux autres choses qui l'entourent. L'œil alors, suivant tous les mouvements de la main, apprend à discerner la figure de la chose touchée, sa distance de nous, sa position dans l'espace. C'est donc la main qui fait l'éducation de l'œil. Mais, cette œuvre accomplie, l'œil ne tardera pas à supplanter la main comme moyen d'investigation dans l'étude des choses extérieures; car il va plus loin qu'elle, plus vite aussi, et il pénètre mieux les détails des choses. Enfin, quand, par le sens musculaire, le toucher et la vue, nous nous sommes fait une idée générale d'une chose, les autres sens viennent y ajouter leurs données; l'ouïe, l'odorat, le goût, nous renseignent à leur tour sur cette même chose; et de l'ensemble de ces notions partielles se forme la notion totale de la chose. Cette notion totale est donc formée par une association d'idées. Et, en vertu d'une loi bien connue de l'association, chaque fois qu'une des idées partielles reparaitra dans la conscience, elle réveillera toutes les autres idées partielles auxquelles elle était primitivement associée; l'odeur d'une rose que nous sentons, par exemple, nous rappellera immédiatement la couleur et la forme (autrefois perçues) d'une rose, nous rappellera en un mot une rose tout entière. Et par là même on conçoit que si, pour une raison ou pour une autre, ces idées viennent à se dissocier, celles qui se dissocieront le moins vite seront celles qui se seront associées les premières, parce que leur lien est plus fort, ayant été à la fois plus naturel et plus long. Ainsi, quand on perd la notion d'un objet, c'est la notion de son goût, de son odeur, de sa sonorité, qui disparaît la première; la notion, à la fois visuelle, tactile et musculaire, de sa forme est la dernière à se perdre.

**Appendice.** *Des prétendues erreurs des sens.* — La

théorie que nous venons d'exposer a été l'origine d'une série d'attaques contre la valeur des sens. Déjà, dans l'antiquité, les sceptiques avaient cherché à mettre en lumière les erreurs des sens. Les sens nous trompent, disaient-ils, 1° quand ils sont altérés : ainsi la jaunisse nous fait voir tous les objets colorés en jaune; 2° même quand ils sont à l'état normal : une tour carrée, de loin, nous paraît ronde; le bâton plongé dans l'eau nous paraît brisé. Aujourd'hui, on va plus loin; les sens, dit-on, nous trompent, en ce qu'ils nous font voir des objets externes, quand nous ne voyons en réalité que nos sensations. — Une unique réponse convient à toutes ces critiques. Dans tous ces cas, ce ne sont pas les sens qui nous trompent : car les sens ne font que nous transmettre les impressions qu'eux-mêmes ont éprouvées, et qu'ils ne pouvaient pas, étant données les lois de la physique et de la physiologie, ne pas éprouver. S'il y a une erreur, c'est l'esprit qui la commet, en mal interprétant ces impressions, en les transformant à tort en choses réelles, au lieu de les redresser si elles lui paraissent défectueuses, et de ne les considérer, en tout cas, que comme des impressions internes. Mais, en réalité, l'esprit lui-même ne se trompe pas autant que les sceptiques veulent bien le dire. Nous avons vu plus haut en effet que, s'il y a une illusion dans la perception ordinaire, ce n'est en tout cas qu'une demi-illusion : puisque si l'esprit ne voit pas les choses mêmes, il y a du moins des choses réelles derrière les idées qu'il prend pour ces choses.

## II. L'idée du moi.

Le moi se conçoit lui-même comme un être doué de certains pouvoirs mentaux et physiques (facultés de penser, de sentir, de vouloir; facultés de parler, de se mouvoir; facultés de digérer, de respirer, etc.); et à ces facultés il prête deux caractères :

1° Elles sont différentes les unes des autres, mais toutes sont réunies dans l'*unité* de la personne totale.

2° Chacune d'elles peut se traduire par des manifestations fort diverses (l'intelligence ne pense pas toujours de la même façon, la volonté n'a pas toujours un même but), mais fondamentalement chacune reste *identique* à elle-même sous la diversité de ses manifestations (dans les idées les plus différentes d'un individu, c'est toujours une même intelligence qui pense); la personne que ces facultés composent reste donc, elle aussi, fondamentalement *identique* à elle-même dans le temps, bien que tous ses actes changent sans cesse.

Le moi s'apparait donc, en somme, à lui-même comme un être *un* et *identique*.

D'où nous vient cette idée que nous avons de nous-mêmes? Pour nombre de philosophes (Jouffroy entre autres) cette idée du moi serait innée, c'est-à-dire primitive dans la conscience, et elle nous accompagnerait dans toute notre existence. Cela semble au premier abord évident; c'est pourtant fort contestable. Car nous savons aujourd'hui que l'idée du moi n'est nullement constante en nous : il y a des cas où un homme croit avoir perdu sa personnalité, il en est où il croit avoir revêtu une personnalité autre que la sienne (voir plus loin le chapitre consacré aux états anormaux de l'esprit). Et puisque l'idée du moi ne subsiste pas en tout temps dans la conscience, il est donc possible qu'elle n'y ait pas existé de tout temps : l'argument qu'on tire de la constance de cette idée pour en prouver l'innéité tombe absolument. Il n'y a donc aucune raison pour admettre cette innéité, à moins qu'on ne puisse montrer comment l'idée du moi nous est venue. Or précisément on peut le montrer. Et la genèse de cette idée du moi est même bien simple : l'enfant, après cette période primitive où tout est indistinct pour lui, apprend (comme nous l'avons montré) à distinguer les objets extérieurs; par là même, la notion primitivement toute confuse qu'il avait de lui-même se précise peu à peu en s'opposant aux notions qu'il a des choses extérieures. Il prend chaque jour une conscience plus nette de ses différents pouvoirs, car chaque jour il les met en jeu pour vivre et pour agir. Il remarque aussi que ces pouvoirs sont liés entre eux, puisqu'ils concourent tous à une même tâche, l'entretien de sa vie : il en conclut que, avec des facultés multiples, il est un être unique. Il remarque enfin que ses pouvoirs persistent en lui, après qu'il s'en est servi une, deux, trois fois, et qu'il peut s'en servir encore un nombre de fois indéfini : il en conclut que ces pouvoirs restent identiques à eux-mêmes dans le temps, et que lui-même, sous la diversité de ses actions successives, il reste aussi identique à soi. Par là s'explique très simplement, croyons-nous, la formation de l'idée du moi, avec les divers éléments dont elle est composée, avec les deux caractères fondamentaux qu'elle implique.

### III. L'idée de Dieu.

Les êtres dont nous sommes entourés sont des êtres :
1° finis, c'est-à-dire dont les facultés sont limitées;
2° imparfaits;
3° relatifs, c'est-à-dire dépendant tous de quelque autre être.
Mais nous avons l'idée d'un être qui serait à la fois :
1° infini, sans limite d'aucune sorte;

2° parfait à tous les égards;

3° absolu, c'est-à-dire ne dépendant d'aucun autre.

Tels sont les caractères avec lesquels se présente l'idée de Dieu.

On a dit (surtout le philosophe anglais Hamilton) que ces notions d'infini, de parfait et d'absolu sont des notions toutes négatives, étant purement et simplement la négation des notions de fini, d'imparfait et de relatif. Le concept de Dieu serait donc, dans cette doctrine, le plus vide, le plus pauvre de tous les concepts. C'est précisément le contraire qui est le vrai : l'idée de Dieu est l'idée la plus pleine et la plus riche qui soit, elle est l'idée positive par excellence. L'idée positive, en effet, n'est-ce pas celle de l'Être qui possède toutes les perfections concevables? Les idées négatives, en réalité, ce sont les idées de fini, d'imparfait, de relatif : car toutes trois contiennent la notion d'une limitation de l'être, toutes trois indiquent qu'il y a des attributs qui lui sont refusés. Si bien que de toutes les idées, la plus positive, la seule entièrement positive, c'est l'idée de Dieu (Descartes, Bossuet).

Quelle est l'origine de l'idée de Dieu? Cette origine doit se chercher dans l'activité de la raison. La raison, nous l'avons vu (chap. XIX), est la faculté de l'unité : elle met dans notre représentation du monde l'unité absolue, tandis que les sens ne nous y montraient que l'unité relative. Que fait-elle pour cela? Elle cherche à relier entre eux tous les êtres dont est formé le monde : et par là elle est amenée à concevoir un Être dont tous les autres dépendent, et qui ne dépend d'aucun d'eux; un Être qui ait toutes les perfections, et dont tous les autres reçoivent ce qu'ils ont de perfection; un Être illimité et sans bornes, duquel les êtres limités et finis tiennent leur existence; un Être qui serve à tous les autres, et d'origine, car il les a créés, et de fin, car ils aspirent à le posséder, à s'unir à lui d'esprit et de cœur. Telle est la manière dont la raison, en concevant le monde, est amenée à concevoir Dieu.

Résumons tout cela. Les trois idées du monde extérieur, du moi et de Dieu sont le produit du travail de l'intelligence. Ces trois idées n'existent pas dans l'esprit au moment où l'être vient au monde, comme l'ont cru à tort ceux qui y voient des « idées innées ». Elles sont formées par l'esprit lui-même, grâce au mécanisme ordinaire de la perception, du jugement et du raisonnement. Ce qui est vrai seulement, c'est que, les générations antérieures à la nôtre ayant déjà formé ces idées avant nous, nous trouvons en quelque sorte dans leur héritage intellectuel l'habitude de les former. Dès lors, il ne nous est plus difficile de les former nous-mêmes. Et voilà pourquoi ce travail de formation se fait si vite chez l'enfant, qu'on ne l'aperçoit qu'à grand'peine. Il a fallu la patiente attention des philosophes de l'école expérimentale pour le discerner.

# CINQUIÈME SECTION

RAPPORTS
## DE L'ESPRIT ET DU CORPS

Nous avons examiné jusqu'ici les facultés et le contenu de l'esprit, considéré en lui-même et en lui seul. Mais l'esprit ne constitue pas tout l'être humain : il est uni au corps, avec lequel il a de multiples relations. Ces relations sont surtout étroites entre l'esprit et cette partie du corps qui constitue le cerveau, parce que c'est par l'intermédiaire du cerveau que l'esprit agit sur le reste du corps et en subit à son tour l'influence. Nous aurons donc à envisager d'abord les relations spéciales du cerveau et de la pensée; nous passerons ensuite à l'étude des relations générales du physique et du moral, c'est-à-dire du corps et de l'esprit. Puis nous aurons à examiner les fonctions qui appartiennent à l'homme en tant qu'il est composé à la fois d'esprit et de corps : fonctions normales, comme le mouvement et le langage; ou fonctions anormales, comme le sommeil, les rêves, les maladies mentales, etc.... Enfin nous verrons une dernière application des rapports de l'esprit et du corps dans une rapide esquisse de la psychologie comparée de l'homme et de l'animal.

# CHAPITRE XXI

## RELATIONS SPÉCIALES DE LA PENSÉE ET DU CERVEAU

*A.* La pensée est sous la dépendance étroite du cerveau. Trois ordres de considérations le prouvent.

I. Considérations anatomiques : 1° L'intelligence croît d'ordinaire avec le poids du cerveau. 2° En sens inverse, elle décroît d'ordinaire avec le degré d'ossification du crâne.

II. Considérations physiologiques. 1° La pensée ne se produit qu'en corrélation avec un mouvement de la substance cérébrale. 2° Une bonne irrigation du cerveau, c'est-à-dire un afflux suffisant de sang au cerveau, est nécessaire au bon fonctionnement de la pensée, qui autrement est paralysée. (Voir ce qui sera dit sur le sommeil et les rêves, au chap. XXVI.)

III. Considérations pathologiques. En détruisant les centres cérébraux, on détruit la pensée.

On est même parvenu dans quelques cas à *localiser* la portion du cerveau avec laquelle tel ou tel groupe de pensées est particulièrement en relations. C'est ainsi que les célèbres expériences de Paul Broca ont localisé la faculté du langage articulé dans la troisième circonvolution frontale gauche. On est allé plus loin depuis, et l'on reconnaît aujourd'hui à la faculté du langage quatre centres cérébraux : l'un est le centre de perception et de souvenir pour les images auditives (son ablation rend l'individu incapable de comprendre le sens des mots qu'il entend) ; le second est le centre des images visuelles (l'individu qui l'a perdu ne comprend plus les mots écrits) ; le troisième, celui que connaissait Broca, est le centre de la parole proprement dite (sa lésion empêche l'individu de produire les mouvements qui concourent à l'émission du son articulé) ; le quatrième est le centre de l'écriture (sa destruction fait perdre à l'individu la faculté de produire et de coordonner les mouvements graphiques).

La conclusion de toutes ces recherches est qu'il y a une coordination étroite entre le cerveau et la pensée, et que l'état et le fonctionnement du premier influent grandement sur l'état et sur le fonctionnement de la seconde.

*B.* Mais cela suffit-il pour dire, comme le font les matérialistes, que la pensée n'est autre chose qu'une fonction du cerveau, tout comme la digestion est une fonction de l'estomac ? La pensée est-elle purement et simplement un mouvement du cerveau ? Nous ne le pensons pas ; et nous en avons déjà dit la raison : c'est qu'un mouvement du cerveau est par lui-même inconscient, tandis que la pensée est essentiellement et nécessairement consciente.

Ici l'on nous fait une objection. La pensée, dit-on, n'est pas essentiellement et nécessairement consciente. Elle peut être inconsciente, c'est-à-dire inaperçue par celui-là même chez qui elle se produit. Par exemple :

1° Il y a des sensations inconscientes. La sensation est inconsciente :

α. quand elle est trop faible : par exemple, la sensation sonore qui correspond à un ébranlement de moins de huit vibrations par seconde ; autre exemple : le bruit de chacune des vagues de la mer, qui isolément n'est pas perçu, mais contribue avec le bruit des autres vagues à former le bruit total de la mer;

β. quand elle est trop forte; par exemple : la sensation sonore qui correspond à un ébranlement de plus de 54000 vibrations par seconde;

γ. quand elle est trop répétée : toute sensation devenue habituelle devient par elle-même inconsciente. (Voir chap. xi.)

2° Il y a des souvenirs inconscients. Voici un exemple cité par M. Taine : « Le souvenir du mont Rosa me fait penser au système d'éducation anglais. Pourquoi? parce que jadis j'ai rencontré au pied du Rosa un Anglais, et que l'idée de cet Anglais a éveillé dans mon esprit le souvenir du système d'éducation usité dans son pays. » Dans ce cas, dit-on, l'idée intermédiaire, celle de l'Anglais, a reparu en nous, mais est restée inconsciente; voilà un cas de souvenir inconscient.

3° Il y a des jugements inconscients. Ainsi, soit deux

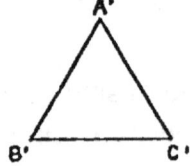 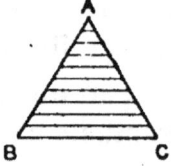

triangles égaux, dont l'un est divisé par des droites parallèles à sa base. Il nous paraîtra plus grand que l'autre. Pourquoi? Les deux triangles faisaient sur la rétine des impressions identiques. La raison de leur apparente inégalité ne se trouve donc pas dans la sensation elle-même, mais dans un **jugement erroné** qui a produit après coup l'illusion; mais jugement irrationnel et irréfléchi, jugement dont on n'a point eu conscience.

4° Il y a même des volitions inconscientes. Par exemple, dans une longue marche, à chaque pas que je fais, j'ai dû avoir une volition spéciale de mouvoir mes jambes; mais cette volition est demeurée inconsciente.

Il existe donc, conclut-on, des sensations, des souvenirs, des jugements, des volitions inconscients. Donc la pensée n'est pas nécessairement consciente. Donc il n'y a pas entre elle et le mouvement une différence de nature. La pensée n'est donc, dit-on, qu'un mouvement du cerveau qui peut demeurer, comme tout mouvement, parfaitement inconscient, mais qui devient conscient quand il atteint une certaine intensité. Le fait mental est complet dès que le mouvement physiologique s'est produit : le caractère conscient n'est pour lui qu'un surcroît, qu'un « épiphénomène » qui ne fait pas partie de son essence, et qui peut lui manquer sans que sa nature en soit fondamentalement altérée.

Nous ne saurions admettre cette doctrine, et nous maintenons au contraire qu'il n'y a pas de pensée sans conscience, et qu'il n'existe pas, à proprement parler, de pensées inconscientes. En effet, reprenons les exemples donnés plus haut. Nous n'y trouvons jamais réalisés à la fois les caractères qui font la pensée, et ceux qui constituent l'inconscience. Dans les uns, il n'y a pas véritablement inconscience : tel est le cas pour les sensations devenues habituelles, pour les souvenirs intermédiaires, pour les jugements qui modifient les sensations; dans ces trois ordres de faits, il y a des pensées peu nettes et faiblement conscientes, sans doute, qui marquent peu dans la conscience ou qui ne font qu'y passer un instant, mais cependant des pensées réelles; l'esprit les a aperçues sans netteté, il est vrai, mais enfin il les a aperçues; il y a là des phénomènes de « sourde conscience », non des phénomènes inconscients. Et dans les autres cas, au contraire, il y a bien inconscience, mais il n'y a plus du tout pensée. Ainsi les prétendues sensations trop faibles ou trop fortes pour être conscientes ne sont, à aucun degré, des sensations : il y a eu impression faite sur les organes, mais il n'y a eu aucune idée produite à la suite de cette impression; le fait a été purement physiologique, la pensée n'est pas apparue. Ainsi encore pour les prétendues volitions inconscientes de la marche : ces volitions n'ont absolument pas existé; l'individu a eu une volonté générale de marcher, peut-être même une volition spéciale de faire le premier pas, mais les pas suivants n'ont été que des déplacements mécaniques de l'organe locomoteur, déplacements produits par les lois physiologiques de la machine humaine, sans qu'aucune volition, sans qu'aucune pensée y ait présidé. En un mot, dans les prétendues « pensées inconscientes », tantôt on trouve une pensée sourdement consciente, mais non l'inconscience véritable; tantôt on trouve l'inconscience, mais sans aucun rudiment de pensée. Tantôt le fait est psychologique, quoique faiblement; tantôt il est exclusivement physiologique. Mais nulle part on ne trouve réunis les caractères de l'inconscience et ceux de la pensée. La pensée ne peut donc pas être inconsciente. Elle reste, comme nous le disions, essentiellement et nécessairement consciente. Dès lors elle se distingue profondément du mouvement cérébral, dont l'essence, au contraire, comme celle de tout fait physique ou physiologique, est d'être inconscient. La pensée, en un mot, est sous l'étroite dépendance du cerveau; mais elle ne fait pas avec lui qu'une même et unique chose, elle n'est pas un pur mouvement cérébral.

# CHAPITRE XXII

### RELATIONS GÉNÉRALES DU MORAL ET DU PHYSIQUE

Constatons d'abord ces relations générales qui existent entre l'esprit et le corps, entre le moral et le physique. Après quoi nous nous demanderons comment on peut les expliquer.

Les relations générales du physique et du moral sont naturellement de deux sortes : les unes se marquent par une influence du physique sur le moral; les autres, par une influence du moral sur le physique.

**A. Influence du physique sur le moral.** — Les caractères de l'esprit sont en corrélation avec les caractères du corps, et ceux-ci agissent sur ceux-là. Ces caractères du corps peuvent être de deux sortes :

1º Les uns sont *innés*, c'est-à-dire que l'organisme les possède dès sa naissance, les ayant hérités des organismes-parents : tels sont les caractères de *race* et de *sexe*. Ces caractères du corps influent sur l'esprit : l'esprit d'un Esquimau n'est pas celui d'un Italien; la sensibilité d'une femme est différente de celle d'un homme.

2º Les autres sont *acquis* par l'organisme lui-même dans le cours de son existence. Ainsi les caractères de l'organisme varient avec l'*âge*, avec l'*alimentation* (en prenant ce mot dans son sens le plus général : « tout ce qui du dehors entre dans l'organisme »), avec les *maladies*. Ces caractères du corps influent également sur l'esprit. L'intelligence grandit avec l'âge, jusqu'à la période de maturité, et décroît ensuite. Elle est altérée par une alimentation insuffisante et par la maladie.

En un mot donc, tout fait important qui se produit dans l'organisme a son contre-coup dans l'esprit.

*B*. **Influence du moral sur le physique.** — Réciproquement, tout fait important qui se produit dans l'esprit a son contre-coup dans l'organisme. La volition, par exemple, exerce évidemment une action sur le corps, puisqu'elle préside à nombre de mouvements, ou déplacements d'organes. Les émotions elles-mêmes agissent sur l'organisme : elles y produisent la pâleur, la rougeur, des troubles faciaux de toutes sortes; elles peuvent même arrêter momentanément la respiration et la circulation du sang.

Ainsi l'influence du moral sur le physique n'est pas moindre que celle du physique sur le moral.

*C*. **Explication de ces influences réciproques.** — Certains philosophes, en particulier les écrivains de l'école cartésienne, ont donné de ces rapports de l'esprit et du corps une explication originale. L'esprit et le corps, disent-ils, ne peuvent pas agir à proprement parler l'un sur l'autre; car ils ne sont pas de même essence. Pour que l'esprit pût mouvoir le corps, par exemple, il faudrait qu'il le touchât : car une impulsion motrice exige le contact du moteur et de l'objet à mouvoir; mais l'esprit ne peut *toucher* le corps, car l'esprit n'a pas de membres matériels qui soient susceptibles de toucher; donc l'esprit ne peut mouvoir le corps. Par des raisons analogues, le corps ne peut émouvoir l'esprit. Un mouvement du corps ne peut avoir pour cause qu'un autre mouvement du corps; une idée de l'esprit ne peut avoir pour cause qu'une idée de l'esprit; mais l'esprit ne peut engendrer dans le corps aucun mouvement, le corps ne peut engendrer aucune idée dans l'esprit; l'esprit et le corps sont sans action réciproque l'un sur l'autre. Cependant, en fait, on constate une corrélation entre leurs états réciproques. Il faut donc dire qu'il y a entre le développement de l'esprit et celui du corps un *parallélisme*, établi de telle façon par Dieu que l'esprit et le corps agissent toujours de même manière, mais chacun suivant ses lois propres, et sans qu'aucun d'eux influe sur l'autre. Il n'y a donc pas entre l'esprit et le corps un véritable échange d'influences, mais bien une *harmonie préétablie* (Leibniz).

Cette théorie repose tout entière sur cette proposition unique : « L'esprit et le corps, étant deux substances distinctes, ne peuvent agir l'une sur l'autre. » Proposition qui serait inattaquable, en effet, si l'esprit et le corps étaient vraiment deux substances distinctes. Mais nous établirons qu'il ne faut pas les concevoir de cette façon (voir, dans la *Métaphysique*, la leçon sur l'Unité de substance). Il vaut mieux les concevoir comme des formes différentes d'une même substance.

Dès lors, puisqu'il n'y a plus entre eux une opposition de nature, il n'y a plus d'impossibilité à ce qu'ils agissent véritablement l'un sur l'autre. Rien ne nous empêche donc plus d'admettre cette proposition qui paraît si naturelle et si évidente : « Le moral agit sur le physique, et le physique sur le moral. »

# CHAPITRE XXIII

## LE MOUVEMENT

Les relations de l'esprit et du corps étant établies, nous pouvons étudier une série de faits importants à la production desquels l'esprit et le corps concourent tous deux : nous voulons parler des *mouvements*.

Il existe d'abord toute une série de mouvements qui sont purement corporels et physiologiques, et dans lesquels l'esprit n'intervient pas : tels sont, surtout chez les animaux, certains mouvements de défense automatiquement exécutés par les membres. Le mécanisme de ces mouvements est simple : une excitation portée sur un point de la surface du corps est transmise par les nerfs sensitifs à la moelle épinière ; en vertu des connexions qui unissent, dans la moelle, les racines des nerfs sensitifs aux racines des nerfs moteurs, le mouvement nerveux passe dans ces derniers, qui le transmettent à leur tour aux muscles dans lesquels ils se terminent : sous cette influence, les muscles entrent en jeu et les organes se meuvent. Le mouvement a donc été produit par les nerfs moteurs à la suite d'une excitation que leur avaient transmise les nerfs sensitifs : on dit pour cette raison qu'il s'est produit par *voie réflexe*, l'excitation ayant été en quelque sorte réfléchie par le nerf sensitif sur le nerf moteur. Comme on le voit, ce mouvement a été uniquement physiologique : à aucun moment, l'esprit n'est intervenu dans sa production; il est demeuré entièrement inconscient.

Mais le mouvement peut aussi être conscient; en effet, la plupart des mouvements que nous faisons, nous en avons conscience, nous savons pourquoi et comment nous les faisons. Ici le mouvement n'est plus un fait purement physiologique, il est en même temps un fait psychologique. Et la connaissance que nous en avons peut elle-même être de deux sortes :

1° Ou bien l'esprit ne fait guère que constater le mouvement accompli. Ce mouvement se produit encore tout spontanément, comme dans le cas du mouvement physiologique. Nous savons que nous l'accomplissons, mais nous ne voulons pas, à proprement parler, l'accomplir. Le mouvement est conscient, mais non réfléchi.

2° Ou bien c'est l'esprit lui-même qui dirige et ordonne le mouvement. Ici le mouvement est non seulement conscient, mais encore réfléchi et volontaire[1].

Le mécanisme de ces deux sortes de mouvements psychologiques est, au fond, le même que celui du mouvement physiologique. C'est toujours, en effet, à la suite d'une excitation sensitive que se produit le mouvement. Pour le mouvement psychologique spontané, c'est évident, puisque ce mouvement n'est guère qu'un mouvement physiologique que saisit la conscience : l'esprit n'en est pas l'auteur, il n'en est que le témoin. Pour le mouvement

---

1. Ainsi, en somme, trois sortes de mouvements :
le mouvement physiologique;
le mouvement psychologique spontané;
le mouvement psychologique réfléchi et volontaire.
Le deuxième forme la transition entre les deux autres, étant spontané comme le premier et conscient comme le troisième.

psychologique réfléchi et volontaire, il pourrait y avoir doute. La volonté, ici, paraît bien être la cause productrice du mouvement; l'origine du mouvement serait donc dans l'esprit lui-même; il n'y aurait pas ici une excitation sensitive venue du dehors. Mais, à un examen plus approfondi, ce doute disparaît. La volonté, en somme, n'agit jamais qu'en se laissant guider par les idées; mais les idées ont leur origine dans les sensations : elles aussi naissent d'une « excitation sensitive venue du dehors ». La décision la plus réfléchie et la plus volontaire a toujours son point de départ dans ce que nous avons vu ou entendu, dans les faits qui se sont produits autour de nous; toujours elle est née en nous sous l'influence d'une impulsion venue du dehors et transmise au cerveau par l'intermédiaire des organes des sens et des nerfs sensitifs. Cela ne contredit d'ailleurs en rien l'existence du libre arbitre; car le libre arbitre consiste, pour l'esprit, à n'adopter que les motifs d'action qui sont en harmonie avec sa propre nature; ces motifs d'action ont beau lui venir du dehors, ils ne triomphent jamais que s'ils sont agréés par l'arbitre intérieur. Ainsi, dans le mouvement psychologique, tout comme dans le mouvement physiologique, une excitation sensitive a précédé l'excitation motrice. Seulement, ici, les nerfs sensitifs ont leur terminaison et les nerfs moteurs ont leur origine, non plus dans la moelle épinière, mais dans le cerveau lui-même[1]; ce qui explique que, entre le mouvement sensitif et le mouvement moteur, viennent s'intercaler des faits physiologiques, soit simple

---

1. Autre différence : les nerfs sensitifs qui aboutissent à la moelle et qui donnent naissance à un mouvement simplement physiologique ont leur origine périphérique dans les membres; tandis que les nerfs qui aboutissent au cerveau et donnent naissance au mouvement psychologique ont leur origine dans les organes des sens.

150   PRÉCIS DE PHILOSOPHIE.

conscience, soit conscience réfléchie accompagnée de volition. Mais cette différence, tout importante qu'elle soit, ne change pas la nature essentielle du mouvement, qui, psychologique ou physiologique, est toujours un phénomène d'ordre réflexe.

Comment le mouvement — lorsqu'il est psychologique — est-il connu? Il est connu par le moyen des sensations musculaires, c'est-à-dire par le moyen des sensations qui nous apprennent le déplacement de nos muscles. Nous avons déjà indiqué (voir chap. XII, la Sensation) les deux théories opposées par lesquelles on cherche à rendre compte de la nature de ces sensations. Pour les uns, ce serait l'énergie motrice elle-même, qui, en se répandant dans le nerf moteur, nous donnerait la conscience du mouvement *qui va être accompli*. Pour les autres, cette notion du mouvement nous serait transmise par des nerfs sensitifs qui, revenant du muscle au cerveau[1], lui feraient connaître le déplacement musculaire *qui vient d'être accompli*.

Ces deux explications ne nous paraissent pas s'exclure : il nous semble qu'on pourrait les concilier, en admettant que nous avons à la fois une double sensation du mouvement, l'une au moment de l'exécuter, l'autre au moment où il vient d'être achevé; la première née directement du mouvement transmis au cerveau par le nerf moteur, la seconde née sous l'influence du courant sensitif de

---

1. Ne pas confondre ces nerfs sensitifs avec ceux qui, venus des

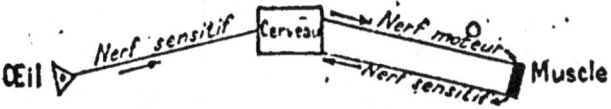

organes des sens, ont porté au cerveau l'idée du mouvement à accomplir. Le schéma suivant fait comprendre la distinction.

retour. La science ne s'est pas encore définitivement prononcée sur la question.

Un autre problème qui fut fort débattu est celui de savoir où réside le sens de la direction dans l'espace. On sait que ce sens est surtout fort développé chez certains animaux, les pigeons par exemple : on a vu des pigeons, transportés en cage, sur un navire, de Marseille à Cadix et là rendus à la liberté, retourner d'eux-mêmes à leur première demeure à travers la Méditerranée : ce qui suppose qu'ils possédaient le sens de la direction dans l'espace à un degré exceptionnel. Ce sens paraît résider dans les trois canaux semi-circulaires de l'oreille ; et peut-être même chacun d'eux préside-t-il au sens de la direction dans l'une des trois directions de l'espace. Enfin, on reconnaît d'ordinaire dans le cervelet un centre coordinateur des mouvements, depuis les célèbres expériences de Flourens. L'existence de la fonction prêtée aux canaux semi-circulaires n'empêche nullement l'existence de celle qu'on prête au cervelet. Les canaux, en effet, seraient un centre d'ordre *sensitif*, qui percevrait l'espace d'après les impressions, et notamment d'après les impressions auditives venues à nous dans les diverses directions spatiales ; tandis que le cervelet serait un centre d'ordre *moteur* qui, une fois l'idée de l'espace fournie par les canaux, coordonnerait dans cet espace les mouvements que nous devons y exécuter.

Nous venons d'étudier le mouvement en général. Il nous reste à examiner deux mouvements spéciaux d'une importance particulière : ceux qui constituent le *jeu* (dont *l'art* n'est qu'une forme), et ceux qui constituent les *signes* (dont les principaux forment le *langage*).

# CHAPITRE XXIV

## LE JEU ET L'ART

### I. Le jeu.

Si, au lieu d'envisager (comme nous l'avons fait jusqu'ici) la *manière* dont les mouvements s'accomplissent, nous considérons le *but* en vue duquel ils sont exécutés, nous voyons qu'on peut les diviser en deux catégories :

1° Les uns ont pour but de satisfaire une nécessité proprement dite : nous avons besoin de vivre, et pour cela de nous défendre contre les agresseurs, de nous nourrir, de nous vêtir, etc.; de là les mouvements de défense, les mouvements coordonnés en vue de nous procurer l'alimentation, le vêtement, etc. (catégorie dans laquelle rentrent la plupart des mouvements exécutés pendant la vie; car, en somme, le but de nos efforts pendant toute notre existence est de nous assurer, directement ou indirectement, le vivre et le couvert). Tous ces mouvements constituent un effort utile, mais pénible; leur ensemble mérite le nom de *travail*.

2° Mais quand l'individu a satisfait les besoins les plus urgents, quand par son travail il s'est procuré les choses indispensables à la vie, son activité, d'ordinaire, n'est pas épuisée, il lui en reste un surcroît disponible, qui demande à s'exercer à son tour. Mais il n'y a plus de but utile auquel nous puissions ou voulions employer ces forces en excès; nous les emploierons donc sans but proprement dit, et dans la simple intention de les employer; nous exercerons notre activité, non plus afin de jouir des objets utiles qu'elle pourrait nous procurer, mais afin de jouir de l'activité elle-même et du plaisir qu'il y a à « agir pour agir ». Ces mouvements que nous faisons sans aucune vue d'intérêt préconçue, simplement pour nous distraire et pour donner carrière au surcroît d'activité qui nous reste, ces mouvements constituent ce qu'on nomme le *jeu*.

Ainsi le travail est un ensemble de mouvements coordonnés en vue d'atteindre un résultat utile, mouvements intéressés dans leur but et pénibles dans leur exécution. Le jeu, au contraire, est un ensemble de mouvements que l'individu produit sans en considérer le résultat utile ou fâcheux, simplement parce qu'il trouve plaisir à les produire; mouvements qui sont ainsi désintéressés dans leur origine et agréables dans leur exécution. Ce qui n'empêche pas d'ailleurs que le jeu n'ait aussi son utilité; car il met en œuvre une activité qui a besoin d'être exercée, il affranchit l'esprit des considérations étroitement utilitaires, il le prépare aux aspirations élevées de l'art.

Le jeu est un élément constitutif de la nature humaine : l'enfant, le sauvage jouent sans cesse; les animaux eux-mêmes passent la plus grande partie de leur vie à jouer; le chant des oiseaux semble n'être, le plus souvent, qu'un jeu de leur part. Mais le jeu ne doit pas absorber l'individu : si l'animal et le sauvage sont des êtres inférieurs, c'est que, dès qu'ils ont satisfait les nécessités les plus impérieuses de l'existence, ils se mettent à jouer, sans s'occuper de rien prévoir, de rien assurer en vue du lendemain ; de même l'enfant qui, après les premières années, ne sait pas subordonner le jeu au travail, ne sera jamais qu'un individu inutile à la société, un esprit aimable peut-être, mais à coup sûr un esprit sans élévation et dont il ne restera rien. Pour tenir dans la vie humaine son véritable rôle, celui dans lequel il nous rend de réels et de précieux services, le jeu ne doit se présenter que comme un délassement du travail : l'activité qu'il met en œuvre est essentiellement une activité subordonnée, une activité de surcroît ; elle ne doit pas devenir notre activité principale. Quand nos besoins sont satisfaits, travaillons en vue de l'avenir, réalisons des progrès dont d'autres que nous pourront profiter ; ne nous persuadons pas, comme le sauvage, que tout est fait si nous avons des vivres pour quelques jours. Lorsque tout notre travail (dans le sens le plus large du mot) aura été ainsi accompli, lorsque la tâche que nous imposent nos devoirs sera faite, alors nous pourrons jouer : alors le jeu aura toute sa valeur et tout son prix, car nous trouverons en lui, non plus la simple satisfaction d'une activité toute physique, mais ce sentiment de joie que donnent à l'esprit la conscience de l'harmonie de ses facultés et l'idée que son plaisir n'a nui en rien à son devoir.

## II. L'art.

De toutes les formes du jeu, la plus remarquable est l'*art*. Parmi les jeux de l'enfant, ceux qu'il préfère sont ceux où il produit, par son activité, une sorte d'être distinct de lui qui vive, sente et s'agite pourtant comme lui. Ainsi le tout jeune enfant prête à la poupée dont il s'amuse les sentiments d'un être vivant; il en fait comme un autre lui-même, avec lequel il s'entretient, avec lequel il joue comme il jouerait avec une personne réelle. Un peu plus tard, c'est lui-même qu'il travestira de la sorte. On sait le goût qu'ont les enfants pour ces sortes de jeux, où chacun représente un personnage qu'il n'est pas[1]. Dans un cas comme dans l'autre, le but est de créer un être fictif qui ait les apparences de la vie réelle. L'art le plus élevé n'a pas d'autre origine que ces amusements enfantins; car l'art, lui aussi, ne vise à autre chose qu'à créer, en dehors de l'artiste, un être fictif présentant les apparences de la vie. Cela est évident : 1° pour l'art dramatique, 2° pour la peinture, 3° pour la sculpture, qui tous trois ont pour but de créer des personnages artificiels qui ressemblent autant que possible à des êtres réels. Mais cela est vrai (quoique cela soit moins évident) pour tous les autres arts, architecture, musique, et poésie. Car quel est l'idéal de ces arts? C'est de faire, tout le monde est d'accord sur ce point, une œuvre *vivante*, c'est-à-dire une œuvre présentant, dans sa structure :

α. les proportions élégantes de l'être animé;

β. son organisation intime, c'est-à-dire ce rapport de dépendance qui en enchaîne étroitement toutes les parties, et qui les fait dépendre toutes d'une idée centrale, d'une sorte d'esprit directeur;

γ. enfin, son existence indépendante; car, comme l'être animé lui-même, l'œuvre d'art bien conçue se reconnaît à ce signe que, une fois achevée, elle est indépendante de la personnalité de l'artiste qui l'a faite, elle est par elle-même un tout complet, qui n'a besoin de rien d'étranger

---

[1]. Jouer aux soldats, jouer au cocher, etc.... De là aussi le goût du déguisement chez les enfants.

pour subsister, pour remplir l'esprit qui le contemple de plaisir et d'admiration.

Cette assimilation de l'œuvre d'art avec un être vivant, et, par suite, de l'art avec la nature elle-même, a été magistralement exposée, pour les œuvres musicales, par Schopenhauer. Mais elle peut être étendue à toutes les productions artistiques, et à l'art sous toutes ses formes. Si bien qu'en dernière analyse l'art nous apparait comme un jeu dans lequel l'homme, au lieu de perdre au hasard son activité, l'a concentrée pour produire hors de lui-même un être présentant les apparences de la vie; trouvant sans doute que l'acte par lequel il peut le mieux affirmer sa puissance, c'est la création d'un être semblable dans une certaine mesure à lui-même. L'art à son origine n'est donc pas, comme on le dit parfois, la reproduction réfléchie et voulue d'un idéal transcendant, mais bien un jeu naturel à l'homme, une manifestation toute spontanée de notre activité motrice.

### APPENDICE. Du Beau.

On fait, d'ordinaire, dépendre la question de l'art de la question du beau, pour cette raison que « l'art, c'est l'imitation du beau ». L'ordre inverse nous paraît plus rationnel. L'art, en effet, comme nous venons de le montrer, est un produit spontané de la nature humaine, il n'est pas l'imitation d'une beauté idéale : car un semblable idéal serait quelque chose de très abstrait, de très froid, incapable dès lors d'inspirer l'artiste dans la production d'une œuvre qui doit être, au contraire, concrète et vivante. Ainsi l'œuvre d'art n'est pas la reproduction de « l'Idée du beau »; l'art n'est pas une copie du beau, ce n'est pas par le beau qu'il faut expliquer l'art. Au contraire, semble-t-il, c'est par l'art qu'il faut expliquer le beau; c'est l'œuvre d'art qui la première nous a fourni l'idée du beau. La première chose que l'enfant a trouvée belle, c'est l'œuvre même qu'avait produite son jeu. Cette création par lui d'une sorte d'être vivant distinct de lui, l'émerveille et l'enchante lui-même; il est ravi de son œuvre, il l'admire, et c'est ainsi qu'il a, pour la première fois, le sentiment de la beauté; sentiment encore confus sans doute, mais dont l'élément essentiel est déjà cette idée qui restera le fond du sentiment esthétique épuré et perfectionné par l'âge : l'idée d'une œuvre désintéressée, dont on jouit sans qu'elle soit utile, dont la forme nous plaît sans que sa matière nous serve directement. Ainsi c'est un objet produit par son activité personnelle qui a donné à l'enfant la première notion du beau. Cette notion une fois formée, il va l'appliquer à d'autres objets, indépendants, cette fois, de sa propre action : d'abord aux œuvres de ses semblables, puis à ce qu'il nomme « les œuvres de la nature ». Car pour l'enfant, qui personnifie tout, la nature est douée d'une activité assez semblable à la sienne propre : elle aussi accomplit des œuvres, et a son but en les accomplissant. Parmi ces œuvres de la nature, les unes sont bonnes, c'est-à-dire utiles, utiles à l'homme, bien entendu; mais les autres, qui n'ont pas ce même caractère d'utilité immédiate, et qui pourtant plaisent aussi, les autres nous paraissent le produit d'une sorte de jeu de la nature; nous parlons de « l'art incomparable » que la nature y a déployé; nous les trouvons belles, parce qu'elles font sur nous la même impression de plaisir désintéressé que les œuvres de notre propre art nous avaient déjà fait connaître. Ainsi l'idée de beauté, appliquée aux « œuvres de la nature », n'est qu'une extension de l'idée de beauté, inventée pour les œuvres de l'art humain. L'origine première de l'idée de beauté, comme l'origine de l'art lui-même, se trouve donc, non dans la prétendue contemplation d'une beauté transcendante, mais dans cette activité motrice qui préside déjà à nos jeux les plus enfantins.

Cette théorie nous paraît d'ailleurs rendre parfaitement compte des définitions que donnent du beau ceux-là même qui, sous l'influence des doctrines platoniciennes, croient à son origine transcendante. Il existe, en effet, deux définitions principales du beau : « Le beau, disent les uns, c'est l'unité dans la variété »; c'est-à-dire qu'une chose est belle si un caractère dominant y préside à la variété des détails. « Le beau, disent d'autres, c'est la représentation de l'intelligible par le sensible », c'est-à-dire qu'une chose est belle si sa matière exprime et reflète une idée. Ces deux définitions sont généralement exactes, mais s'accordent parfaitement avec notre théorie. L'unité dans la variété, — ou, plus exactement, dans la multiplicité, — est, comme nous l'avons montré ailleurs (voir chap. XIX, la Raison), le caractère de toutes nos connaissances. Mais c'est aussi le caractère de toutes nos actions : car toute action implique un fait central qui la domine, avec une multiplicité d'éléments accessoires qui concourent à sa production. L'œuvre qui est le produit extérieur de cette action sera nécessairement constituée comme l'action même, et présentera, par suite, une *unité d'ensemble* et une *multiplicité de détails*. L'œuvre d'art, en particulier, sera dans ce cas. Or l'œuvre d'art, avons-nous dit, est ce qui nous donne l'idée du beau. Donc on n'attribuera le caractère de beau qu'à des choses présentant une certaine unité dans leur multiplicité. Et cet accord de l'unité et de la multiplicité dans l'œuvre belle ayant particulièrement frappé quelques esprits, on conçoit qu'ils en aient fait la définition même du beau. — De même pour l'autre définition : « Le beau est l'expression de l'intelligible par le sensible, de l'idée par la matière. » Car l'art, nous l'avons dit, a pour but de créer une œuvre qui semble un être vivant. Or un être vivant, c'est un organisme auquel préside un esprit, c'est un composé matériel dont toutes les parties reflètent une idée directrice (voir, pour le détail, l'étude métaphysique de l'idée de vie, chap. xlviii) L'œuvre d'art présente donc bien ce caractère, d'exprimer matériellement une idée tout intellectuelle. Toute chose jugée belle devra donc présenter ce caractère, qui pourra être pris ainsi par certains esprits, pour signe distinctif, pour définition de la beauté.

Mais, à vrai dire, ces deux définitions, et toutes les autres qu'on peut formuler, ne rendent pas totalement compte de la beauté ; et il ne suffit pas de les connaître pour avoir un moyen sûr de juger si une œuvre est belle ou non. Le jugement esthétique est, au fond, pure affaire de sentiment : il n'y a point de règle fixe pour décider de la beauté des choses, mais chacun en décide à sa fantaisie, suivant que cette chose est conforme ou non à sa façon de voir ou de sentir. Une chose nous paraît belle, faite avec art, quand, nous mettant nous-mêmes à la place de l'artiste (ou, pour les œuvres de la nature, à la place de l'Auteur de la nature, considéré comme un grand artiste), nous estimons que nous-mêmes nous l'eussions voulu faire de cette façon. Une œuvre, en somme, est belle à nos yeux, quand elle est précisément celle que notre activité eût voulu produire. Mais le fait même que les activités humaines sont libres entraîne cette conséquence qu'elles s'exercent d'ordinaire en des sens différents les unes des autres. Aussi ce qui paraît désirable à l'une, ce qu'elle eût voulu produire, répugne-t-il parfois absolument à l'autre, et est-il tout au plus toléré par une troisième. De cette divergence des activités humaines résultent donc nécessairement des divergences dans la façon dont elles apprécient les œuvres. Il y a, en matière esthétique, autant de goûts que d'individus, et cette différence des goûts ne pourrait être supprimée qu'en supprimant l'individualité et l'activité même des êtres humains.

*Du sublime.* — En terminant cette étude du beau, il nous faut dire quelques mots du sublime, que Kant en a distingué avec raison. Le sublime, comme le beau, peut se trouver dans les œuvres de la nature aussi bien que dans les œuvres de l'homme. Mais le beau est ce qui plaît à l'esprit comme étant le produit même de notre acte ou celui d'une activité conçue comme analogue à la nôtre; le sublime, au contraire, est le caractère d'œuvres qui nous paraissent trop grandes pour être notre œuvre propre, ou l'œuvre d'êtres limités comme nous. Ainsi les héros de Corneille sont sublimes, parce qu'ils dépassent la mesure de la commune humanité; ainsi la mer en furie est sublime, parce qu'elle dépasse la mesure des phénomènes usuels de la nature. Aussi le sublime ne nous paraît-il pas beau à proprement parler; il nous frappe d'étonnement, de respect, d'admiration; mais ce serait le rabaisser de dire qu'il « plaît » à l'esprit[1]. Le sentiment du beau, en un mot, dérive d'un accord, d'une harmonie de notre activité avec l'œuvre jugée belle; le sentiment du sublime résulte d'un désaccord de cette œuvre et de notre activité, et de l'impossibilité où nous nous sentons d'être nous-mêmes les auteurs d'un acte aussi grandiose.

---

1. Tout comme c'est rabaisser le beau lui-même de dire qu'il est « joli », le joli étant une sorte de beau atténué, quelque chose d'aimable et d'un peu fade à la fois.

# CHAPITRE XXV

## LES SIGNES ET LE LANGAGE

*A.* **Des signes.** — Parmi les mouvements que nous faisons, il en est qui traduisent d'une façon particulièrement nette l'état de notre esprit, et qui par là même permettent aux autres hommes de deviner l'idée que ces mouvements traduisent. Ces mouvements sont donc appelés à bon droit des *signes* de notre pensée.

Ces signes peuvent être de deux sortes : naturels ou conventionnels. Ils sont *naturels*, quand ils reflètent par eux-mêmes le sentiment éprouvé, de telle façon que chacun en comprend immédiatement le sens : ainsi une impression de terreur provoquera spontanément des jeux de physionomie qui seront le signe visible de cet état intérieur, signe sur lequel personne ne pourra se tromper. Ils sont *conventionnels*, au contraire, quand ils n'ont pas par eux-mêmes une signification aussi claire, et qu'ils n'expriment une certaine idée qu'en vertu d'une entente établie entre les hommes, si bien que ceux-là seuls leur attribuent cette signification, qui ont participé à l'entente : ainsi un mot de notre langue actuelle, le mot « table », par exemple, ne désigne pas par lui-même, par les seules propriétés du son émis, l'objet ainsi dénommé; il ne le désigne qu'en vertu d'une convention par laquelle les

Français s'accordent tous à lui donner ce sens; mais, pour quiconque ne sait pas le français, ce mot n'exprime aucune idée, tandis qu'un certain jeu de physionomie, pour un homme de n'importe quel pays et de n'importe quelle instruction, marquera toujours un sentiment de terreur. La distinction des deux sortes de signes s'impose donc.

On nomme *langage* un ensemble de signes destinés à exprimer l'ensemble des pensées humaines. Ces signes, d'ordinaire, sont des sons ou paroles. Mais ce langage parlé n'est pas la seule espèce de langage qui existe : il y a aussi des langages faits de signes visuels, d'images ou de mots écrits, par exemple; et l'on peut même concevoir un langage fait de signes tactiles, tels qu'est celui des aveugles-sourds-muets, dont on fait l'éducation en apprenant à leur main à distinguer des signes en relief. Les signes composant ces divers langages sont-ils naturels ou conventionnels? Ils sont l'un et l'autre successivement : car, comme nous allons le voir, le langage parlé a débuté par des exclamations naturelles, puis s'est développé au moyen de sons ayant pris une valeur de convention. Et de même le langage visuel a débuté par des images naturelles des choses à exprimer, mais peu à peu on a adopté des signes tout conventionnels. C'est cette double évolution que nous allons examiner avec quelques détails.

*B*. **Origine et évolution du langage parlé.** — Il existe, sur l'origine du langage parlé, deux théories principales, opposées l'une à l'autre. Pour les uns (de Bonald), *le langage aurait été révélé aux hommes par la Providence* : la correspondance qui existe entre le son et l'idée qu'il traduit est, dit-on, trop merveilleusement inventée pour être l'œuvre de l'homme, surtout de l'homme primitif; elle ne peut lui venir que d'un être supérieur. Pour les autres, au contraire, *l'homme aurait formé lui-même son langage* suivant les besoins de sa pensée, en employant progressivement pour l'exprimer des mouvements de plus en plus complexes de ses organes. Dans la première théorie, le langage est parfait dès le début, puisqu'il est l'œuvre de la Providence; dans la seconde, au contraire, il est très imparfait à l'origine, et ne se développe que peu à peu par une lente et pénible évolution.

De ces deux théories, la seconde nous paraît la vraie. Contre la première, en effet, il existe un argument péremptoire. *Les langues varient avec les peuples.* La philologie moderne reconnaît au moins quatre grands groupes de langues : 1º langues aryennes (sanscrit, zend ou mède, vieux perse, grec, latin et langues latines, celte, gothique et langues germaniques, langues slaves); 2º langues sémitiques (hébreu, arabe, ancien assyrien, ancien égyptien); 3º langues touraniennes (turc, hongrois, finnois, langues tatares); 4º langues chinoise et japonaise; sans compter les nombreuses langues, non encore classées, des sauvages africains et australiens, et des peuples hyperboréens. Cette variété considérable des langues prouve, semble-t-il, que l'origine des langues n'est pas divine. Car si la Providence avait directement donné aux hommes le langage, elle leur aurait apparemment donné un langage unique, leur permettant à tous de communiquer aisément les uns avec les autres.

Mais, répond-on, Dieu a effectivement donné aux hommes un langage primitivement unique : on retrouve certaines racines communes aux divers groupes de langues, racines qui faisaient partie de ce commun langage primitif. Seulement les hommes ont ultérieurement modifié cette langue unique, suivant leurs besoins personnels, suivant les conditions dans lesquelles ils se trouvaient, et par là s'explique la diversité actuelle des langues.

Nous n'en voulons pas davantage : cette déclaration des partisans de l'origine divine du langage nous suffit. Car, en reconnaissant que les hommes ont pu suivant leurs besoins modifier eux-mêmes leur langage dans le temps, ils admettent la proposition essentielle de notre système : à savoir, que le langage n'était pas tout parfait dès le début (puisqu'il ne répondait pas à tous les besoins de l'humanité), qu'il n'était pas alors ce qu'il est aujourd'hui, mais qu'il s'est développé au contraire par une évolution naturelle. Et dès lors, si l'on admet que l'homme a pu tirer lui-même d'un langage primitivement imparfait le langage actuel, qui l'est beaucoup moins, n'est-il pas plus rationnel d'admettre qu'il a été lui-même l'auteur de ce premier langage imparfait? Pourquoi prêter à Dieu l'œuvre imparfaite du début, quand on laisse aux hommes le mérite des améliorations futures? — Il n'y a donc pas lieu de faire du langage un don de la Providence à l'homme. Il faut en attribuer l'origine et le développement à la nature humaine elle-même, et au libre jeu de son activité spontanée.

S'il en est ainsi, comment les langues se sont-elles formées? Le voici. Il y a, entre le cerveau et les organes de la voix, une relation toute physiologique (d'ordre nerveux), qui fait que l'appareil vocal se met en mouvement et produit un son sous l'influence d'une vive émotion. Les premiers hommes, sous la menace d'un danger par exemple, ont ainsi poussé des cris, qui chez eux n'avaient pas pour but de faire connaître à autrui leur pensée, car ils étaient l'expression toute spontanée, tout automatique, nullement réfléchie, de leur terreur, mais qui néanmoins avaient ce résultat de faire accourir les autres hommes à l'aide de celui qui était menacé. Remarquant cela, ces sauvages en ont tiré l'idée que ce cri, primitivement spontané, pouvait devenir un moyen calculé de faire connaître à leurs semblables l'état dans lequel ils se trouvaient : ils ont eu l'idée d'en faire un *signe* de ce qu'ils éprouvaient. L'emploi des cris, comme moyen d'avertissement, est donc devenu de plus en plus général. Mais, naturellement, il fallait des cris distincts pour indiquer le genre spécial de situation dans lequel on se trouvait. Les premiers hurlements de terreur ne suffisaient donc plus, il fallait inventer des sons nouveaux. Cela était d'autant plus nécessaire que, avec le développement des relations entre les hommes, étaient nées de nouvelles occasions de désigner les êtres au milieu desquels on vivait : on avait besoin d'avoir des noms, non seulement pour les bêtes de proie qu'on redoutait, mais pour les hommes, pour les animaux apprivoisés, pour les arbres, pour les phénomènes naturels, dont on était entouré. Comment désigner tous ces êtres? Le premier moyen était de continuer à employer, pour les indiquer, les cris monosyllabiques, les interjections primitives que leur présence provoquait. Mais cela ne menait pas bien loin. Un second moyen était fourni par ces choses elles-mêmes : car ces hommes, ces animaux, ou même ces phénomènes naturels, révélaient souvent leur présence par des bruits spéciaux (le chant du coq, le murmure de la mer, par exemple) : aussi pour les désigner employait-on les sons qu'eux-mêmes émettaient. (« *onomatopées* »). Le langage, jusqu'ici, était entièrement naturel : car chacun l'employait et le comprenait sans effort, sans qu'il fût besoin d'aucune convention arbitraire. Mais les richesses de ce langage naturel furent vite épuisées. Comment l'étendre? On y parvint par le moyen de l'*ana-*

*logie*. Un être était primitivement désigné par son propre cri; un être voisin, qui n'avait pas de cri particulier, fut désigné par le même son, légèrement altéré : on lui appliqua, par analogie, le signe du premier. De plus, tous ces mots primitifs désignant des êtres étaient naturellement des substantifs; mais l'esprit, réalisant sans cesse des progrès dans la voie de l'abstraction, éprouva bientôt le besoin d'avoir des adjectifs pour marquer les qualités de ces êtres, des verbes pour marquer leur action, etc.

Il employa donc comme adjectif, pour signifier telle qualité, le substantif désignant l'être qui possédait au plus haut degré cette qualité; et comme verbe, pour marquer une action, le substantif désignant l'être qui accomplissait le plus ordinairement cette action; mais d'habitude en modifiant légèrement la forme du substantif, afin de marquer le changement de sens. Cela permit bien vite un accroissement considérable du matériel du langage. Mais cela le rendit aussi conventionnel, de naturel qu'il était à l'origine. Car, pour faire comprendre aux autres les extensions de sens qu'il donnait aux mots primitifs, et pour les décider à le suivre dans cette voie, tout inventeur d'une modification nouvelle devait nécessairement faire avec eux une sorte de convention (rudimentaire, bien entendu ; sans doute une convention par gestes), et le mot nouveau ne pouvait être compris que par ceux qui étaient initiés à la convention. C'est ainsi que le langage parlé put passer de sa forme primitive à cette forme plus complexe dont la philologie nous fait suivre pour les diverses langues la lente transformation, et qu'il devint en même temps, au lieu d'un ensemble confus de signes naturels qu'il était à l'origine, ce système ordonné et défini de signes conventionnels que nous connaissons aujourd'hui.

**C. Origine et évolution du langage écrit.** — La

formation du langage écrit a été exactement la même que celle du langage parlé. Aussi pourrons-nous ne présenter ici que quelques brèves considérations.

Au début, l'homme, pour désigner à ses semblables les choses que ses cris ne leur faisaient pas suffisamment connaître, en traçait l'image sur la terre ou sur tout autre milieu peu résistant. Chaque signe écrit désignait alors un être réel, dont il reproduisait la forme visible comme l'onomatopée en reproduisait le son. Chacun représentait donc l'intégralité d'une idée ; l'écriture était toute *idéographique*. Un peu plus tard, on prit l'habitude d'associer à l'image écrite, non plus directement l'idée qu'elle représentait, mais le son qui servait à exprimer à l'ouïe cette idée. Ainsi l'image qui, dans les hiéroglyphes égyptiens, représentait le soleil, finit par représenter, non plus le soleil même, mais le son « rhà », par lequel le soleil était désigné ; si bien que, le son « rhà » désignant plusieurs autres choses, la même image graphique fut étendue à la représentation de ces autres objets. L'écriture ainsi, au lieu de représenter des idées, représentait désormais des sons ; d'idéographique, elle était devenue *phonétique*. Par là étaient rendues possibles des extensions analogiques des figures, semblables à celles que nous avons vues pour les sons. Mais une image désignait encore un mot entier : l'écriture était encore *verbale*. Le progrès consista dans une analyse des sons exprimés par l'image : les sons désignés n'étaient pas simples ; ils se composaient de plusieurs sons élémentaires ; un mot comprenait plusieurs syllabes. L'écriture en vint à exprimer par des signes différents les divers éléments formant un même mot : on en arriva à l'écriture *syllabique*, qui est, par exemple, celle du sanscrit. Enfin, un dernier perfectionnement distingua encore, dans les syllabes, deux éléments, les consonnes et les voyelles : l'écriture devint *littérale*. Tels furent les diverses étapes par lesquelles passa le langage parlé : écriture idéographique d'abord, il devint ensuite écriture phonétique, et simplifiant de plus en plus les sons qu'il devait représenter, il devint, d'écriture phonétique verbale, écriture phonétique syllabique, et enfin écriture phonétique littérale.

**D. Rapports du langage et de la pensée.** — Le langage, soit écrit, soit parlé, est éminemment utile à la pensée :

1° En ce qu'il l'exprime aux autres, la traduit au dehors, la rend utile à l'humanité tout entière ;

2° En ce qu'il la rend plus claire pour son auteur même ; car, par la forme analytique qu'il a prise aujourd'hui, le langage décompose la pensée en ses éléments ; par là même, il lui donne plus de netteté et de précision dans l'esprit même de celui qui l'a conçue : rien ne nous fait mieux voir tout le contenu de notre pensée que l'obligation où nous sommes de l'expliquer à autrui.

Mais il est faux de dire que le langage est indispensable à la pensée. Sans doute la pensée serait bien peu précise et bien peu utile sans le langage, nous venons de le montrer ; mais elle n'en existerait pas moins. Car nécessairement la pensée a dû précéder le langage : on ne comprend pas un langage qui ne serait la traduction d'aucune pensée. Puis donc que la pensée a dû précéder le langage, lequel n'est que son expression, on doit dire que, théoriquement, la pensée peut, pour exister, se passer du langage. Le langage n'est pas indispensable à la pensée ; c'est la pensée qui est indispensable au langage[1].

---

1. Ce problème nous conduit à l'examen d'une autre question plus générale : la pensée peut-elle se passer de toute image? En

d'autres termes, quand nous formons une idée, cette idée peut-elle être purement intellectuelle, ou n'est-elle pas toujours accompagnée d'une représentation sensible, soit visuelle, soit auditive : en pensant une chose, faut-il nécessairement que nous en ayons devant nos yeux la figure, ou que nous entendions intérieurement le son du mot qui l'exprime? Nous venons d'établir que le mot n'est pas nécessaire; mais l'image visuelle le serait-elle? Pour résoudre cette question, il faut distinguer les diverses notions que nous pouvons avoir d'une chose :

1° La sensation, tout au moins la sensation de quelque chose d'extérieur à nous, est essentiellement une image sensible de l'objet. L'élément proprement intellectuel y est très faible.

2° La mémoire et l'imagination sont aussi formées essentiellement d'images. La première, en effet, n'est qu'une copie affaiblie de la sensation; et la seconde n'en est qu'une transformation (voir chap. xiv et xv).

3° Pour l'abstraction et la généralisation, la solution varie. Nous avons vu, en effet, qu'on peut abstraire et généraliser, soit un caractère particulier des faits considérés, soit le rapport de plusieurs caractères entre eux (chap. xvi). Si c'est un caractère, ce caractère nous est connu par la sensation : il est une partie dissociée de la sensation totale. Il se présente donc à nous, comme toute sensation ou partie de sensation, sous la forme d'une image. Mais si c'est un rapport, ce rapport n'est plus une image sensible. La sensation, en effet, ne nous donne que des faits spéciaux avec leurs caractères; établir un rapport entre ces caractères ou ces faits est l'œuvre propre de l'esprit : le rapport est une idée purement intellectuelle que rien de sensible ne peut représenter. Par exemple, en lisant une tragédie de Corneille, je remarque qu'une partie de la pièce est sensiblement inférieure, comme valeur poétique, aux autres scènes; j'établis donc, entre les diverses parties de l'œuvre, un rapport d'inégalité; puis je fais des remarques analogues au sujet des diverses autres tragédies du même poète, et j'en conclus que l'inégalité est la caractéristique du talent de Corneille. J'aurai ainsi abstrait, puis généralisé un rapport, le rapport d'inégalité. Voilà assurément une notion tout intellectuelle, et que rien de sensible ne représente : car par quelle figure représenter une semblable idée? et quelle image visuelle peut traduire une conception pourtant si claire?

4° Pour le jugement et le raisonnement, il faut donner la même solution que pour les abstractions et les généralisations de rapports. Car, dans le jugement, ce dont il s'agit, c'est d'établir un rapport entre deux idées; dans le raisonnement, d'établir un rapport entre deux ou plusieurs jugements. Or ces rapports sont eux aussi, quelque chose de tout intellectuel, et aucune image visuelle, aucune figure graphique n'en peut donner la représentation. Un rapport est tiré de faits visibles, soit; mais il n'est pas lui-même un fait visible. Aussi peut-on le formuler sans recourir à une image; et nous ne concevons même que difficilement par quelle image il serait possible de le formuler.

En un mot donc, les *faits* donnés par la sensation et par les facultés qui ne font que reproduire la sensation, se présentent à nous sous la forme d'images; mais les *rapports* dégagés de ces faits par les facultés supérieures de l'esprit n'affectent pas cette forme : ils sont des idées purement intellectuelles, que l'on peut penser sans image.

# CHAPITRE XXVI

## LES ÉTATS ANORMAUX DE L'ESPRIT

Parmi les faits qui dérivent des rapports de l'esprit et du corps, les uns sont *normaux* et tiennent au déploiement régulier de notre activité : ce sont les mouvements sous leurs diverses formes (mouvements utiles; jeu et art; signes et langage, etc...); les autres au contraire sont *anormaux*, en ce sens qu'ils sont un affaiblissement ou une déviation de notre activité. Parmi ces états anormaux, que nous allons étudier, il faut encore distinguer deux classes :

1º Les uns sont périodiques, ils se reproduisent en nous d'une façon à peu près constante; ce sont le *sommeil* et les *rêves*.

2º Les autres, au contraire, se produisent à des époques variables; ils peuvent même ne jamais se produire en nous; ils constituent des déviations ou des affaiblissements de l'activité beaucoup plus graves que les précédents; ils sont donc bien plus anormaux encore que ceux-ci : ce sont les *maladies mentales*.

Examinons successivement ces deux groupes de faits différents.

## I. Sommeil et états analogues.

*A.* **Le sommeil** est un affaiblissement momentané de l'activité mentale. Trois sortes d'influence contribuent à le produire :

α. Influences psychologiques : la lassitude causée dans l'esprit par le travail antérieur.

β. Influences physiologiques : la fatigue générale du corps, et, semble-t-il, une diminution de l'afflux du sang au cerveau.

γ. Influences physiques : l'approche de la nuit et la torpeur que causent les ténèbres.

*B.* **Les rêves** sont une reprise partielle de l'activité cérébrale pendant leur sommeil. Ils semblent dus à un retour de l'afflux normal du sang au cerveau. Les rêves sont un tissu d'idées bizarrement conçues et étrangement agencées. L'imagination les fabrique au moyen des données fournies pendant la veille par les sens, en altérant ces données et en les combinant de toutes les façons.

*C.* **Le somnambulisme** est une autre reprise de l'activité. Différences du rêve et du somnambulisme :

α. L'activité se manifeste, dans le rêve, par des idées ; dans le somnambulisme, par des mouvements.

β. Les idées du rêve sont sans lien entre elles ; les mouvements du somnambule sont au contraire parfaitement coordonnés, et on a vu des somnambules exécuter en dormant les mouvements les plus difficiles et les plus aventureux.

## II. Maladies mentales.

Elles peuvent frapper, soit telle ou telle des facultés de l'esprit, soit la personnalité même qui est le siège et le support de ces facultés. Il en faut donc distinguer quatre sortes :

I. *Maladies de la sensibilité.* — Telles sont l'hypochondrie, ou tristesse exagérée et persistante; l'agoraphobie, ou terreur de l'espace, qui se manifeste par la crainte de traverser les places publiques; la folie de la persécution, ou crainte d'ennemis imaginaires, etc.

II. *Maladies de la volonté.* — Telles sont les différentes formes de la folie impulsive, ou monomanies : monomanies du vol, du crime, etc....

III. *Maladies de l'intelligence.* — Telles sont :

α. les illusions de la sensation ou hallucinations (le sujet croit voir des choses qu'il n'a nullement sous les yeux) ;

β. les diverses défaillances ou altérations de la mémoire;

γ. les déviations de la raison, constituant les différentes formes de la démence.

IV. *Maladies de la personnalité.* — A la suite de graves troubles organiques, le sujet peut perdre la notion de ce qu'il est, de son moi. Il peut se croire :

α. « Mort » : il éprouve alors des sensations, mais sans les rattacher à aucun être qui les perçoive;

β. « Autre » : il croit être empereur, prophète, Dieu, etc.;

γ. « Double » : il reconnaît bien sa propre personnalité, mais il s'en attribue en outre une seconde, qui de temps en temps vient se substituer à la première.

On a même vu des malades présenter successivement ces trois phases. Après une longue période d'inconscience due à la maladie, ils ont peu à peu recouvré des sensations, mais sans encore avoir l'idée de ce qu'ils étaient (moi « mort »). Puis ils ont commencé à se former une idée de ce qu'ils étaient; mais, la chaîne de leurs souvenirs étant rompue, ils ne se sont plus rappelés qui ils étaient avant leur maladie, et se sont crus tel ou tel personnage qu'ils connaissent (moi « autre »). Enfin leur vraie personnalité a reparu : mais elle n'a pas chassé du premier coup cette personnalité d'emprunt; elle a commencé par coexister avec elle, chacune des deux occupant tour à tour la conscience (moi « double »). Ce n'est que peu à peu que la fausse personnalité a disparu, et que le sujet a repris totalement conscience de sa personnalité normale.

A l'étude de ces altérations de la personnalité se rattache celle de l'*hypnotisme*. Il est des sujets qui présentent une double personnalité, c'est-à-dire deux états successifs A et B, tels que dans l'état B ils ne se souviennent absolument plus de ce qu'ils ont fait dans l'état A, et y deviennent totalement étrangers à la personnalité normale qu'ils ont dans cet état A; réciproquement, la personnalité normale A ignore tout ce qui a été fait dans l'état B. Maintenant, les individus atteints de cette affection n'ont d'ordinaire qu'une volonté très faible, et sur laquelle un esprit énergique peut prendre aisément un empire absolu. On peut ainsi arriver, par des ordres énergiquement donnés, à produire en eux l'état anormal B, dit état hypnotique (à cause de ses analogies avec le sommeil somnambulique), et, dans cet état hypnotique, on les oblige, par d'autres ordres, à exécuter tout ce qu'il plaît à l'expérimentateur de leur commander. Au réveil, c'est-à-dire quand le malade a repris l'état normal A, il ne se souvient plus des actes qu'il a accomplis dans l'état hypnotique ni de la personne qui les lui avait ordonnés. L'hypnotisme constitue un moyen très sûr d'expérimenter le mécanisme de l'action irréfléchie, ainsi que les altérations de la conscience, de la volonté, et de la personnalité; mais son emploi est, comme on le voit, des plus dangereux, tant parce qu'il peut servir à faire commettre au sujet endormi les actions les plus regrettables, que parce qu'il contribue à entretenir et à aggraver en lui la maladie de la personnalité dont il est atteint.

# CHAPITRE XXVII

## NOTIONS DE PSYCHOLOGIE COMPARÉE

Dans tout ce que nous avons dit jusqu'ici, nous avons examiné un homme isolé, pris comme type de toute l'humanité, et nous avons passé en revue les diverses formes et les diverses modifications de sa pensée. Mais la psychologie ne peut se contenter de cette étude d'un type abstrait. En effet :

1º Les différents hommes présentent, au moral comme au physique, d'importantes différences; aucun individu humain n'est totalement identique au type abstrait que nous venons de décrire. Une psychologie qui voudra être vraiment « la science de l'esprit humain » devra tenir compte de ces divergences.

2º Mais, en dehors même des esprits humains, il est d'autres esprits, ceux des animaux. A la vérité, Descartes refusait l'esprit aux animaux, qu'il considérait comme des corps sans âme, comme des « machines » ou automates purement matériels. Mais nul aujourd'hui n'admet plus cette théorie. Tout le monde reconnaît, de nos jours, que les animaux sont susceptibles de plaisir et de douleur, c'est-à-dire de sensibilité, d'activité consciente et volontaire, enfin de mémoire et peut-être de jugement, c'est-à-dire d'intelligence. Sans doute, cet esprit est toujours très inférieur à celui de l'homme. Mais enfin c'est un esprit, puisque l'animal a *conscience* de ce qu'il éprouve et de ce qu'il fait. Une psychologie qui voudra être « la science de l'esprit en général » devra donc tenir compte de cette pensée rudimentaire des animaux.

On appelle *psychologie comparée* une psychologie qui embrasse ainsi l'étude des différentes formes de l'esprit chez l'animal et chez l'homme, et qui compare entre elles ces différentes formes. La psychologie comparée se divisera naturellement, d'après ce que nous venons de dire, en deux grandes sections : psychologie humaine, et psychologie animale. Ou plutôt, comme l'animalité, prise en son sens le plus large, comprend aussi l'humanité, et comme, d'autre part, à la psychologie des animaux il y a lieu de joindre l'étude de la psychologie des autres êtres vivants, il est plus exact d'appeler cette seconde section : psychologie générale. Nous allons donner des notions sommaires de ces deux parties de la psychologie comparée.

## I. Psychologie humaine.

Les caractères de l'esprit, nous l'avons déjà montré (chap. xxii), dépendent des caractères du corps, soit innés, soit acquis. Ils varient donc en même temps que ceux-ci. Aussi l'esprit humain varie-t-il avec la race et le sexe (caractères innés et dus à l'hérédité), avec l'âge, l'alimentation et les maladies (caractères acquis par l'être lui-même au cours de son développement).

Plus particulièrement, l'esprit humain varie avec le *tempérament* de chaque individu. Le tempérament est fait à la fois d'éléments innés et d'éléments acquis. On peut classer les tempéraments à trois points de vue :

1° La physiologie et la pathologie générales distinguent

quatre espèces de tempéraments : le tempérament sanguin, le tempérament lymphatique, le tempérament bilieux, le tempérament nerveux. La prédominance dans l'organisme de l'un de ces quatre éléments (sang, lymphe, bile, nervosité) influe grandement sur l'esprit lui-même : les déterminations et les actes d'un lymphatique sont d'ordinaire bien différents des déterminations et des actes d'un nerveux.

2° La physiologie des organes des sens distingue trois tempéraments principaux : le tempérament visuel, le tempérament auditif et le tempérament moteur. Pour les visuels, toute idée se traduit en une image figurée; les auditifs ont dans l'oreille le son du mot correspondant à toute pensée qu'ils forment; les moteurs, inconsciemment, miment ou prononcent tout ce qu'ils pensent. Ces sortes de tempéraments ont, en psychologie, une importance plus considérable encore que les premiers, parce qu'ils touchent encore de plus près à la formation et à l'expression des idées.

3° Enfin, la psychologie elle-même distingue une infinité de tempéraments divers : la sensibilité prédomine chez un individu, chez l'autre c'est l'intelligence, chez un troisième c'est la volonté; parmi les intellectuels, l'un a plus de mémoire, l'autre plus de jugement; parmi les sensibles, l'un est susceptible d'émotions plus profondes, l'autre d'émotions plus variées, etc.... Ces tempéraments psychologiques nous sont révélés par l'expérience de tous les jours. Mais on en trouve l'analyse faite tout particulièrement chez les historiens, qui ont eu à étudier les caractères des hommes ou des peuples, et chez les romanciers, qui composent les caractères de leurs personnages fictifs avec des éléments pris à l'observation de la vie réelle. Aussi les travaux des uns et des autres sont-ils pour le psychologue une abondante source d'informations.

## II. Psychologie générale.

La matière vivante la plus inférieure, le protoplasma, possède déjà en germe trois des facultés que nous trouvons chez les animaux. Il est doué en effet : 1° de sensibilité, en ce sens qu'il ressent des impressions; 2° de mémoire, en ce sens qu'il garde dans sa substance la trace de ces impressions; 3° de mouvement, en ce sens qu'il répond à ces excitations extérieures en se contractant ou en s'allongeant. Nous ne voulons pas dire, assurément, qu'il ait une *conscience* de ces diverses opérations semblable à celle qu'en peuvent avoir les animaux supérieurs; mais tout au moins faut-il reconnaître en lui des facultés rudimentaires qui rappellent, quoique de bien loin, celles de ces êtres perfectionnés.

A plus forte raison ces facultés se trouvent-elles chez des êtres plus élevés que le simple protoplasma, chez les végétaux. Ceux-ci possèdent encore, aux sens fixés plus haut : 1° la sensibilité (ils sont sensibles à la lumière, à l'action de la terre, etc.); 2° la mémoire (exemple : cicatrice laissée dans les plantes par les entailles); 3° le mouvement (mouvements généraux des plantes dus à l'héliotropisme et au géotropisme: mouvements des racines vers les parties du sol renfermant les substances nécessaires à la nutrition de la plante; mouvements d'ouverture et de fermeture des fleurs; mouvements de déhiscence des fruits; mouvements carnivores du *Drosera*, etc.). Mais ces diverses facultés, comme on le voit, ne sont pas encore, à proprement parler, psychologiques. Elles ne sont que l'ébauche physiologique des facultés psychologiques de l'animal.

Dérivés du même ancêtre que les animaux, du protoplasma, les végétaux ne se sont pas élevés aussi haut que ceux-ci. Car, ayant plus vite trouvé dans le sol ce qu'il leur fallait pour vivre, ils se sont fixés à lui; ils lui sont demeurés attachés en vertu d'une *habitude toute physiologique*; et dès lors, ayant atteint les conditions d'existence dont ils se contentaient, ils ont dû cesser de progresser.

Les animaux, au contraire, ont dû être, à l'origine, des organismes qui, ne trouvant pas aisément leur nourriture sur le sol, ont été contraints de changer sans cesse de milieu pour conquérir leur subsistance. Par là se sont développés en eux les organes de locomotion, les organes des sens, et surtout le système nerveux, organe central qui préside à toutes les relations de l'être avec son milieu. Ce système nerveux, une fois formé, est allé en se perfectionnant sans cesse sous l'influence des besoins, et chacun de ses perfectionnements a marqué une étape dans le progrès de l'animalité. Grâce à ses développements, et particulièrement grâce aux développements du cerveau, ont pu apparaître des facultés vraiment conscientes. Au lieu d'être, comme chez le protoplasma et les végétaux, diffus dans la masse totale de l'être, la sensibilité, la mémoire, le mouvement se sont concentrés dans la substance nerveuse, et ont pu prendre, à côté de leurs caractères purement physiologiques, des caractères nettement psychologiques : quand l'organe a été assez perfectionné, la pensée proprement dite est apparue. En même temps que ces facultés primordiales devenaient ainsi conscientes, l'être vivant en acquérait de nouvelles : l'imagination d'abord, puis les germes du jugement et du raisonnement. Mais ceux-ci ne devaient pas se développer en lui, l'évolution organique ayant été arrêtée par un nouvel obstacle. Sitôt que l'animal, en effet, fut parvenu, par l'emploi de ses nouvelles facultés, à satisfaire ses besoins, il s'arrêta, comme la plante, dans ses progrès : il s'attacha à sa condition actuelle, comme la plante s'était attachée jadis à la sienne. La plante, par une habitude toute physiologique, s'était fixée au sol; l'animal, par une *habitude psychologique*, se fixa au genre d'existence atteint : l'instinct acquis arrêta chez lui l'expansion de l'intelligence. L'homme seul sut aller plus loin, et faire, au contraire, de l'instinct, l'auxiliaire de ses progrès; l'homme seul sut atteindre aux facultés supérieures de l'esprit.

L'animal possède donc la conscience, et on trouve chez lui des manifestations évidentes, mais incomplètes, de la vie mentale. Il a des sensations, et ses sensations s'unissent entre elles suivant les mêmes lois d'association que chez l'homme. Il possède aussi les facultés qui dérivent immédiatement de l'association, à savoir la mémoire et l'imagination, mais il ne s'élève guère plus haut. Si la raison est, comme nous l'avons définie, la tendance de l'esprit à l'unité, tendance qui se révèle dans toutes ses pensées et dans toutes leurs combinaisons, on ne pourra dénier totalement la raison aux animaux : il faudra dire qu'ils ont la raison, dans la mesure même où ils ont les facultés ordinaires de l'esprit, qui toutes dérivent de cette tendance dominante. Mais cela même ne va pas bien loin, et les animaux nous apparaissent, en fin de compte, comme étrangement inférieurs à l'homme par le degré de raison qu'ils possèdent, puisqu'ils n'ont pas, ou n'ont qu'à peine, les facultés supérieures par lesquelles la raison s'affirme en l'homme : le jugement et le raisonnement[1].

1. Voir, sur toutes ces questions, dans *la Métaphysique*, la leçon consacrée aux conclusions des sciences naturelles.

# SECONDE PARTIE

# LOGIQUE

# CHAPITRE XXVIII

## OBJET ET DIVISION DE LA LOGIQUE

L'esprit humain cherche la vérité par la science. Cela implique :

1° Qu'il a un moyen de découvrir le vrai ; qu'il a un procédé, une méthode pour l'atteindre ;

2° Que, la vérité une fois trouvée, il a un moyen pour la reconnaître, pour la distinguer de l'erreur ; qu'il a, comme on dit en langue technique, un *criterium* de la vérité.

Il faut donc savoir quels sont les moyens employés pour trouver la vérité, et pour la reconnaître une fois trouvée. Cette étude constitue la *Logique*.

La Logique se divise donc tout naturellement en deux parties :

1° Question des moyens propres à découvrir le vrai : c'est la *Logique pratique* ; et la logique pratique comprend elle-même deux études ; car elle doit connaître :

α. les *procédés généraux* employés par l'esprit dans toutes les sciences : observation, classification, induction, déduction, etc. ;

6. les *méthodes spéciales* qu'emploie chaque ordre de sciences (mathématiques, physiques, naturelles, sociales) en combinant entre eux, en proportions variables, ces divers procédés.

2º Question de savoir si ces procédés et ces méthodes nous permettent d'atteindre à la vérité absolue, et s'il existe un moyen de discerner le vrai du faux. C'est la *Logique critique*.

Avant d'examiner en détail ces diverses questions, nous devons faire remarquer que la division que nous venons de donner n'a rien de commun avec une autre division de la Logique fort usitée, qui consiste à distinguer une *logique formelle* et une *logique appliquée*. Dans la logique formelle, on étudierait les « conditions de forme » auxquelles doivent se plier une idée, un jugement, un raisonnement pour ne renfermer aucun vice intrinsèque, pour satisfaire l'esprit qui les émet. Dans la logique appliquée on étudierait les « conditions de fond » auxquelles ils doivent se plier pour représenter fidèlement la réalité. Il y aurait ainsi comme deux vérités superposées : vérité par rapport à l'esprit, vérité par rapport aux choses, chacune ayant ses conditions et ses règles propres. Nous rejetons absolument cette division comme factice et sans valeur. La seule vérité, en effet, c'est la « vérité par rapport aux choses ». Car il importe peu que l'esprit soit satisfait des propositions qu'il émet, si ces propositions n'expriment pas la vraie nature des choses. Il n'y a donc qu'une seule série de règles à poser pour atteindre la vérité : et ces règles constituent pour nous la *logique pratique*. Seulement, quand, au moyen de ces règles, on a construit la science, il reste à se demander ce que vaut cette science : et c'est l'objet de la *logique critique*. Tels sont donc les deux problèmes que nous allons successivement aborder.

# PREMIÈRE SECTION

## LOGIQUE PRATIQUE

### CHAPITRE XXIX

#### L'OBSERVATION

La première œuvre de la science, c'est de recueillir des faits. Le premier devoir du savant sera donc d'appliquer ses facultés de perception à l'étude des faits naturels, c'est-à-dire d'*observer la nature*. Ainsi, c'est par l'observation que débute nécessairement la science.

Avec quoi le savant observe-t-il ?

1° *Avec ses sens*, tout naturellement, et principalement avec l'ouïe et la vue. Pour le renseigner exactement sur le monde extérieur, ses sens doivent être en parfait état. Mais les sens, si parfaits soient-ils, ne sauraient avoir toute la portée ni toute la précision nécessaires pour distinguer les choses très éloignées et les éléments infinitésimaux des choses accessibles. On a donc dû songer à aider les sens par des *instruments* qui en augmentent la puissance ; tels sont le télescope, qui permet d'apercevoir des corps célestes placés bien au delà de la limite de la vision ordinaire ; le microscope, qui nous fait pénétrer dans les détails les plus minutieux de l'organisation des corps bruts et des êtres vivants. On est même arrivé à substituer totalement les instruments à nos sens ; ainsi, au lieu d'apprécier les températures à la main, on les apprécie au thermomètre ; au lieu de juger d'un objet par l'impression qu'il fait sur l'œil, on le juge par l'impression plus exacte et moins fugitive qu'il fait sur la plaque photographique ; au lieu de mesurer la contraction des muscles, les mouvements du cœur, la croissance des plantes, avec l'œil ou le toucher, on les oblige à inscrire eux-mêmes, automatiquement, la courbe de leurs variations sur le cylindre d'un appareil enregistreur, seul moyen scientifique d'en avoir une mesure précise.

2° Mais ni les sens ni les instruments ne suffisent pour observer ; c'est essentiellement *avec son esprit* que le savant observe. C'est l'esprit en effet qui d'abord dirige la recherche, qui pousse le savant à chercher dans telle direction, à s'attacher à l'observation de certains ordres de faits, en négligeant à dessein certains autres. C'est encore l'esprit qui, ensuite, l'observation une fois faite avec les sens, l'interprète, lui donne son sens, la classe parmi les observations analogues et la fait concourir avec celles-ci à la formation de la science. L'esprit, en un mot, intervient sans cesse dans l'observation : avant les sens, pour leur imprimer l'impulsion ; en même temps qu'eux, pour accueillir leurs renseignements ; après eux, pour mettre en œuvre leurs données. Quelles sont donc les *qualités d'esprit* qu'on doit requérir d'un observateur ? Son esprit doit être imbu de la véritable *curiosité scientifique*, c'est-à-dire qu'il doit aimer la science et la recherche qu'il fait ; il doit être *désintéressé*, c'est-à-dire qu'il doit aimer la science pour elle-même et non pour le profit, ni même pour la gloire qu'il en peut retirer ; il doit encore être *patient*, c'est-à-dire ne pas reculer devant les longs travaux, et accepter toutes les peines et toutes les déceptions pour atteindre la vérité ; il doit enfin être *impartial*, c'est-à-dire n'avoir pas de parti pris sur les questions qu'il étudie, faire son enquête de bonne foi, sans chercher à plier les faits à un système arrêté d'avance, et avec la ferme volonté d'accepter au contraire les résultats de l'observation, fussent-ils en contradiction avec les idées qui jusque-là lui étaient chères. De telles qualités sont rares sans doute, mais leur rencontre seule fait le véritable savant. Mais, de même que le savant, eût-il une vue excellente, doit l'aider par des instruments, de même il ne peut lui suffire d'avoir un esprit doué des meilleures qualités d'observation, il faut encore à cet esprit certains instruments de recherche appropriés à sa nature. Ces instruments de l'esprit, ce sont les *connaissances acquises*. L'observateur, en effet, a besoin de savoir à l'avance quel est l'état de la science sur le sujet qu'il va aborder. Autrement, il risquerait d'entreprendre des recherches inutiles, s'il étudiait une question déjà élucidée ; peut-être même d'arriver à de faux résultats, s'il négligeait des données déjà obtenues par ailleurs. Son observation, pour être fructueusement entreprise, doit être dirigée sur le point précis où la science s'arrête, où un supplément d'enquête est nécessaire ; et elle a besoin, pour être fructueusement interprétée, d'être éclairée à l'aide de tous les renseignements que la science possède déjà sur la même question ou sur des questions voisines. La science acquise, c'est-à-dire la connaissance de ce que les autres ont trouvé avant lui, est donc, pour l'esprit du savant, le véritable instrument de la recherche.

Supposons maintenant le savant en possession de tous ces moyens, sensibles ou intellectuels, personnels ou accessoires (instruments). Comment devra-t-il faire son observation? Il devra viser, dans son observation, à être surtout :

1° *Exact et précis*, c'est-à-dire à ne rien omettre des faits qui se seront produits sous ses yeux, et à n'y rien ajouter;

2° *Méthodique*, c'est-à-dire à ne pas observer au hasard, mais au contraire à conduire par ordre ses observations, de façon à en tirer un ensemble de conclusions répondant point par point aux questions qu'il s'agissait de résoudre.

Enfin, à quels faits le savant doit-il surtout s'attacher? quels sont ceux qu'il doit observer de préférence? François Bacon, qui a le premier tracé les règles de la méthode d'observation dans son *Novum Organum*, dresse une liste des catégories de faits qui doivent surtout préoccuper le savant. Les principales catégories qu'il distingue sont celles des :

1° *Faits ostensifs ou clandestins*, c'est-à-dire qui montrent clairement ou cachent entièrement la propriété à étudier : par exemple, si on veut étudier le son, on étudiera les cas où sa propagation est le plus activée, et ceux où elle est absolument empêchée par la nature du milieu ambiant.

2° *Faits de transition*, c'est-à-dire qui montrent cette propriété en voie de se transformer en une autre : par exemple, pour étudier le mouvement, on tiendra grand compte des cas où on le voit se transformer en chaleur.

3° *Faits anormaux*, où la propriété à étudier se présente sous un jour tout à fait extraordinaire : l'étude de ces faits anormaux constitue toute une branche des sciences naturelles, la tératologie.

4° *Faits cruciaux*, ou décisifs, qui permettent de choisir entre deux théories rivales : ainsi l'existence des organes rudimentaires chez certains animaux permet d'écarter la théorie de la fixité des espèces vivantes, et de décider en faveur de la théorie qui admet leur variabilité et leur évolution, parce que ces organes rudimentaires ne peuvent être que des organes primitivement bien conformés et pleinement utiles à l'animal, qui se sont atrophiés postérieurement.

# CHAPITRE XXX

### L'EXPÉRIMENTATION

**A. Insuffisance de l'observation; nécessité de l'expérimentation.** — Nous venons de voir comment le savant s'y prend pour observer la nature. Mais l'observation, à elle seule, ne suffirait pas pour nous donner la science complète. Les données qu'elle nous fournit, en effet, sont :

1° *Peu nombreuses*; car la nature ne nous fournit pas des phénomènes à point nommé pour le besoin de nos recherches : il est tel fait, comme l'apparition d'une comète, qui peut se faire attendre un siècle ;

2° *Peu neuves*; car les phénomènes naturels sont toujours les mêmes, ils se répètent les uns les autres avec une monotone régularité ;

3° *Peu claires*, car ces phénomènes sont complexes, et produits par une série de causes enchevêtrées que la simple observation ne peut démêler ;

4° *Peu probantes*, par là même ; car comment tirer une conclusion vraiment scientifique d'un fait qui est en lui-même peu clair ?

L'observation est donc insuffisante pour créer la science. Comment y remédier? La science en a trouvé le moyen en *créant artificiellement* les phénomènes que l'observation naturelle ne lui donnerait pas. C'est ce qu'elle nomme « faire des expériences ». Une expérience, en effet, en physique ou en chimie par exemple, consiste à produire, dans le laboratoire, des faits que la nature elle-même ne met pas d'habitude sous nos yeux : une étincelle électrique, par exemple, ou une combinaison de corps simples. Les phénomènes ainsi produits sont *artificiels*, en ce sens qu'il a fallu l'art de l'homme pour combiner les causes qui les produisent, par exemple pour construire la machine électrique qui donnera l'étincelle ou pour mettre en présence les corps simples qui se combineront. Mais, en un autre sens, ils sont *naturels*, parce que tout l'art de l'homme a dû se borner à faire agir des forces naturelles : quand il a mis en présence les deux corps simples, l'homme a fini sa tâche et il ne saurait rien faire de plus; c'est une force naturelle, la force de l'affinité, qui entraine ces deux corps l'un vers l'autre, et qui seule peut produire leur combinaison. En sorte que tout l'artifice de l'homme, dans les expériences qu'il fait, consiste à mettre en jeu des agents naturels. Et c'est pour cela que les phénomènes produits artificiellement dans ces expériences peuvent servir à nous renseigner sur la nature ; car ils sont le produit des forces naturelles, non moins que du travail humain ; ils sont l'expression de ce que créent ces forces naturelles quand elles sont mises dans certaines conditions définies. Aussi les expériences faites par l'homme sont-elles pour le savant une nouvelle source de renseignements sur la nature ; leur ensemble constitue ce qu'on nomme *l'expérimentation*.

B. **Procédés de l'expérimentation.** — Comment se font les expériences? Elles se font toujours en prenant comme base des observations préalables. Les phénomènes artificiels, en effet, ne sont et ne peuvent être que des phénomènes naturels reproduits avec plus ou moins d'altération par le travail de l'homme. Les principaux moyens par lesquels l'homme modifie ainsi la nature ont été excellemment indiqués par Bacon dans le *Novum Organum*.

1° Le plus naturel et le plus simple est l'*extension* de l'observation. Il consiste à reproduire artificiellement un phénomène naturel en essayant de le pousser plus loin que la nature ne le faisait. Dans la nature, par exemple, on voit les corps se dilater faiblement sous l'influence de la chaleur. L'expérience consistera à obtenir une dilatation plus forte, en les chauffant artificiellement. — Vient ensuite :

2° La *variation* de l'observation. On a observé qu'un phénomène se produit avec une *matière* donnée, par exemple que le son se propage dans les milieux solides; on cherche s'il se produira encore avec une autre matière, si le son, par exemple, se propagera encore dans les milieux liquides. — Le phénomène se produit, dit l'observation, avec une *cause* donnée; l'expérimentateur se demande s'il se produira encore avec une autre cause. L'étincelle se produisant, dans la nature, par la rencontre de deux nuages électrisés, on cherchera, dans l'expérience, à la produire par la rencontre de l'électricité du corps humain avec l'électricité d'une machine. — Le phénomène se produit, d'après l'observation, dans tel *lieu*, dans tel *temps* donné, pendant telle *durée*, avec telle *intensité*. L'expérience cherchera si l'on ne pourrait pas le produire en d'autres lieux, à d'autres moments, pendant une durée moindre ou plus grande, avec une intensité différente; si l'on ne peut pas ainsi en changer peu à peu tout l'aspect et toutes les conséquences par des modifications successives.

## L'EXPÉRIMENTATION.

3° Le *renversement* de l'observation. On entend aujourd'hui par là (ce n'était pas tout à fait l'idée de Bacon) la *contre-épreuve*. Par exemple, la nature nous montrant que deux corps se combinent pour en former *par synthèse* un troisième, l'expérience consistera à résoudre *par analyse* ce troisième corps en ses deux éléments primitifs.

4° L'*application* de l'observation. La nature mit la première sous les yeux de l'homme des exemples d'évaporation. C'est en s'inspirant de ce modèle que l'homme a pu reproduire artificiellement des phénomènes d'évaporation, en les appliquant à divers usages utiles (alcarazas, etc...).

5° La *translation* de l'observation. Elle consiste à chercher si ce qu'on a trouvé vrai dans le domaine d'une science ou d'un art ne serait pas vrai également dans le domaine d'une autre science ou d'un autre art.

6° Reste enfin, comme ressource ultime du savant, ce que Bacon nomme les *hasards* de l'expérience, et ce qu'un grand physiologiste moderne, Claude Bernard, dans son « *Introduction à la médecine expérimentale* », a nommé les *expériences pour voir*. Quand tous les procédés réguliers d'expérimentation n'ont pas donné de résultats satisfaisants, le savant peut encore continuer à faire des expériences un peu au hasard, sans but bien précis, pour voir ce qu'il adviendra des combinaisons aventureuses qu'il essaye. Plus d'une belle découverte a été due à de semblables hasards.

C. **Résultats de l'expérimentation.** — Tels étant les procédés de l'expérimentation, on voit aisément les résultats qu'elle fournit, et les avantages qu'on en peut tirer :

1° Les faits qu'elle donne sont *plus nombreux* que ceux que fournit la simple observation, car on peut les répéter à volonté, puisqu'on sait les produire artificiellement, et on les répétera tant qu'on croira avoir quelque chose à en apprendre.

2° Ils sont aussi *plus neufs*. Par l'expérimentation, on a pu produire des faits dont la simple observation ne donnerait pas d'exemple, comme la chute des corps dans le vide, la liquéfaction de l'oxygène et de l'hydrogène, etc.

3° Ils sont *plus clairs*. La simple observation nous dit seulement que les corps pesants tombent vers la terre; l'expérimentation peut en outre nous dire suivant quelle loi ils tombent : il suffit pour cela d'employer la machine d'Atwood. De même l'observation nous dit que l'air atmosphérique est respirable; mais seule l'expérimentation, en décomposant cet air en ses éléments (oxygène, azote, etc.) et en faisant agir ces différents gaz *successivement* sur l'organisme humain, a pu nous dire d'une façon précise lequel est seul respirable et propre à entretenir la vie.

4° Étant plus clairs, ils sont plus *probants* : on peut avec plus de sécurité se fonder sur eux pour en déduire des conséquences, pour en tirer des lois.

# CHAPITRE XXXI

## L'INDUCTION

L'opération par laquelle on passe des faits, donnés par l'observation et l'expérimentation, aux lois qui les régissent, s'appelle *induction*.

Une loi, nous l'avons déjà dit, c'est le rapport constant, universel, qui existe entre une cause et son effet. Donc, un fait étant donné, il faut, pour établir la loi qui le régit :

1° Trouver sa cause ;

2° Établir entre cette cause et lui un rapport universel. Telles sont les deux séries d'opérations impliquées dans toute induction, et que nous allons maintenant examiner.

### I. Recherche de la cause.

Quelle méthode employer pour trouver la cause d'un fait donné?

A. **Méthode du vulgaire.** — Le vulgaire a, pour trouver les causes, une méthode bien simple : pour lui, la cause d'un fait, c'est le fait qui le précède ordinairement. Le feu est la cause de la brûlure, parce que chaque fois qu'on s'est brûlé, c'est qu'on avait approché sa main du feu. — Mais cette méthode mène à bien des erreurs. L'éclair précède ordinairement, précède même toujours le tonnerre; dira-t-on pourtant qu'il en est la cause? non sans doute; et cependant il faudrait le dire si l'on adoptait la règle du vulgaire. Sa méthode est défectueuse en somme¹ et ne peut être adoptée.

*B.* **Méthodes scientifiques.** — Les savants procèdent autrement. Voici comment ils raisonnent. Si un fait était absolument isolé dans la nature et qu'aussitôt après lui un autre fait se produisît, on pourrait être certain que le premier est cause du second, puisque aucun autre phénomène ne s'étant produit, aucun autre n'aurait pu produire le second fait. Mais en réalité il n'en est jamais totalement ainsi : jamais un fait ne se produit d'une façon absolument isolée, sans qu'aucun autre ne se produise en même temps; de telle sorte que quand on voit un premier fait être suivi d'un second, on peut toujours se demander s'il en est bien la cause, ou si cette cause ne serait pas plutôt quelqu'un des faits concomitants au premier. Seulement, ce qu'il faut faire évidemment, c'est tâcher de se rapprocher artificiellement, autant qu'il sera possible, de cet état idéal où, le fait antécédent étant seul, on peut avec certitude le considérer comme la cause du fait suivant. Mais comment peut-on y arriver? le voici. La nature nous donne bien le fait antécédent enchevêtré dans une série d'autres faits; mais si nous savons, *par la pensée,*

---

1. En voici exactement les raisons : 1° La coïncidence observée entre les deux faits s'est trouvée constante jusqu'ici; mais rien ne nous dit que, en multipliant les observations, elle resterait constante; donc on ne peut affirmer que le premier fait est *toujours* l'antécédent du second, et par suite qu'il en est la cause. — 2° En supposant même cette coïncidence absolument constante, cela ne prouverait rien encore, car il se peut que le premier fait ne soit pas la cause du second, mais que tous deux aient une cause commune et cachée (ainsi l'éclair et le tonnerre ont pour cause commune la rencontre de deux nuages chargés d'électricités contraires).

c'est-à-dire par la force de notre raisonnement, éliminer tous ceux de ces faits qui n'ont pas pu être la cause de l'effet étudié, nous arriverons nécessairement, par ces exclusions (*per rejectiones debitas*, disait Bacon), à trouver la cause véritable. Or, c'est précisément ce que va faire la science. Cherchant à démêler la cause d'un effet parmi la multitude des faits qui l'ont précédé, elle procédera par voie d'exclusion, en rejetant les antécédents qui ne sont pas causes. Quatre méthodes ont été indiquées pour arriver à ce but (c'est Stuart Mill, philosophe anglais contemporain, qui en a, dans sa *Logique*, donné la formule définitive; mais Bacon avait déjà très nettement aperçu les trois premières). Ce sont :

1° *La méthode d'accord.* Soit à chercher la cause d'un phénomène que nous appellerons $a$. Une première fois, ce phénomène s'est présenté accompagné des phénomènes $b$ et $c$. Et alors cette série de phénomènes était précédée d'une série d'autres phénomènes $A$, $B$, $C$. (Les faits $A$, $B$, $C$, sont dits *faits antécédents*; les faits $a$, $b$, $c$, sont dits *faits conséquents*). Une autre fois, le fait $a$ fut suivi des faits $d$ et $e$ ; et ces faits avaient eu comme antécédents les faits $A$, $D$, $E$. La cause de $a$ ne peut être que dans l'un des faits qui l'ont précédé, $A$, $B$, $C$, $D$, $E$. Mais on voit immédiatement que ce ne peut être ni $B$, ni $C$, puisque la seconde fois $a$ s'est produit, alors que ni $B$ ni $C$ ne figuraient parmi les faits antécédents; et ce ne peut, pour une raison analogue, être ni $D$, ni $E$, puisque, la première fois, ils n'étaient point au nombre des antécédents de $a$. La cause cherchée ne peut donc être que $A$, sur lequel *s'accordent* les deux cas. — Exemple concret. Soit à chercher la cause du son. Recueillons les cas où nous avons entendu des sons se produire. Voici deux sons fort différents : l'un provient de la mise en mouvement d'une cloche, l'autre d'un roulement de tambour. Comparons ces deux cas entre eux. En comparant les deux séries d'effets, nous trouvons quelque chose de commun, la production d'un son, et quelque chose qui varie, la nature de ce son. Pareillement, en comparant les deux séries de causes, nous trouvons quelque chose de commun, la vibration d'un corps sonore, et quelque chose qui varie, la nature de ce corps. Nous en concluons que l'effet qui reste constant, la production du son, provient de la cause qui reste constante, la vibration d'un corps. Et ainsi nous avons scientifiquement établi quelle est la cause du fait étudié.

2° *La méthode de différence.* Soit toujours à chercher la cause d'un fait $a$. Dans un cas, on a vu se produire une série de phénomènes $a, b, c$, à la suite d'une série de faits antécédents $A, B, C$. Dans un autre cas, $B$ et $C$ s'étant seuls produits, on n'a vu paraître à la suite que $b$ et $c$. On en conclut que la cause de $a$ est $A$. Pourquoi? Parce qu'elle ne peut être ni $B$, ni $C$ : en effet, dans le second cas, $B$ et $C$ se sont produits sans entraîner $a$ à leur suite : or, s'ils en avaient été la vraie cause, ils l'auraient produit cette fois encore. — Exemple. Un homme avale une liqueur qu'on soupçonne d'être empoisonnée, et il meurt aussitôt après. On en conclut que sa mort a pour cause l'ingestion de cette substance, car il était plein de vie un instant auparavant, et pourtant toutes les causes qui agissaient sur son état de santé étaient les mêmes à celle-là près : c'est l'ingestion du liquide qui seule a mis une *différence* entre les deux séries de causes, et cette différence a suffi pour produire cet effet si grave, la mort.

3° *La méthode des variations concomitantes.* Soit toujours à chercher la cause d'un effet $a$. Dans un premier cas, on a une série d'effets $a\ b\ c$, suivant une série de causes $A$

*B C*. Dans un second cas, les effets *b* et *c* restant les mêmes, ainsi que les causes *B* et *C*, le fait *a* varie, en intensité par exemple, et devient *a'* ; et on constate de même que, dans la série des faits antécédents, *A* a été remplacé par *A'*. On a donc maintenant *A' B C*, suivi de *a' b c*. On en conclut que *a* est effet de *A*, car il ne peut être effet de *B* ni de *C*, puisque ceux-ci sont restés constants quand *a* lui-même variait ; or, on ne comprendrait pas que des variations de l'effet n'eussent pas leurs raisons d'être dans des variations de la cause. Donc, *a* ne peut avoir pour cause que le seul des faits antécédents *dont la variation a été concomitante à la sienne*, c'est-à-dire *A*. — Exemple. En faisant l'ascension d'une montagne, on voit la hauteur de la colonne barométrique varier. C'est donc que la cause qui fait monter ou baisser le mercure est la pression de l'atmosphère. Car, de tous les faits qui pourraient agir sur la hauteur de la colonne mercurielle, la pression atmosphérique est la seule qui change en effet — dans l'expérience indiquée — en même temps que varie le niveau du mercure.

4° *La méthode des résidus.* C'est, de toutes les méthodes, la plus simple : car on n'a plus même besoin d'y envisager deux séries de cas successifs. Le raisonnement est simplement le suivant. Soit une série d'antécédents *A B C*, et une série de conséquents *a b c* ; la série *abc* est effet de la série *ABC* ; si l'on a pu démontrer, par un moyen quelconque, que *b* et *c* sont respectivement les effets de *B* et de *C*, on en pourra conclure que *a* est effet de *A*. Car, si l'on cherche la cause de *a* dans la série *ABC*, et qu'on en retranche *BC* (causes respectives de *b* et de *c*), le *résidu* est *A*, qui se trouve ainsi être forcément cause de *a*. Exemple. Les mouvements de la planète Uranus s'expliquant dans leur ensemble par des causes connues, les irrégularités de ce mouvement étaient un effet résiduel qui devait tenir à une certaine cause jusque-là inaperçue, par exemple à l'action d'une planète inconnue : c'est un raisonnement de cette sorte qui conduisit à la découverte de la planète Neptune.

En un mot donc, pour trouver la cause d'un fait donné, le savant cherche à éliminer tous les antécédents de ce fait qui n'en peuvent être la vraie cause; il se trouve ainsi en présence du seul antécédent qui ait vraiment produit le fait indiqué, et il l'en proclame la cause.

## II. Établissement d'un rapport universel entre la cause et l'effet.

La cause étant ainsi trouvée, il reste une opération à faire. Nous venons d'établir un lien entre elle et son effet, de constater entre ces deux faits l'existence d'un *rapport de causalité*. Mais cela ne saurait nous suffire, car ce qu'il nous faut, c'est une loi générale; ce que nous voulons, c'est savoir comment le fait donné est produit dans tous les cas possibles. Or jusqu'ici nous savons seulement comment et par quelle cause il a été produit dans un cas particulier. Nous connaissons un rapport particulier de causalité; comment passer de là à une loi universelle?

Cette difficulté n'en est pas une pour le savant. Sans hésiter, le savant proclame que cette cause, qu'il a trouvée dans un cas particulier, sera la cause du fait donné dans tous les cas possibles; que le rapport, une fois établi entre eux, peut être généralisé en une loi universelle. Cette généralisation, il la fait au nom de ce grand principe : « Les mêmes causes produisent toujours les mêmes effets ». En appliquant ce principe au cas considéré, il en conclut immédiatement que la cause *A* sera toujours la cause du fait *a*, comme il a établi qu'elle l'était dans l'expérience qu'il a faite.

Mais d'où vient ce principe lui-même — dit *principe de causalité*, — et quelle est sa valeur? Nous avons déjà longuement étudié ces questions en psychologie (chap. xix). Aussi pouvons-nous n'en donner ici que le résumé. Trois théories ont été émises au sujet de l'origine de ce principe et des autres principes rationnels :

1º Pour les uns (Stuart Mill), ce principe ne serait que le résumé de l'expérience sensible. Mais il n'en peut être ainsi, car la simple expérience des sens témoignerait plutôt contre lui. (Voir le chapitre précité.)

2º Pour d'autres (Kant), ce principe se trouverait dans l'esprit avant toute expérience, et l'esprit l'introduirait dans toutes ses conceptions. Mais, avec cette théorie, on n'est plus sûr que le principe s'applique réellement à la nature, puisque l'esprit le lui impose arbitrairement.

3º Il faut donc dire, avec Leibnitz, et en combinant les parties de vérité contenues dans les deux précédents systèmes, que ce principe est dégagé de l'expérience sensible par l'activité de l'intelligence. On lui donne par là la double valeur d'une loi qui régit la nature et d'une loi qui régit l'esprit humain. On comprend, dès lors, qu'on puisse véritablement s'appuyer sur ce principe comme sur une base inébranlable, et conclure, puisque les mêmes causes produisent toujours les mêmes effets, que la cause d'un fait, une fois découverte, en doit rester cause à jamais, et que le rapport de causalité, une fois établi, peut être érigé en loi vraiment universelle.

# CHAPITRE XXXII

## LA CLASSIFICATION

*A.* **Nature de la classification ; opérations qu'elle implique.** — L'observation des faits est la base de toute science. Mais, une fois les faits trouvés, ou bien on peut en découvrir immédiatement les causes, et en établir les lois par induction ; ou bien au contraire cette découverte n'est pas immédiatement possible. Dans ce cas, on en est réduit à multiplier les observations et les expériences, pour réunir et comparer les résultats qu'elles donneront, et voir si de ces rapprochements ne jaillira pas quelque idée générale : on en est réduit, en un mot, à *classer* les résultats de l'expérience.

Cette opération, qu'on nomme *classification*, est donc faite dans un but *spéculatif*, dans le but de connaître la réalité ; et elle est faite avec une méthode *naturelle*, en ce sens qu'elle se sert, pour rapprocher et comparer les différents faits qu'elle embrasse, des affinités naturelles qu'ils présentent entre eux[1]. Comment fait-elle donc ?

[1]. Par là la classification scientifique diffère de certaines classifications employées dans la vie journalière (par exemple, la classification des livres dans une bibliothèque), lesquelles n'ont qu'un but *pratique* (nous permettre de trouver aisément, par exemple, le livre que nous cherchons), et emploient une méthode tout *artificielle* (par exemple, grouper les livres d'après leur format).

Supposons qu'on ait recueilli, par exemple, les descriptions de nombreuses formes animales; il s'agit de les classer. Pour cela, le savant cherchera, évidemment, quels sont les traits communs qu'elles présentent, et quelles sont les différences qui les séparent; il mettra dans un même groupe les formes qui présentent plus d'affinités que de différences; quant à celles qui ont avec les premières plus de différences que d'affinités, mais qui présentent entre elles un nombre de ressemblances suffisant, il les rejettera du premier groupe, et il en formera un groupe distinct; s'il s'en trouve enfin qui ne présentent d'affinités avec aucune autre, il sera forcé de faire pour chacune d'elles une classe à part. Mais le savant se bornera-t-il à *compter* les caractères communs et les caractères différents? Non, il cherchera surtout à les *peser*, à voir leur importance réciproque. S'il trouve que deux faits présentent un grand nombre de différences, mais toutes portant seulement sur des détails, et d'autre part un seul point de ressemblance, mais essentiel, il n'hésitera pas, malgré les apparences, à ranger ces deux faits dans un même groupe. Pourquoi? Parce que sa raison lui dit que, s'il y a vraiment un point de ressemblance essentiel entre eux, cette affinité, unique en apparence, doit en entraîner à sa suite (puisqu'elle est essentielle) un certain nombre d'autres qui actuellement sont cachées, mais qui apparaîtront à un examen plus attentif. Et de la sorte il est assuré que, malgré l'apparence contraire, il y aura en réalité, entre ces deux faits, plus de ressemblances que de différences. Le savant qui fait une classification doit donc s'attacher surtout, non au nombre apparent des caractères de similitude ou de dissemblance que présentent les objets à classer, mais à leur importance véritable. Il doit chercher à mettre en lumière les caractères essentiels, ceux qui nécessairement en entraînent d'autres à leur suite, ou, comme on dit en langage technique, les *caractères dominateurs*, qui déterminent l'existence de multiples *caractères subordonnés*.

Prenons un exemple concret. Le zoologiste qui a à classer un certain nombre d'animaux ne va pas s'amuser à relever tous les caractères de détail qui les séparent, la taille, la couleur, etc. Il va droit à un caractère essentiel : il se demande, par exemple, si les animaux à comparer ont ou non des vertèbres; s'ils en ont tous, il les range immédiatement dans l'embranchement des vertébrés, sûr d'avance que ce caractère dominateur entraînera forcément à sa suite un grand nombre de caractères subordonnés, qui rapprocheront les animaux comparés, en dépit de différences superficielles observées primitivement.

*B*. **Fondement de la classification.** — Mais comment le savant peut-il être sûr de cela? Comment peut-il savoir que les caractères qu'il déclare essentiels ou dominateurs, entraînent réellement à leur suite une série de caractères subordonnés? — Il le peut, parce que l'expérience a montré qu'il existe entre ces deux sortes de caractères un rapport constant, invariable et universel, *une loi de coexistence*. — Nous avons vu précédemment ce que sont un rapport de causalité, une loi de causalité. Voici une seconde sorte de rapports et de lois de nature différente. Le rapport de causalité pouvait se définir : « le rapport qui unit invariablement une cause $A$ à son effet $a$ »; le rapport de coexistence, lui, peut-être défini « le rapport qui unit invariablement un caractère dominateur $A$ à un caractère subordonné $a$ ». Dans ces deux définitions il y a une idée commune : l'idée que la cause ou que le caractère dominateur entraîne invariablement, c'est-à-dire nécessairement et par une vertu qui lui est propre, l'effet ou le caractère subordonné. Mais il y a aussi, entre ces deux définitions, une différence : dans le rapport de causalité, la cause entraîne l'effet *à sa suite*; mais, dans le rapport de coexistence, le caractère dominateur entraîne le caractère subordonné *en même temps que lui*; le second n'est pas produit après le premier, il coexiste de tout temps avec lui. Mais alors, si le caractère subordonné n'est pas produit *après* le caractère dominateur, mais en même temps, on ne peut pas dire qu'il est produit *par* ce caractère dominateur : car si le caractère dominateur était, à proprement parler, la cause du caractère subordonné, il précéderait nécessairement celui-ci. Il faut donc dire que ces deux caractères, dominateur et subordonné, sont liés sans doute, mais sans que le premier soit cause du second; ils sont liés, mais parce que tous deux ont une même cause, distincte d'eux et supérieure à eux. Quelle est cette cause commune? c'est ce que nous allons examiner.

La nature de cette cause a soulevé, au début de notre siècle, une savante polémique qui est loin d'être terminée.

1° Pour les uns (et c'était l'avis de Cuvier), cette cause n'était autre que les *conditions d'existence* imposées à l'individu. Un être animé doit vivre; pour vivre, il doit manger, se mouvoir, etc...; mais toutes ses fonctions sont gouvernées par une fonction centrale, la fonction nerveuse : car tout l'organisme est sous la dépendance du système nerveux. Donc, en vertu même des nécessités d'existence, toute modification dans le système nerveux entraînera une modification corrélative dans les autres organes ; les caractères tirés du système nerveux pourront donc être considérés comme essentiels, comme dominateurs par rapport aux autres caractères, puisque ceux-ci dépendront des premiers et varieront nécessairement avec eux. — Dans cette conception, on le voit, la cause qui rattache les unes aux autres les diverses parties de l'être, ses divers organes, ses différents caractères, n'est autre que la hiérarchie des fonctions que ces diverses parties ont à accomplir pour entretenir la vie de l'être.

2° A cette explication physiologique par l'idée de fonction, d'autres naturalistes éminents, parmi lesquels Geoffroy Saint-Hilaire, opposèrent une explication purement anatomique, fondée sur l'idée du *plan organique*. Pour eux, tous les organes d'un animal sont liés ensemble par ce fait qu'ils font partie d'un même plan de structure; leurs connexions anatomiques, c'est-à-dire la façon dont ils s'ajustent les uns aux autres, sont constantes pour une même espèce; cette disposition respective des organes se transmet invariable des ancêtres aux descendants, et c'est elle qui fait l'unité et la persistance de la race. — Dans cette doctrine donc, la cause qui rattache les uns aux autres les divers organes, les divers caractères de l'animal, c'est l'existence d'une sorte de « type de la race » sur lequel sont construits tous les individus qui font partie de cette race.

A quoi aboutissent, en somme, ces deux idées? La première, à faire dépendre les caractères d'un individu des conditions propres de son existence; la seconde, à les faire dépendre du plan, du type organique, toujours réalisé jusque-là chez ses ancêtres. Le principe, la cause qui rattache entre eux les caractères dominateurs d'un être et ses caractères subordonnés devrait donc être cherchée, pour les uns, dans le genre de vie de cet être lui-même; pour les autres, dans l'organisme de ses ancêtres. — Mais ces deux idées sont-elles vraiment opposées l'une à l'autre? Non : la théorie de l'évolution nous a appris à les concilier. Il est très vrai que l'animal hérite de ses parents un organisme tout formé, où les diverses parties ont un agencement déterminé à l'avance; mais il est très vrai aussi que, sous l'empire des nécessités de l'existence, son organisme peut se modifier pour s'adapter à un genre de vie nouveau. La cause qui relie entre eux les divers membres, les divers caractères, est donc à la fois l'héritage qu'il a reçu de ses ancêtres et le genre d'existence qu'il a lui-même adopté[1]. C'est ce double principe qui, en rattachant les uns aux autres les différents caractères d'un être, met les uns en première ligne — parce qu'ils ont, soit dans le développement ancestral, soit dans le développement propre de l'individu, un rôle capital, — et relègue les autres au second rang. C'est lui qui, en maintenant entre eux une cohésion hiérarchique, nous permet d'affirmer qu'il existe entre eux un rapport d'invariable coexistence; qui fonde, par suite, le savant à conclure, de l'existence des premiers, à l'existence des seconds; qui l'autorise ainsi à rapprocher l'un de l'autre deux faits, et à les placer dans le même groupe, simple-

---

[1]. Dans la discussion que nous venons d'exposer, il existait un argument célèbre, celui des *organes rudimentaires*, tour à tour invoqué par les deux partis. On sait que certains animaux, à côté des organes bien développés, présentent quelques organes rudimentaires : ainsi on retrouve parfois chez le cheval, aux côtés du sabot, la trace de doigts latéraux réduits. Or, disaient les partisans de la théorie du plan organique, ces organes rudimentaires ne servent à rien à l'animal; d'où peuvent-ils donc lui venir, si ce n'est de ses parents? Ils étaient jadis utiles à ceux-ci, quand ils étaient bien développés; ils ont depuis cessé de servir, mais se sont conservés, par suite de la persistance du type. — Oui, répondaient leurs adversaires, mais pourquoi, en se conservant, se sont-ils atrophiés? parce qu'ils ne répondaient plus aux conditions d'existence de l'animal. — La solution mixte que nous avons adoptée permet de comprendre à la fois et la survivance de ces organes, et leur amoindrissement.

ment quand il a constaté qu'ils présentent les mêmes caractères essentiels. C'est donc ce principe qui est le fondement de la classification, comme le principe des lois était le fondement de l'induction.

**C. Valeur de la classification.** — Une classification est bien faite quand les caractères des faits à classer ont été exactement observés, quand on a reconnu quels étaient parmi eux les caractères essentiels, et qu'on s'est servi de ceux-là principalement pour établir le groupement des faits. Une classification qui a été ainsi faite peut prétendre à bon droit reproduire l'ordre de la nature. Toutefois, on ne peut pas espérer arriver à une classification des êtres qui soit d'une justesse absolue, et cela pour deux raisons :

1º D'abord parce que l'esprit de l'homme est imparfait, et que ses observations ni ses raisonnements ne seront jamais tous d'une exactitude absolument rigoureuse.

2º Mais aussi parce que la nature elle-même est capricieuse. Elle n'est pas construite, en effet, sur un plan géométrique d'une parfaite régularité; tout comme l'esprit lui-même, elle a ses écarts et ses anomalies. Certains êtres, par exemple le paresseux, ont des caractères qui les rapprochent des mammifères les plus élevés (la forme des membres), et d'autres (l'absence presque totale de dentition) qui les rejettent au contraire au dernier rang de ce groupe animal. Où classer, dès lors, de semblables êtres ?

Voilà quelques-unes des difficultés qui gênent le savant dans l'établissement des classes entre lesquelles doivent se répartir les êtres qui composent la nature. Cette tâche de la classification est donc malaisée. Mais est-il vrai qu'elle soit, comme on le dit parfois, impossible ? On a dit : les êtres — la théorie de l'évolution nous l'appris — se transforment sans cesse; aucun individu n'est donc totalement semblable à un autre; donc aucun rapprochement parfait n'est possible entre eux. Il en résulterait donc que, si on admet la théorie de l'évolution, on n'aurait plus logiquement le droit de tenter des classifications naturelles. Mais c'est là un grief dépourvu de tout fondement sérieux. Admettre la théorie de l'évolution, ce n'est nullement rendre impossible la classification, au contraire. Car, d'après cette théorie, si les individus se transforment, chacun d'eux hérite de ses ancêtres et lègue à ses descendants un certain nombre de caractères communs qui forment le type de la race. Il y a donc une grande similitude entre les individus issus les uns des autres, et entre les individus issus d'un ancêtre commun. Un groupement, une classification est donc possible. Et une classification ainsi comprise est même la meilleure de toutes les classifications, celle qui reproduit le mieux l'ordre de la nature : car elle est une classification généalogique qui suit les rapports et les affinités des êtres, non seulement dans l'espace (comme le font les classifications qui ne comparent que les différents êtres existant au moment actuel à la surface de la terre), mais aussi dans le temps. Elle est donc plus complète, plus exacte par suite, que toute autre. La théorie de l'évolution, loin d'enlever à la classification sa valeur, fournit donc au contraire à la classification l'idée directrice qui peut lui permettre de s'approcher le plus près de la perfection.

# CHAPITRE XXXIII

## LA DÉFINITION

La définition est une opération qui intervient à tous moments dans l'édification de la science : au début, sous la forme de définitions de mots ; au milieu et à la fin, sous la forme de définitions de choses.

*A.* **Des définitions de mots.** — Avant d'étudier une chose, il faut indiquer le sens des termes dont on va se servir dans cette étude : il faut *définir les mots* qui vont être employés. Par exemple, avant de raisonner sur le triangle, il faut définir le mot « triangle » lui-même. Cette sorte de définitions intervient donc au début même de la science.

On a coutume de dire que les définitions de mots sont *libres*. Par exemple, dit-on, s'il me plaisait de définir le triangle « une figure à quatre côtés », j'en serais libre, à condition de raisonner ensuite sur ce que j'aurais ainsi dénommé « triangle » comme on raisonne d'ordinaire sur le carré. — Cela nous paraît subtilité pure. Car l'usage et l'étymologie fixent suffisamment le sens du mot « triangle » et marquent assez nettement que ce mot désigne une « figure à trois côtés », pour que, en fait, personne ne songe à changer cette définition. On aurait le droit, logiquement, de le faire ; mais qui userait de ce droit, serait un fou.

Il est au contraire deux autres qualités qu'on doit exiger des définitions de mots. Elles doivent être :

1° *Claires* ;

2° *Invariables*, c'est-à-dire que celui qui les a formulées au début d'une étude doit les garder ensuite dans toute la série de ses raisonnements ; autrement on tomberait dans de perpétuelles confusions.

*B.* **Des définitions de choses.** — Les définitions de mots interviennent surtout en mathématiques, et elles y sont seules usitées. Mais les sciences naturelles procèdent autrement. Ici, en effet, ce qu'on veut définir, ce ne sont plus des mots, ce sont des choses, des êtres réels. Mais on ne peut définir un être *a priori*, avant de l'avoir observé. L'expérience, ici, précède donc nécessairement la définition. — Que fait-on donc dans ces sciences ? Un être une fois observé, on le définit par l'ensemble des caractères qu'on lui a trouvés : on définira par exemple le singe « un animal vertébré, mammifère, quadrumane, etc... ». — Mais ce n'est pas tout. Quand un être a été observé et défini, on en observe et on en définit d'autres. Puis, en comparant ces diverses définitions entre elles, on constitue, avec les êtres ainsi définis, une espèce, un genre : et, cette classe d'êtres une fois formée, on la définit elle-même par l'ensemble des caractères communs à tous les individus qui la composent. Ainsi, tandis que tout à l'heure on définissait des *individus*, maintenant on définit des *espèces* : c'est une seconde sorte de définitions de choses. — On le voit donc, tout le *processus* (c'est-à-dire toute la marche) des sciences naturelles se résume en ces quatre opérations successives : 1° observations ; 2° définitions d'individus ; 3° classification ; 4° définitions d'espèces. — La définition de choses, comprenant à la fois la définition des individus et la définition de l'espèce, joue donc un rôle (comme nous le disions précédemment) à la fois au milieu et à la fin de la science.

Quelles sont les qualités requises d'une bonne définition de choses? Elle doit être essentiellement *adéquate* à l'objet défini c'est-à-dire qu'elle doit en donner une notion absolument exacte. Pour cela il faut :

1° qu'elle embrasse tous les caractères de l'objet défini (ou, comme on dit en langue technique, qu'elle convienne à tout le défini);

2° qu'elle embrasse seulement les caractères qui lui appartiennent véritablement (qu'elle convienne au seul défini).

Mais il ne suffit pas qu'elle contienne tous les caractères de l'objet défini, et eux seuls. Il faut, en outre, qu'elle place ces caractères dans l'ordre de leur importance respective. Il faut qu'elle place en tête les caractères essentiels, dominateurs, d'où dépendent tous les autres, et les caractères subordonnés seulement en seconde ligne. C'est ce qui est observé dans la définition du singe que nous avons indiquée tout à l'heure, définition où le caractère essentiel (animal vertébré) précède le caractère dérivé (mammifère), lequel précède lui-même le caractère moins important encore (quadrumane). La définition d'un être, en un mot, doit énoncer tout d'abord les caractères généraux qui lui sont communs avec tous les êtres d'un même groupe, et seulement ensuite ceux qui lui sont spéciaux et particuliers; elle doit, comme disaient les scolastiques, donner d'abord le genre, puis la différence spécifique.

Disons, en terminant, que la différence entre les définitions de mots et les définitions de choses n'est pas absolue. Nous verrons en effet, dans la leçon consacrée à la méthode des sciences mathématiques, que les définitions de mots étaient à l'origine des définitions d'espèces, acquises par expérience, mais qui, peu à peu devenues usuelles, ont pris rang parmi les premières notions de la science, et qui se sont placées à sa base au lieu d'être à son sommet, comme elles l'étaient pour les hommes primitifs, et comme elles le sont encore pour nous dans les sciences naturelles.

# CHAPITRE XXXIV

## L'HYPOTHÈSE

**A. Nécessité de l'hypothèse dans la science.** — On a longtemps cru que l'hypothèse n'avait aucun rôle à jouer dans la science : quoi de commun en effet, disait-on, entre la certitude à laquelle doit atteindre la science et des conceptions purement hypothétiques?

On est revenu cependant aujourd'hui sur ce préjugé. On reconnaît actuellement à l'hypothèse une double utilité pour la science.

En premier lieu, quand les faits déjà observés n'ont pas pu être encore réunis par le lien d'une induction ou d'une classification rigoureusement établies, on peut faire une hypothèse sur la loi qui doit les régir ou le classement qui leur convient. Et cette liaison tout hypothétique vaut encore mieux que l'absence totale de liaison : car elle satisfait davantage l'esprit, qui a besoin de mettre l'unité dans les notions qu'il a acquises, fût-ce une unité factice.

En second lieu, non seulement l'hypothèse sert à grouper les faits déjà connus, mais elle sert à guider le savant dans ses recherches ultérieures. Le savant, pour résoudre certaines difficultés qui l'embarrassent, imagine une hypothèse qu'il vérifiera ensuite par l'expérience et le raisonnement. Par une vue intuitive de l'esprit, il se forge une conception encore tout hypothétique, mais qu'il prendra à cœur désormais de démontrer : et dans ce but il va tenter toute une série de recherches, dans lesquelles son hypothèse lui servira d'idée directrice. Sans doute il y aurait là un inconvénient, si le savant voulait à tout prix s'entêter dans sa conception première, alors que les faits la contrediraient manifestement. Mais cet inconvénient n'est rien à côté des avantages qu'a d'ordinaire l'hypothèse. L'hypothèse, d'abord par les travaux qu'elle provoque, mène à l'établissement définitif de la théorie vraie : elle est la vérité pressentie avant d'être la vérité démontrée. Ne pût-elle pas être entièrement établie, ne devînt-elle, à la suite de ces recherches, que simplement vraisemblable, que ce serait encore une conquête faite sur l'ignorance et sur l'inconnu : combien, en effet, une vraisemblance n'est-elle pas précieuse dans les plus ardus problèmes de la science? Mais fût-elle même entièrement reconnue fausse, l'hypothèse n'en aurait pas moins rendu de vrais services : car en provoquant les recherches de ses partisans, désireux de l'établir, et les recherches de ses adversaires, désireux de la ruiner, elle a fait acquérir à la science nombre de faits nouveaux : l'hypothèse alchimique (l'existence de la pierre philosophale), aujourd'hui condamnée, n'a-t-elle pas valu à la chimie naissante ses premiers matériaux? L'hypothèse rend donc, de toutes façons, à la science les plus précieux services. Elle n'en saurait être éliminée sans un véritable dommage.

*B.* **Diverses espèces d'hypothèses.** — Sur quoi, maintenant, peut porter l'hypothèse? Combien de sortes d'hypothèses faut-il reconnaître? Il en faut distinguer deux sortes.

1° Ou bien tous les faits sont connus. L'hypothèse ne peut alors porter que sur la loi qui les régit. Alors, au moyen d'une hypothèse, on imagine :

α. soit l'existence même d'un rapport entre deux faits connus; exemple : on imagine que le cerveau est la cause de la pensée;

β. soit la formule exacte de ce rapport, de cette loi (son existence étant supposée connue) : ainsi, sachant que les planètes tournaient autour du soleil, les astronomes ont fait diverses hypothèses sur la loi de leur mouvement (circulaire, elliptique, etc.).

2° Ou bien un seul fait est connu, et on en cherche la cause. L'hypothèse portera alors sur le fait inconnu qui est la cause de ce fait connu. Ainsi, pour expliquer les phénomènes de la lumière, les physiciens imaginent une substance hypothétique, qu'ils nomment l'éther. Comment font-ils, d'ordinaire, pour inventer cette cause inconnue? Le voici. Soit $a$ le fait connu, dont il faut chercher la cause inconnue $A$. Soit $b$ un autre fait connu, analogue à $a$, et dont la cause $B$ est connue. Le savant se dira que, $a$ étant analogue à $b$, sa cause $A$ doit être analogue à $B$, et il concevra $A$ à l'image de $B$. Par exemple, sachant que la cause de l'étincelle produite par la machine électrique était la rencontre de deux électricités, et que l'éclair était analogue à cette étincelle, Franklin conclut que la cause de la foudre devait être analogue à celle de l'étincelle de la machine, et qu'elle devait se trouver dans la rencontre de deux nuages électrisés. Dans ce cas et dans tous les cas semblables, le savant raisonne donc *par analogie*. Nous examinerons plus en détail, dans le prochain chapitre, ce genre de raisonnements.

C. **Preuves d'une hypothèse.** — La principale utilité de l'hypothèse, nous l'avons vu, c'est qu'elle conduit à la vérité; c'est que, confirmée par l'expérience et par le raisonnement, elle se transforme en théorie démontrée. Il importe donc de savoir quand on peut dire qu'une hypothèse est démontrée, que sa preuve est faite.

La vérité d'une hypothèse peut s'induire de quatre circonstances :

1° *La simplicité même de l'hypothèse.* Moins une hypothèse est compliquée, mieux elle doit être accueillie : car pourquoi inventer des causes ou des lois complexes, quand des lois ou des causes simples suffisent pour expliquer les mêmes faits? Toutefois, ce n'est pas là une preuve absolue de vérité : les lois de Képler sur le mouvement des astres sont complexes, et pourtant elles sont vraies; et on n'a même pu y arriver qu'en éliminant successivement des lois plus simples, mais fausses.

2° *Le nombre de faits déjà connus que l'hypothèse explique.* Plus ils seront nombreux, plus l'hypothèse devra mériter faveur : car elle a d'abord pour but d'expliquer les faits connus.

3° *Le nombre de faits nouveaux qu'elle permet de découvrir.* En supposant l'hypothèse vraie, on en déduira des conséquences; et si ensuite ces conséquences sont vérifiées par l'expérience, cela sera une preuve en faveur de l'hypothèse. Ainsi la théorie atomique, qui tend à dominer en chimie, est née de l'étude de faits chimiques déjà connus. Mais, une fois cette théorie formulée, on a pu, par le seul raisonnement, prévoir que, si la théorie était vraie, certains corps composés — dont elle permettait d'établir la formule — devaient exister. Et en effet on a pu reconstituer ces corps composés. Cet argument n'a pas été d'un faible poids en faveur de la théorie nouvelle.

4° Mais toutes ces preuves ne sont pas encore de nature à entraîner une conviction absolue. En somme, une hypothèse ne peut être dite démontrée que quand, elle-même expliquant tous les phénomènes d'un ordre donné, aucune autre théorie ne peut les expliquer. La seule preuve parfaite est donc *l'impossibilité de toute autre hypothèse.*

# CHAPITRE XXXV

## L'ANALOGIE

Nous avons vu plus haut que l'hypothèse repose, au moins dans nombre de cas, sur une analogie constatée entre deux cas. Nous devons donc maintenant étudier l'*analogie* elle-même.

*1.* **Analogie réelle et analogie psychologique.** —
Le mot « analogie » a deux sens. Il désigne, tantôt une propriété des choses, tantôt un procédé de l'esprit.

Au premier sens, on dit qu'il y a *analogie* entre deux choses quand elles sont partiellement identiques, c'est-à-dire quand elles sont identiques sur un certain nombre de points, mais dissemblables sur quelques autres. C'est ainsi qu'on dit, par exemple : « Le Sénat français est l'analogue de la Chambre des Lords anglaise », parce que ces deux corps ont quelques traits communs et quelques traits différents.

Au second sens, on appelle *analogie* un raisonnement qui étend ce qui est vrai d'une chose, à une autre chose voisine. Ainsi, dire : « La lumière du soleil réchauffe, donc la lumière des autres astres doit réchauffer », c'est raisonner par analogie.

Comment procède le raisonnement par analogie? Le voici. Celui qui veut conclure d'une chose à une autre, constate qu'il existe entre elles (par exemple, entre le soleil et les étoiles) certains points de ressemblance. Il en infère que cette similitude existe aussi pour le point qu'il a à cœur d'établir (ici, pour les propriétés calorifiques des deux lumières). Il observe donc entre les deux faits une identité partielle (qui est ce que nous avons appelé plus haut une « analogie entre les choses »), et il étend cette identité à un cas nouveau. Par exemple, dans l'hypothèse citée plus haut (chap. XXXIV, B, 2°) de la similitude des deux effets, il inférait la similitude des causes. — En un mot, d'une « analogie entre deux choses » bien constatée, le savant conclut qu'il existe entre elles une analogie plus complète. Tels sont les rapports qui existent entre l'analogie, propriété des choses, et l'analogie, procédé de l'esprit, entre l'analogie réelle et l'analogie psychologique.

B. **Formes de l'analogie.** — Considérée comme procédé de l'esprit, l'analogie se présente sous deux formes : *spontanée* et *réfléchie*.

C'est d'ordinaire spontanément que l'esprit passe, par analogie, d'un cas à un cas voisin, qu'il étend à une chose la notion qu'il s'était faite d'une autre. *Cette opération spontanée s'explique aisément par le jeu de l'association des idées.* Par exemple, voici un fait, à nous connu, qui présente trois caractères principaux. Cela veut dire que l'idée totale $A$, que nous en avons, se compose pour nous de trois idées partielles $\alpha, \beta, \gamma$. Ces trois idées partielles, formant ensemble l'idée totale $A$, sont donc associées entre elles. Voici maintenant que se présente à nous un nouveau fait dans lequel nous retrouvons deux des caractères du premier. Sa notion totale, $B$, se compose par exemple des deux idées partielles $\alpha$ et $\beta$ ; du moins c'est là ce que l'expérience nous enseigne. Mais les idées α et β ont contracté, nous l'avons vu il y a un instant une association avec l'idée γ. Donc, quand l'expérience les ramènera dans notre esprit, elles réveilleront après elle cette idée γ, en vertu de l'association contractée. Et par là nous serons amenés à croire que cette idée, γ, fait aussi partie de l'idée totale *B*, que ce nouveau caractère appartient au second fait comme au premier. Cette extension analogique spontanée se trouve donc fort simplement expliquée par le jeu de l'association des idées.

Mais l'analogie, au lieu d'être spontanée, peut aussi être *réfléchie*. Parfois, en effet, c'est en vertu d'un véritable raisonnement que nous passons d'un cas à l'autre. Comment cela ? — Reprenons le même exemple. — Dans le cas de l'idée *A*, nous avons, je suppose, constaté qu'entre les trois caractères marqués par α, β et γ, il existait, non un lien fortuit, mais un lien logique : que α et β étaient la cause de γ. Nous en concluons *par induction* que, si α et β ont produit γ dans le cas *A*, ils le produiront toujours, puisqu'une même cause produit toujours les mêmes effets. Et de là nous conclurons, *par déduction*[1], que si α et β doivent toujours produire γ, ils le produiront notamment dans le cas *B*. Nous nous dirons donc que γ doit se trouver nécessairement dans *B*, quoique peut-être l'expérience ne nous l'y ait pas encore montré. Et c'est ainsi que nous attribuerons à *B* le caractère γ trouvé dans *A*. On le voit donc, *l'analogie réfléchie n'est autre chose qu'une induction suivie d'une déduction.*

C. **Causes d'erreurs dans l'emploi de l'analogie.** — Ce que nous venons de dire nous montre à quelles causes d'erreurs est soumis le procédé analogique.

1. On verra, dans le chapitre suivant, que la déduction consiste, étant donnée une proposition générale, à en tirer une proposition particulière.

Ces causes sont de deux sortes :

1° Les unes résident dans la première partie du raisonnement, dans l'induction. — On peut, en effet, avoir vu entre $\alpha$, $\beta$ et $\gamma$ un lien de causalité quand il n'en existait pas véritablement : on peut avoir pris un lien accidentel pour un lien logique. Si on l'a fait, il est évident que la généralisation, l'induction à laquelle on se sera livré sera erronée ; car d'un rapport tout accidentel on ne saurait conclure à une loi générale.

2° Les autres résident dans la seconde partie du raisonnement, dans la déduction. — Car, supposons même l'induction valablement faite, supposons la loi générale établie. Il peut se trouver dans le cas $B$ des circonstances spéciales qui empêchent cette loi générale de produire ici ses effets ordinaires. Et dès lors il ne serait plus juste d'appliquer à ce nouveau cas les conclusions précédentes.

De là vient l'incertitude pratique qui pèse toujours sur une analogie; de là vient qu'on n'est jamais entièrement sûr de pouvoir appliquer à une circonstance ce qu'on a trouvé vrai dans une autre, et que bien souvent on se trompe en concluant d'un cas particulier à un autre cas particulier.

# CHAPITRE XXXVI

## LA DÉDUCTION

La déduction est le dernier en date des procédés de la science. Déduire, en effet, c'est tirer une proposition particulière d'une proposition générale. Mais pour qu'on puisse le faire, il faut évidemment que la proposition générale ait été, ou établie par induction, ou tout au moins posée par hypothèse. La déduction suppose donc avant elle ces divers procédés, et elle s'appuie sur leurs données.

La déduction peut se faire de deux manières : tantôt, en effet, la proposition nouvelle peut se tirer directement de la proposition déjà connue; tantôt elle ne peut s'en tirer qu'indirectement, au moyen d'une ou de plusieurs propositions intermédiaires. Dans le premier cas, on dit que la déduction est *immédiate*; dans le second, on dit qu'elle est *médiate*. Nous consacrerons à ces deux formes de déduction deux paragraphes distincts.

### I. Déduction immédiate.

Il existe deux principaux moyens de tirer immédiatement une proposition d'une autre :

1° ou bien on conclut d'une proposition donnée à la

proposition opposée ou à une proposition moins générale ;

2° Ou bien on se borne à renverser les termes de la proposition donnée, en faisant du sujet l'attribut, et de l'attribut le sujet, ce qui donne une proposition nouvelle.

Pour comprendre à quelles conditions ces opérations sont valables, il faut d'abord rappeler ce qu'on nomme *quantité* et *qualité* des propositions.

1° *Quantité.* Une proposition est dite *universelle* quand le sujet y est pris dans toute son extension et désigne une classe entière; exemple : *tous* les hommes sont mortels. Aux propositions universelles on assimile les propositions *singulières*, où le sujet est un individu déterminé ; exemple : Socrate est mortel (parce que : Socrate = la classe entière des individus portant le nom de Socrate, classe qui se réduit à un seul individu). Une proposition est dite *particulière*, au contraire, quand le sujet n'y est pris que dans une partie de son extension, c'est-à-dire ne désigne qu'une partie des individus formant une classe déterminée ; exemple : *quelques* hommes sont mortels.

2° *Qualité.* Une proposition est *affirmative* quand elle affirme que l'attribut convient au sujet ; exemple : Socrate est sage. Elle est *négative* quand elle nie que l'attribut convienne au sujet ; exemple : tout homme n'est pas sage.

Cela étant, on voit qu'une proposition peut être :

1° *Universelle affirmative.* Exemple : tous les Athéniens sont Grecs. On désigne, en logique, les propositions universelles affirmatives par la lettre A.

2° *Universelle négative.* Exemple : nul homme n'est parfait. Ces propositions se désignent par la lettre E.

3° *Particulière affirmative.* Exemple : quelque Athénien est Grec. Ces propositions se désignent par la lettre I.

15

4° *Particulière négative*. Exemple : quelque homme n'est pas parfait. Ces propositions se désignent par la lettre O. — Remarquez que la proposition « tout homme n'est pas parfait », qui a l'air d'une universelle négative, est en réalité une particulière négative; car, en disant que tout homme n'est pas parfait, on laisse supposer que quelque homme peut l'être : on dit donc simplement : « quelque homme n'est pas parfait », ce qui est une particulière négative.

Telles étant les diverses sortes de proposition, voyons d'abord comment on peut conclure d'une proposition à une proposition opposée ou à une proposition moins générale, en vertu des règles dites de *l'opposition des propositions*.

**A. Règles de l'opposition des propositions.** — Il existe une figure classique destinée à montrer les relations qu'ont entre elles les diverses sortes de propositions. La voici. On voit que deux propositions peuvent être opposées en hauteur, en diagonale ou en largeur. Les propositions I et O sont respectivement *subalternes* de A et de E. Les propositions A et O, E et I, étant diagonalement opposées, sont dites *contradictoires*. Quant aux propositions opposées en largeur : les deux supérieures, A et E, sont dites *contraires*; les deux inférieures, I et O, sont dites *subcontraires*. — Voilà donc les différentes relations des propositions entre elles. Cherchons ce qu'on peut conclure de la vérité d'une proposition pour la vérité ou la fausseté des propositions qui ont avec elle ces différentes relations.

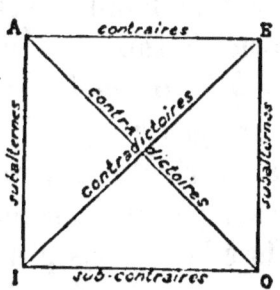

1° *Règles des contradictoires.*

α. Si A est vrai, O est évidemment faux. Exemple : s'il est vrai que tout homme est mortel, il serait évidemment faux de dire que quelque homme n'est pas mortel.

Réciproquement, si O est vrai, A est faux.

β. Semblablement, si E est vrai, I est faux. Exemple : s'il est vrai que nul homme n'est parfait, il est faux que quelque homme soit parfait.

Réciproquement, si I est vrai, E est faux.

Donc, *de la vérité d'une proposition, on peut déduire immédiatement la fausseté de la proposition contradictoire.*

On verrait, par des considérations analogues, que, inversement, *de la fausseté d'une proposition, on peut déduire immédiatement la vérité de la proposition contradictoire.*

2° *Règles des subalternes.*

α. Si A est vrai, I l'est aussi. Car si tout homme est sage, quelque homme l'est à plus forte raison. — De même, si E est vrai, O l'est aussi. Donc, *si l'universelle est vraie, la particulière correspondante est vraie.*

β. Mais si A est faux, on n'en peut rien conclure pour I. Car s'il est faux que tout homme soit parfait, cela ne prouve pas que quelque homme ne puisse l'être, pas plus que cela ne prouve le contraire. — De même, pour E et O. — Donc, *si l'universelle est fausse, pas de conclusion pour la particulière correspondante.*

γ. Si I est vrai, pas de conclusion pour A. Car, s'il est vrai que quelque homme soit sage, cela ne prouve pas que tout homme le soit, et cela ne prouve pas non plus le contraire. — De même pour O et E. — Donc, *si la particulière est vraie, pas de conclusion pour l'universelle correspondante.*

δ. Si I est faux, A l'est aussi. Car, s'il est faux que quelque homme soit parfait, à plus forte raison est-il faux que tout homme le soit. — De même pour O et E. — Donc, *si la particulière est fausse, l'universelle correspondante l'est aussi.*

On peut s'expliquer ces quatre règles, bizarres en apparence, en songeant qu'elles ne font que formuler ces quatre vérités de sens commun : ce qui est toujours vrai l'est nécessairement quelquefois; ce qui n'est pas toujours vrai peut l'être quelquefois; ce qui est vrai quelquefois peut ne pas l'être toujours; ce qui est faux quelquefois ne saurait être toujours vrai.

3° *Règles des contraires* (qu'il ne faut pas confondre avec les contradictoires).

α. Si A est vrai, E est faux. Car si « tout homme est mortel », il est évidemment faux de dire que « nul homme n'est mortel ». — De même si E est vrai, A est faux. — Donc *de la vérité d'une proposition universelle on peut conclure immédiatement la fausseté de la proposition contraire.*

β. Mais si A est faux, on n'en peut rien conclure pour E. Car il est faux que « tout homme soit sage »; mais cela ne prouve pas qu'il soit vrai que « nul homme n'est sage », sans prouver non plus que cela soit faux. — De même, si E est faux, on n'en peut rien conclure pour A. — Donc, *de la fausseté d'une proposition universelle on ne peut rien conclure pour la proposition contraire.*

De là l'erreur de ceux qui croient prouver une thèse en démontrant l'erreur de la thèse contraire. Il se peut très bien que les deux thèses extrêmes soient toutes deux fausses dans leur généralité, chacune d'elles n'étant vraie que dans des cas particuliers.

De là encore l'insuffisance de la preuve dite *par l'absurde* qu'emploient souvent les géomètres. Car, lors même qu'on a démontré que le contraire de la proposition universelle qu'on soutient (toutes les propositions géométriques sont universelles) est absurde, on n'a pas démontré pour cela que cette proposition elle-même est vraie.

4° *Règles des subcontraires.*

α. Si I est faux, O est vrai. Car, s'il est faux que quelque homme soit parfait, il est vrai par là même que quelque homme ne l'est pas. — De même, si O est faux, I est nécessairement vrai. — Donc, *si une proposition particulière est fausse, la subcontraire est vraie.*

β. Si I est vrai, on n'en peut rien conclure pour O. Car, de ce qu'il est vrai que « quelque homme est sage », il n'en résulte pas qu'il soit faux que « quelque homme n'est pas sage », ni non plus que cela soit vrai. — De même, si O est vrai, on n'en peut rien conclure pour I. — Donc, *si une proposition particulière est vraie, pas de conclusion pour la subcontraire.*

Nous savons donc maintenant dans quels cas on peut conclure immédiatement d'une proposition à une autre, qui lui est opposée comme contradictoire, subalterne, contraire, ou subcontraire. — Voyons maintenant comment on peut conclure d'une proposition à une autre, obtenue en convertissant dans la première le sujet en attribut et l'attribut en sujet.

*B.* **Règles de la conversion des propositions.** — Avant de dire à quelles conditions cette nouvelle opération est légitime, il nous faut poser deux principes :

1er principe. *Dans toute proposition affirmative, l'attribut est particulier* (c'est-à-dire pris dans une partie seulement de son extension). Car soit, par exemple, cette proposition : « tous les Athéniens sont Grecs », elle veut dire : « tous les Athéniens sont quelques-uns des Grecs », et non pas évidemment « tous les Athéniens sont tous les Grecs. »

2ᵉ principe. *Dans toute proposition négative, l'attribut est universel* (pris dans toute son extension). Car soit cette proposition : « nul homme n'est parfait », elle veut dire : « l'homme n'est aucun des êtres parfaits », et non pas seulement « l'homme n'est pas quelqu'un des êtres parfaits » ; car il n'est dans aucune classe d'êtres parfaits.

Le philosophe Hamilton a contesté ces principes, en prétendant que l'attribut (en termes scolastiques, le prédicat) n'était pas astreint à une *quantification* aussi régulière, qu'il pouvait être particulier même dans les propositions négatives, et universel même dans les propositions affirmatives. Mais cette théorie, dite « théorie de la quantification du prédicat », n'a pas prévalu, du moins en France. Nous ne pouvons exposer ici les raisons très compliquées par lesquelles on l'écarte. Il nous suffira de constater que les deux principes posés plus haut peuvent, malgré ces critiques de Hamilton, être considérés comme n'ayant rien perdu de leur valeur. Maintenant que nous les connaissons, nous pouvons nous demander s'il est permis de convertir, dans une proposition, l'attribut en sujet et réciproquement. Il y a à cet égard quatre règles :

1° *Règle des propositions en A.* Soit une proposition de ce genre, par exemple : « tous les hommes sont mortels ». Le sujet est universel et l'attribut particulier. Car on vient de voir (premier principe) qu'elle équivaut à la proposition : « tous les hommes sont quelques mortels ». Si on le convertit, il vient : « quelques mortels sont hommes », ce qui est une proposition particulière affirmative, en I. La règle est donc : *les A se convertissent en I*. D'une proposition universelle affirmative on ne peut donc pas, par conversion, tirer une universelle affirmative, mais seulement une particulière affirmative.

2° *Règle des propositions en E.* Dans celles-ci, le sujet est universel, et l'attribut universel aussi (deuxième principe). Ainsi la proposition : « nul homme n'est parfait » équivaut à la proposition : « aucun homme n'est aucun parfait ». En la convertissant, il vient « aucun parfait n'est aucun homme », ou, d'une manière plus claire, « aucun être parfait n'est homme ». Donc d'une universelle négative on peut tirer une autre universelle négative : *les E se convertissent en E.*

3° *Règle des propositions en I.* Le sujet est particulier, et (en vertu du premier principe) l'attribut également. Quelque homme est sage = quelque homme est quelque sage. En convertissant, il vient : quelque sage est quelque homme. *Donc les I se convertissent en I.*

4° *Règle des propositions en O.* Le sujet est particulier, et (en vertu du deuxième principe) l'attribut général. Quelque homme n'est pas médecin = quelque homme n'est aucun médecin. Si l'on pouvait convertir cette proposition, il viendrait « aucun médecin n'est quelque homme » ou « aucun médecin n'est homme », ce qui est absurde. Donc cette proposition ne saurait se convertir. Et, par suite, la règle est que *les O ne se convertissent pas.*

En un mot donc, on peut formuler une proposition nouvelle :

1° En convertissant intégralement une universelle négative ;

2° En convertissant intégralement une particulière affirmative ;

3° En convertissant partiellement une universelle affirmative ;

4° Mais jamais en convertissant une particulière négative.

## II. Déduction médiate.

La déduction médiate est celle qui se fait par intermédiaires. Ses principaux types sont :

1° La *démonstration mathématique*, qui enchaîne une longue série d'équations.

2° La *division platonicienne*. Voici en quoi consiste cette méthode. Soit à prouver que « Socrate est mortel ». On a la proposition générale « tous les hommes sont mortels ». On dira : « les hommes se divisent en libres et esclaves; les libres, en Grecs et barbares; les Grecs, en Athéniens et étrangers; les Grecs comprennent Socrate et tous les autres citoyens; donc Socrate, faisant partie de la classe homme ainsi divisée successivement, est mortel. »

3° Le *syllogisme*, inventé par Aristote, et qui est une simplification du procédé précédent. C'est sur le syllogisme qu'il nous faut surtout insister.

A. **Nature du syllogisme.** — Le syllogisme typique est celui-ci :

>Tous les hommes sont mortels;
>Or Pierre est un homme;
>Donc Pierre est mortel.

On voit immédiatement, par cet exemple, qu'un syllogisme comprend *trois propositions*, savoir :

1° Une *majeure* (tous les hommes sont mortels);
2° Une *mineure* (Pierre est un homme);

Elles constituent, à elles deux, les *prémisses* du syllogisme.

3° Une *conclusion* (Pierre est mortel).

Il comprend aussi *trois termes* :

1° Le *grand terme* : mortel,  
2° Le *petit terme* : Pierre;   } dits *les extrêmes*.  
3° Le *moyen terme* : homme.

D'où viennent ces expressions? Le voici. Ce qu'on se propose de démontrer par le syllogisme, c'est que « Pierre est mortel », c'est que le terme « Pierre » et le terme « mortel » se conviennent. Mais cela n'est pas évident du premier coup. Pour le faire voir, on cherchera un terme intermédiaire, qui, convenant à la fois aux deux autres, puisse servir à les rapprocher. Ce terme intermédiaire, ce moyen terme, sera « homme ». Tous les hommes étant mortels, et Pierre étant un homme, on pourra affirmer que Pierre est mortel. La découverte du moyen terme est donc, psychologiquement, l'opération essentielle du syllogisme. — Comment savoir quel est dans un syllogisme le moyen terme? Rien de plus simple : c'est celui des trois termes qui n'entre pas dans la conclusion (puisque la conclusion ne doit mettre en relation que les deux autres). — Le moyen terme déterminé, pour savoir lequel des deux autres (ici : mortels et Pierre) est le grand terme, il n'y a qu'à voir lequel a le plus d'extension (mortels). L'autre (Pierre) sera alors le petit terme.

Nous avons vu (chapitre « du Raisonnement ») qu'il y a deux façons d'interpréter toute proposition : en extension et en compréhension. Or, le syllogisme n'est qu'un ensemble de propositions; on peut donc, lui aussi, l'interpréter de ces deux différentes façons :

1° Interprété en compréhension, notre syllogisme veut dire : « Le caractère mortel convient aux hommes; le caractère homme convient à Pierre; donc le caractère mortel convient à Pierre ». Dans cette interprétation, on établit entre les trois termes des *rapports de convenance*.

2° Interprété en extension, notre syllogisme veut dire : « la classe des mortels comprend celle des hommes; la classe des hommes comprend Pierre; donc la classe des mortels comprend Pierre ».

On a imaginé des graphiques qui représentent ces deux points de vue.

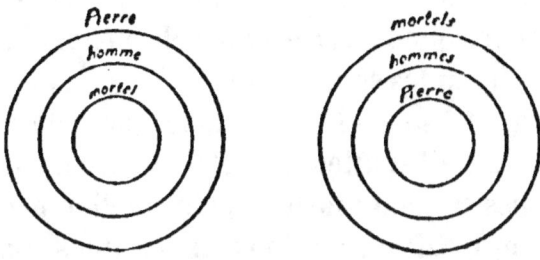

1° Au point de vue de l'extension, le sujet Pierre comprend le caractère homme, lequel comprend le caractère mortel;

2° Au point de vue de la compréhension, la classe des mortels comprend celle des hommes, laquelle comprend Pierre.

Le premier point de vue est peut-être plus rigoureusement exact; mais le second donne des interprétations plus aisées à saisir et à fixer graphiquement.

Telle est la nature générale du syllogisme; mais avant d'examiner ses différentes formes, nous devons nous arrêter un instant pour voir si ce mode de raisonnement a réellement quelque valeur ou s'il ne serait pas, comme on l'a prétendu récemment, dépourvu de toute rigueur logique et de toute application réelle.

*B.* **Valeur et utilité du syllogisme.** — Le philosophe anglais Stuart Mill a adressé au syllogisme deux séries de reproches.

1º Ce serait un raisonnement inutile. La conclusion, en effet, est contenue, dit Stuart Mill, dans la majeure, — « Pierre est mortel » est contenu dans « tous les hommes sont mortels »; — donc en l'en tirant, on n'apprend rien de nouveau. Le syllogisme ne sert donc à rien.

2º Bien plus, ce serait un raisonnement incorrect. Pour prouver que Pierre est mortel, on pose la proposition : « tous les hommes sont mortels ». Mais, si l'on veut prouver que Pierre est mortel, c'est donc que cela était douteux. Or, si cela était douteux, il était douteux aussi que tous les hommes fussent mortels, puisque Pierre est un homme. Donc la proposition : « tous les hommes sont mortels », était douteuse, et l'on n'avait pas le droit de la poser comme prémisse. Le raisonnement est donc vicieux.

*Réponse.* Les deux critiques de Stuart Mill se fondent sur cette idée que la conclusion est renfermée dans la majeure. Or, cela n'est exact qu'à moitié. Au moment où l'on pose la majeure, la conclusion y est renfermée sans doute, mais seulement à l'état implicite : on pourra l'en tirer, il est vrai, mais pour cela il faudra faire intervenir la mineure. Au moment où je dis : « tous les hommes sont mortels », je ne songe pas encore que « Pierre est mortel »; je ne le saurai que plus tard, quand je me serai dit que « Pierre est un homme »; mais pour le moment je n'y pense pas. Le doute qui dans mon esprit pèse sur la proposition « Pierre est mortel » n'affecte donc pas la proposition générale « tous les hommes sont mortels », établie par induction et sans considérer le cas de Pierre. Donc, j'ai le droit de poser la proposition « tous les hommes sont mortels », et, cela fait, d'en déduire que « Pierre est mortel ». On voit que le syllogisme n'est pas un raisonnement vicieux; mais par là on voit aussi qu'il n'est pas un raisonnement inutile; car, la conclusion n'étant contenue qu'implicitement dans la majeure, c'est apprendre quelque chose de nouveau que l'en dégager.

Le syllogisme n'est donc ni faux, ni superflu. Et ce qui le prouve surabondamment, c'est l'usage journalier que nous en faisons. Sans cesse nous appliquons des propositions générales à des cas particuliers : or, qu'est-ce que cela, sinon faire un syllogisme, soit développé et mis en forme, soit abrégé par la rapidité du langage? Le syllogisme n'est donc pas mort avec la scolastique; c'est un procédé bien vivant et qui sans cesse témoigne de sa puissance. Maintenant que nous avons établi sa raison d'être et sa valeur, nous pouvons passer à l'étude détaillée des diverses formes qu'il affecte.

### C. Diverses formes de syllogismes.

*α. Figures du syllogisme.* Le syllogisme peut être, disaient les scolastiques de la fin du moyen âge, de quatre *figures* différentes.

1re *figure.* Le moyen terme est sujet par rapport au grand terme, puis attribut par rapport au petit terme; c'est-à-dire sujet dans la majeure et attribut dans la mineure. Exemple :

        Tous les hommes sont mortels;
        Pierre est un homme;
        Donc Pierre est mortel.

2e *figure.* Le moyen terme est attribut successivement par rapport aux deux termes extrêmes, c'est-à-dire attribut dans les deux prémisses. Exemple :

        Nul juste n'est envieux;
        Tout ambitieux est envieux;
        Donc nul ambitieux n'est juste.

3e *figure.* Le moyen terme est sujet successivement par

rapport aux deux extrêmes, c'est-à-dire sujet dans les deux prémisses. Exemple :

Tout sage est libre ;
Tout sage est homme ;
Donc quelque homme est libre.

4ᵉ *figure*. Aristote n'admettait, avec raison, que les trois premières figures. Mais au moyen âge, pour faire pendant à la première figure, on en inventa une quatrième où le moyen aurait été attribut dans la majeure et sujet dans la mineure. On désigna alors la place du moyen terme dans les quatre figures par ce vers latin :

*Sub præ, tum præ præ, tum sub sub, denique præ sub*

où *sub* est le début de *subjectum* (sujet), et *præ* le début de *prædicatum* (attribut). *Sub præ* veut dire que le moyen est sujet d'abord (dans la majeure), puis attribut (dans la mineure). *Præ præ* veut dire qu'il est deux fois attribut, etc.

Nous démontrerons plus loin qu'il n'y a et ne peut y avoir que trois figures réellement distinctes.

β. *Modes du syllogisme*. Chacune des trois propositions dont se compose le syllogisme peut être universelle affirmative (A), universelle négative (E), particulière affirmative (I), particulière négative (O). De là une série de combinaisons variées.

Supposons que la majeure du syllogisme soit en A. Supposons la mineure également en A. Nous pouvons concevoir quatre espèces de conclusions : en A, en E, en I et en O. Voilà donc déjà quatre formes de syllogismes :

1º A. A. A.
2º A. A. E.
3º A. A. I.
4º A. A. O.

Maintenant, la majeure étant toujours A, supposons que

la mineure soit E. Nous pouvons encore avoir quatre conclusions, en A, E, I, O, d'où quatre nouvelles formes de syllogismes :

5° A. E. A.
6° A. E. E.
7° A. E. I.
8° A. E. O.

Si la mineure devient I, on a :

9° A. I. A.
10° A. I. E.
11° A. I. I.
12° A. I. O.

Si elle devient O, on a :

13° A. O. A.
14° A. O. E.
15° A. O. I.
16° A. O. O.

Donc, avec une majeure constante A, et en faisant varier seulement la mineure et la conclusion, on obtient seize formes possibles de syllogismes.

Mais maintenant, avec une majeure constante en E, et en faisant de même varier la mineure et la conclusion, on obtiendrait une série de seize nouveaux syllogismes, différents des précédents par la majeure.

Avec une majeure I, on aurait de même une troisième série de seize autres formes.

Avec une majeure O, on en aurait une quatrième série de seize.

Au total, $4 \times 16 = 64$ formes de syllogisme.

Mais chacune de ces formes, disaient les scolastiques, peut encore être de quatre figures différentes, ce qui donne en tout $64 \times 4 = 256$ *modes* du syllogisme.

Seulement tous ces modes ne sont pas également

LA DÉDUCTION.

valables. Pour s'en convaincre il suffit de les examiner au moyen des règles du syllogisme.

7. *Règles du syllogisme.* Le syllogisme, d'après la scolastique, est soumis à huit règles : quatre concernant les termes, quatre concernant les propositions. Nous les énoncerons sans les démontrer.

1<sup>re</sup> *règle.* Il faut trois termes : un grand, un petit, un moyen (cette règle n'est que la définition même du syllogisme).

*Terminus esto triplex; medius, majorque, minorque.*

2<sup>e</sup> *règle.* La conclusion ne doit pas contenir le moyen terme (nous avons déjà vu cette règle).

*Nunquam contineat medium conclusio fas est.*

3<sup>e</sup> *règle.* Les termes ne peuvent avoir une plus grande extension dans la conclusion que dans les prémisses (c'est-à-dire que, particuliers dans les prémisses, ils ne peuvent être universels dans la conclusion) :

*Latius hos qu'n præmissæ conclusio non vult.*

4<sup>e</sup> *règle.* Le moyen doit être pris universellement, au moins dans une des prémisses (car, s'il y était pris deux fois particulièrement, il pourrait y être pris en deux sens différents, et il y aurait en réalité quatre termes dans le syllogisme) :

*Aut semel, aut iterum, medius generaliter esto.*

Voilà les quatre règles qui concernent les termes. Passons aux quatre règles qui concernent les propositions :

5<sup>e</sup> *règle.* De deux prémisses affirmatives ne peut sortir une conclusion négative :

*Ambæ affirmantes nequeunt generare negantem.*

6ᵉ *règle.* Si les deux prémisses sont négatives, il n'y a pas de conclusion possible :

*Utraque si præmissa neget, nil inde sequetur.*

7ᵉ *règle.* Si une prémisse est particulière, la conclusion est particulière. Si une prémisse est négative, la conclusion est négative. Ce qu'on exprime symboliquement en disant que la conclusion suit toujours la plus mauvaise partie (l'affirmative étant considérée comme supérieure à la négative et l'universelle comme supérieure à la particulière) :

*Pejorem sequitur semper conclusio partem.*

8ᵉ *règle.* Si les deux prémisses sont particulières, aucune conclusion n'est possible :

*Nil sequitur geminis e particularibus unquam.*

ò. *Modes concluants du syllogisme.* Au moyen de ces huit règles, examinons les 256 formes du syllogisme. Nous trouverons que, sur ces 256 formes, 232 doivent être rejetées comme péchant contre une ou plusieurs règles, et comme ne pouvant par conséquent donner de conclusion valable. Sur les 24 valables, 5 peuvent être écartées comme inutiles, car elles ne donnent qu'une conclusion particulière alors que les prémisses permettraient une conclusion universelle. Restent 19 modes utiles. On les désigna, au moyen âge, sous des noms fictifs, dont les trois premières voyelles désignaient la quantité et la qualité (A, E, I, O) des trois propositions du syllogisme. Ces noms furent réunis en quatre vers célèbres, que voici :

Barbara Celarent Darii Ferio — Baralipton
Celantes Dabitis Fapesmo Frisesomorum —
Cesare Camestres Festino Baroco — Parapti
Felapton Disamis Datisi Bocardo Ferison.

Il ne faut chercher aucun sens à ces mots, qui ont simplement pour but de mettre en relief la quantité et la qualité des trois propositions que comprennent les divers syllogismes valables.

Les quatre premiers sont des modes de la première figure. Les cinq suivants sont des *modes indirects* de cette même première figure, modes dont les scolastiques composaient à tort une quatrième figure. Les quatre suivants appartiennent à la seconde figure. Les six derniers appartiennent à la troisième.

Il nous reste, pour achever l'étude du syllogisme normal, à préciser le vrai sens de ces figures elles-mêmes.

ε. *Vrai sens des figures.* Il n'y a pas quatre figures, comme l'a cru le moyen âge, mais seulement trois. D'autre part, il serait inexact de croire (comme le pensait à tort Aristote) que la première figure seule est parfaite, les modes des autres figures ne pouvant être démontrés qu'en étant ramenés à des modes de la première figure. Chacune des trois figures a son indépendance et sa raison d'être propre (voir J. Lachelier, *de Natura Syllogismi*). Voici comment :

1° Si, dans la nature des choses, c'est-à-dire universellement, un caractère en implique ou en exclut un second (par exemple, si le caractère homme implique le caractère mortel), la présence du premier caractère dans un sujet donné (dans le sujet Pierre, par exemple) y implique ou en exclut la présence du second. Tel est le principe de la première figure.

2° Si, dans la nature des choses, c'est-à-dire universellement, un caractère en implique ou en exclut un second, la présence de ce second dans un sujet donné y impliquera la présence ou l'absence du premier. Par exemple, de ce que la justice exclut par nature l'envie, on conclura que nul ambitieux n'est juste, parce que tout ambitieux est plein d'envie. C'est le principe de la deuxième figure.

3° Si un caractère s'affirme ou se nie d'un sujet, et que ce sujet possède en outre un autre caractère, le premier caractère s'affirme ou se nie du second, mais seulement à titre particulier. Ainsi, de ce que le sage est libre, et de ce qu'il est homme, on conclura que le caractère de la sagesse conviendra à quelque homme. C'est le principe du syllogisme de la troisième figure.

En un mot, les deux premières figures concluent universellement, la première de l'antécédent au conséquent, la seconde du conséquent à l'antécédent; la troisième figure conclut particulièrement. Elles ont donc chacune leur principe indépendant. Et comme l'esprit ne peut conclure qu'universellement ou particulièrement, il n'y a pas de quatrième figure possible.

*D.* **Syllogismes irréguliers et composés.** — En dehors du syllogisme normal, que nous venons d'étudier, il existe quelques formes de *syllogismes irréguliers*. Les principaux sont :

1° L'*enthymème*, syllogisme écourté, où l'une des prémisses manque. « Je l'ai pu conserver; je le pourrai donc perdre » (la mineure « qui peut conserver, peut perdre » est sous-entendue).

2° L'*épichérème*, syllogisme développé, où chacune des prémisses est accompagnée de ses preuves.

3° Le *polysyllogisme*, série de syllogismes enchaînés les uns aux autres, de façon que la conclusion de chacun d'eux serve de majeure ou de mineure au suivant.

4° Le *sorite*, polysyllogisme écourté, où quelques

termes sont supprimés. Exemple : le raisonnement du renard dans Montaigne : « cette rivière fait du bruit; ce qui fait du bruit remue; ce qui remue n'est pas gelé; cette rivière n'est pas gelée; ce qui n'est pas gelé ne peut porter ; cette rivière ne peut porter. »

Il existe aussi des *syllogismes composés*. Ce sont :

1° Le *syllogisme hypothétique*. Exemple : s'il fait clair, il est jour ; or il fait clair, donc il est jour

2° Le *syllogisme disjonctif*. Exemple : ou il fait jour, ou il fait nuit; or il fait jour, donc il ne fait pas nuit.

3° Le *dilemme*. Ainsi le célèbre dilemme de Mathan dans *Athalie* peut se ramener à ceci : ou Joas est issu de parents illustres, et alors « la splendeur de son sort doit hâter sa ruine »; ou il est issu de parents obscurs, et alors « qu'importe qu'au hasard un sang vil soit versé? »; de toute façon, il doit périr.

Ces trois sortes de syllogismes peuvent aisément se ramener à des syllogismes simples, dont ils sont formés par combinaison.

# CHAPITRE XXXVII

## DE LA MÉTHODE EN GÉNÉRAL : ANALYSE ET SYNTHÈSE

Nous venons de voir les différents procédés qu'emploie l'esprit humain pour parvenir à la connaissance; nous devons maintenant jeter sur eux un regard d'ensemble.

*A.* **Analyse et synthèse.** — Ces huit procédés peuvent tous, semble-t-il, être ramenés à deux types principaux : l'analyse et la synthèse.

L'observation s'attache à un fait, qu'elle isole du reste de la nature pour le considérer en détail; dans l'intérieur même de ce fait, elle isole un ou deux caractères qui intéressent particulièrement le savant. Elle procède donc par décomposition, par *analyse*. L'expérimentation fait exactement de même.

Au contraire, l'induction rattache un fait à sa cause, pour ériger leur rapport en loi universelle : elle agit donc par rapprochement, par composition, par *synthèse*. — La classification groupe les faits de même nature; elle est donc, elle aussi, une synthèse. — La définition réunit dans une même formule tous les caractères d'un être ou d'une espèce : synthèse. — L'hypothèse qui rattache plusieurs choses entre elles, l'analogie qui nous fait passer de l'une à l'autre, sont dans le même cas. — Et la déduction enfin, qui associe deux prémisses pour en tirer

## ANALYSE ET SYNTHÈSE.

une conclusion, ne procède non plus que par synthèse.

En résumé donc, les deux premiers procédés de la science (observation et expérimentation) sont des analyses; les six autres sont des synthèses.

**B. Marche générale de la science.** — Que peut-on conclure de là pour l'histoire générale de la science? On en peut conclure que la science a commencé par l'analyse pour finir par la synthèse. Car, pour synthétiser, pour associer des données, ne faut-il pas d'abord avoir ces données elles-mêmes? Et comment les aurait-on acquises, si ce n'est par l'observation et l'expérimentation, c'est-à-dire par l'analyse de la nature? Telle est donc la loi unique qu'a dû nécessairement suivre toute science : débuter par l'analyse, se continuer et s'achever par la synthèse.

Mais toutes les sciences n'ont pas même objet. Les unes, les sciences mathématiques et les sciences physiques, ont un objet simple, parce qu'elles n'étudient que certaines propriétés des choses. Les autres, les sciences naturelles et les sciences sociales, ont un objet complexe, parce qu'elles étudient les êtres dans la totalité de leurs caractères (voir chap. II). Les premières, ayant un objet plus simple, ont dû arriver plus vite à l'embrasser tout entier; elles doivent donc arriver plus tôt à leur perfection que les secondes, dont l'objet, plus complexe, doit être plus long à épuiser. Aussi les premières sont-elles dès maintenant bien plus avancées que les secondes. Mais nous venons de voir que l'état d'achèvement d'une science se marque par l'emploi qu'elle fait de la synthèse, tandis que son état rudimentaire se marque par ce caractère qu'elle n'en est encore qu'aux procédés analytiques, observation et expérimentation. Nous devons donc penser :

1º Que les sciences les plus avancées (sciences mathématiques) ont depuis longtemps dépassé le stade analytique de l'observation et de l'expérience, pour employer les procédés synthétiques, et notamment le dernier et le plus parfait d'entre eux, la déduction;

2° Que les sciences physico-chimiques, un peu moins simples, par conséquent un peu moins avancées, atteignent déjà la synthèse, mais sans manier encore la déduction aussi aisément que les précédentes, et sans même s'être totalement affranchies des procédés analytiques;

3° Que les sciences naturelles, beaucoup plus complexes, en sont encore à l'analyse, et ne font guère qu'entrevoir l'état synthétique;

4° Que les sciences sociales, enfin, sont réduites à un état analytique beaucoup plus rudimentaire encore.

C'est cette conception que va justifier et démontrer l'examen de détail que nous allons faire des méthodes de ces différentes sciences, — méthodes qui sont tout entières formées par la combinaison, en proportions diverses, des huit procédés logiques examinés jusqu'ici.

# CHAPITRE XXXVIII

### MÉTHODE DES SCIENCES MATHÉMATIQUES

A. **Historique de la méthode des sciences mathématiques.** — Ces sciences, comme toutes les autres, ont commencé par l'observation. Les premiers hommes qui songèrent à remarquer la forme des objets qui les entouraient s'aperçurent que nombre de ces objets présentaient des formes analogues entre elles. Ils classèrent ainsi tous ces objets en un certain nombre de groupes, suivant qu'ils leur paraissaient limités par deux, trois, etc..., côtés, ou bien par deux, trois, etc.., surfaces. Ils donnèrent un nom, une définition, à chaque groupe ainsi formé : ils définirent le triangle, le carré, le cercle, la pyramide, le cylindre, le cône, etc... Puis, constatant que chacune de ces formes présentait un ensemble de propriétés liées entre elles par des rapports constants, ils établirent les lois de chacune d'elles. Et enfin, de ces lois trouvées par induction, ils déduisirent d'autres lois secondaires, par le simple raisonnement, et sans recourir de nouveau à l'expérience autrement que pour les vérifier. C'est l'ensemble des lois ainsi établies qui constitue aujourd'hui les sciences mathématiques.

A la théorie que nous venons d'esquisser sur l'origine et le développement des mathématiques, on a présenté plusieurs objections auxquelles nous allons répondre.

1re *Objection.* Tout d'abord, dit-on, les mathématiques ne peuvent avoir eu leur origine dans l'observation ; car les objets qu'elles étudient sont fort différents de ceux que l'observation nous montre. Les mathématiques raisonnent sur des cercles et des triangles parfaits; mais, dans la nature, aucun objet n'est parfaitement circulaire ni parfaitement triangulaire; les mathématiques n'ont donc pu prendre leurs objets à l'observation de la nature, et les idées sur lesquelles elles raisonnent sont de pures créations de l'esprit.

*Réponse.* Sans doute, aucun objet naturel n'est terminé par des lignes parfaitement droites, par des surfaces parfaitement planes; mais chacun dévie de la ligne droite, de la surface plane, dans un sens différent; si bien que, quand on fond en une idée unique les idées de ces divers objets, ces déviations en sens contraire se neutralisent. L'homme a donc parfaitement pu, en groupant entre elles les formes analogues, et en éliminant leurs caractères accidentels pour ne voir que le caractère essentiel qui les rapprochait, dégager des idées qu'il s'en formait l'idée de lignes parfaitement droites et de surfaces parfaitement planes, c'est-à-dire l'idée de figures géométriques régulières.

2e *Objection.* Si les mathématiques, dit-on, dérivaient vraiment de l'expérience, les définitions des figures géométriques (cercle, sphère, etc.) seraient les définitions des groupes d'objets réels présentant ces figures. Ce seraient donc des définitions de choses, ou, plus exactement encore, des définitions d'espèces (voir le chapitre « de la Définition »); or, de semblables définitions se placent, nous le savons, à la fin de la science. Mais, au contraire, les définitions mathématiques sont des définitions de mots, et elles se placent au début de la science. Donc il n'est pas possible qu'elles dérivent de l'expérience.

*Réponse.* — Les définitions mathématiques ont été, en effet, au début, des définitions d'espèces, et ces définitions, au temps où les hommes ne savaient encore que rapprocher d'après leurs formes extérieures les objets réels, ces définitions étaient bien le résumé et le terme de cette science rudimentaire. Mais depuis nous avons fait des progrès; nous avons appris à tirer de l'étude de ces formes, par induction, leurs lois fondamentales, et à déduire de celles-ci des lois dérivées. Or, c'est une règle générale que, lorsqu'on avance dans une science et qu'on arrive à toucher ses sommets, on oublie les premiers pas qu'on y a faits et les premières difficultés qu'on y a rencontrées. Lequel d'entre nous se souvient encore du temps où il apprenait à lire les lettres de l'alphabet? Et pourtant c'est cette première étude qui nous a permis, qui seule pouvait nous permettre de faire toutes les autres. Il en a été ainsi pour les sciences mathématiques. En les approfondissant, en les construisant par induction et surtout (ultérieurement) par déduction, on a oublié les primitives observations qui en avaient été l'origine; on a cru que les notions dont on partait pour déduire toutes ces savantes conséquences avaient été de tout temps possédées par l'esprit. Et alors les définitions mathématiques n'ont plus paru être ce qu'elles étaient au début, les définitions des espèces entre lesquelles se répartissent les êtres réels; elles ont paru être des notions innées en nous, de pures créations de notre intelligence. Elles sont venues au commencement de la science, puisque tout ce qui les précédait (observation, classification) avait été oublié; et elles ont paru n'être que des définitions de mots. Mais en réalité il n'en est pas ainsi : elles sont bien, elles aussi, des définitions de choses; et c'est pour cela que, quoi qu'on en dise, le savant n'est pas libre de les modifier à sa volonté. Nous l'avons déjà dit, celui qui voudrait définir le triangle « une figure à quatre côtés » (comme certains logiciens lui en reconnaissent le droit) serait universellement traité de fou; et si l'on n'est pas libre de changer à son gré les définitions reçues, n'est-ce pas parce que ces définitions expriment les propriétés d'objets réels et ont été tirées de l'observation même de la nature?

En un mot donc, les mathématiques, n'ayant à étudier qu'un objet relativement simple (les seules propriétés numériques des êtres), ont pu progresser plus vite que les sciences astreintes à étudier des êtres concrets dans toute leur complexité. Aussi les sciences mathématiques sont-elles arrivées vite, après avoir observé, classé et défini les formes des objets réels, à en découvrir par induction les lois générales, et à tirer de celles-ci, par déduction, des lois particulières. A l'état actuel, ces sciences ne procèdent même plus que par déduction. Mais cet état de perfection ne doit pas nous faire oublier les états rudimentaires que les sciences mathématiques ont dû traverser d'abord; et l'emploi exclusif qu'elles font aujourd'hui du raisonnement ne peut nous cacher qu'elles ont dû, comme toutes les autres sciences, débuter par l'observation.

*B.* **Méthode actuelle des sciences mathématiques.** — Ayant indiqué comment se sont constituées peu à peu les mathématiques, nous devons insister maintenant sur leur état actuel, sur les procédés qu'elles emploient aujourd'hui.

Dans la composition de toute science mathématique entrent : 1° et 2° des *définitions* et des *axiomes*, qui sont la base de la science; 3° des *démonstrations*, qui en sont le corps.

Pour les définitions mathématiques, nous avons déjà indiqué leur caractère. Nous avons vu que ce sont des définitions de choses devenues ultérieurement des définitions de mots.

Les axiomes ou postulats mathématiques sont des propositions qui ne peuvent être démontrées, et qui n'ont pas besoin de l'être, car elles sont évidentes par elles-mêmes. On en distingue de deux sortes :

1° les axiomes communs à toutes les sciences mathématiques; ex. : « le tout est plus grand que la partie ».

2° les axiomes propres à la géométrie; ex. « par un point extérieur à une droite on peut lui mener une parallèle, et l'on ne peut lui en mener qu'une » (postulatum d'Euclide).

D'où les axiomes tirent-ils leur valeur? Distinguons :

1° Les axiomes communs à toutes les sciences mathématiques reposent immédiatement sur les définitions mêmes par lesquelles s'ouvrent ces sciences. Ainsi, de la définition du « tout » et de la « partie » résulte immédiatement l'axiome « le tout est plus grand que la partie », puisque le tout est, par définition, la somme des parties. — Mais ces définitions elles-mêmes dérivent, nous l'avons vu plus haut, de l'expérience. Ces axiomes en dérivent donc aussi.

2° Les axiomes propres à la géométrie ne peuvent être démontrés, parce qu'ils ne résultent pas immédiatement des définitions. Mais ils sont « évidents par eux-mêmes »; en ce sens que l'expérience la plus simple les confirme sans cesse. Pour se convaincre, par exemple, de la vérité du postulatum d'Euclide, il n'y a qu'à prendre une équerre, une règle et un crayon, et à essayer de faire le dessin : on verra immédiatement que rien n'est plus simple que de mener une parallèle à une droite par un point extérieur à cette droite, et que rien ne serait plus impossible au contraire que de lui en mener deux. C'est même la seule démonstration probante qu'on en ait pu, malgré bien des efforts, donner jusqu'ici. — Qu'en résulte-t-il, sinon que ces axiomes dérivent, comme les précédents, de l'expérience, et que c'est l'observation seule qui a pu nous les enseigner?

Restent les démonstrations qui, s'appuyant sur les définitions et les axiomes, forment le corps même de la science. Ces démonstrations sont de diverses espèces :

1° En arithmétique et en algèbre, elles portent seulement sur des *quantités*; tout ce qu'on veut démontrer, c'est l'*égalité de deux grandeurs*. En géométrie, en mécanique, en astronomie, elles portent au contraire sur des *qualités* : ce qu'on veut ici prouver, c'est l'existence d'un *rapport de position* entre des points, des lignes, des surfaces, des corps solides. Mais ce qu'il y a de remarquable, c'est que, pour établir ce rapport de position, on cherche à le ramener, lui aussi, à un rapport de grandeur. Exemple : on veut démontrer que les trois médianes se coupent en un même point : ce sont donc leurs positions respectives qu'on étudie; mais, pour faire cette démonstration, on cherchera à prouver qu'elles se coupent réciproquement au tiers de leur hauteur, c'est-à-dire que $OE = \frac{BO}{2} = \frac{2}{5} BE$ qui ce est comparer plusieurs grandeurs.

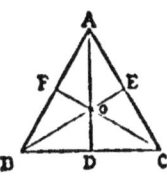

Les démonstrations mathématiques portent donc : soit directement (en algèbre et en arithmétique) sur des quantités; soit directement (en géométrie, en mécanique et en astronomie) sur des qualités, indirectement sur des quantités.

2° Les démonstrations sont : ou bien *immédiates*, comme

MÉTHODE DES SCIENCES MATHÉMATHIQUES. 253

lorsqu'elles peuvent se tirer d'une *identité* ou d'une équation évidente par elle-même; ou bien *médiates*, lorsqu'il faut, pour passer des données connues à la proposition à démontrer, recourir à une série plus ou moins longue de propositions intermédiaires, celles-ci pouvant être elles-mêmes, comme en algèbre, des *équations*, ou, comme en géométrie, des *relations de grandeur* (équations) et des *relations de quantité* à la fois.

Tel sont les principaux types auxquels peuvent se ramener les démonstrations mathématiques[1].

---

1. Signalons encore cependant :
1° La démonstration par l'absurde, c'est-à-dire par la fausseté de la proposition contraire, dont nous avons plus haut signalé le vice (voir chapitre précédent, règles de l'opposition).
2° La démonstration dite « analytique », qui, supposant démontrée la proposition qui est en question, en déduit des conséquences jusqu'à ce qu'elle arrive à une formule, dont la vérité est connue par ailleurs; et qui conclut alors de la vérité de la conséquence à la vérité du principe, c'est-à-dire de la proposition en question.

# CHAPITRE XXXIX

## MÉTHODE DES SCIENCES PHYSIQUES

Les sciences physico-chimiques ont eu la même origine et la même évolution que les sciences mathématiques. Prenons comme exemple la partie de ces sciences qui traite de la pesanteur. Évidemment, les premières notions que les hommes ont eues de la pesanteur leur sont venues de la simple *observation* : c'est en voyant tomber des corps à la surface de la terre, ou en essayant de soulever eux-mêmes certains objets, qu'ils se sont fait l'idée de « chose pesante ». Cette idée s'est précisée par des *expériences* qu'ils ont faites, d'abord naïvement (ces expériences des premiers âges ont dû être fort semblables à celle de l'enfant qui jette un bâton dans l'eau pour voir s'il surnagera), et dans la suite d'une façon de plus en plus réfléchie et scientifique (expérience de Montgolfier qui gonfle un ballon de gaz chaud pour voir s'il s'élèvera dans l'air). Par ces observations et ces expériences, l'homme apprit que les différents corps n'ont pas tous une même pesanteur : il s'habitua dès lors à les grouper à ce point de vue, en deux ou trois grandes catégories; il en fit une première *classification*. Et par là même il fut porté à donner un nom à ces diverses catégories, à *définir* les corps légers, les corps graves, etc. Ce n'est qu'après avoir ainsi formé des groupes de faits qu'il songea à dégager les lois qui régissent chacune d'elles. En comparant les unes aux autres les diverses observations qu'il avait pu recueillir, en faisant des expériences spécialement dirigées dans ce but, il parvint à trouver, par *induction*, la loi de la chute des corps et sa formule précise. Puis, une fois cette formule trouvée, il raisonna sur elle, il en tira des conséquences, et, en l'associant avec d'autres lois physiques découvertes par des moyens analogues, il en conclut, par *déduction*, certaines lois dérivées ; et c'est le développement méthodique de ces lois qui constitue aujourd'hui la plus grande partie de toute étude scientifique de la pesanteur.

Ainsi, nous venons de le montrer, six des procédés scientifiques à nous connus ont servi successivement, au cours des siècles, à constituer cette branche de la science physique. Ce n'est pas tout : l'*hypothèse* et l'*analogie* ont eu aussi leur rôle ; car avant d'être des lois scientifiquement démontrées, les lois de la pesanteur ont été des intuitions de l'esprit, des hypothèses que le savant se forgeait en considérant les analogies des phénomènes. Mais le rôle de l'hypothèse va nous paraître bien plus considérable encore si, quittant cette étroite étude de la pesanteur, nous envisageons l'ensemble de la science physique. On le sait, en effet, pour le savant contemporain, les diverses branches des sciences physico-chimiques ne sont plus que les parties d'un même tout. Les phénomènes dans lesquels la science des derniers siècles voyait le produit de « forces » distinctes, pesanteur, son, lumière, électricité, chaleur, etc., ne nous paraissent plus aujourd'hui que les aspects divers d'un fait unique, le mouvement. Nous estimons donc qu'il n'y a dans la nature physique qu'un seul ordre de faits, les faits de mouvement, et un seul ordre de lois, les lois du mouvement ; tous les faits et toutes les lois physiques n'étant que des formes spéciales du mouvement et de ses lois. Mais cette hardie réduction de toutes les forces physiques à l'unité n'est jusqu'ici qu'une hypothèse. Et, comme elle est, en somme, la plus grande idée qu'ait eue la physique contemporaine, il faut donc dire qu'au sommet de cette science se place une vaste hypothèse.

Ceci nous permet de comprendre comment tend à se constituer actuellement la science physique. On part de cette grande hypothèse, l'unité des forces physiques, et leur réduction au mouvement. On pose la loi générale du mouvement ; on essaye d'en déduire les lois des diverses formes du mouvement (son, chaleur, etc.)[1]. On espère arriver ainsi à constituer la physique comme une pure chaîne de raisonnements, partant d'un grand principe pour se continuer par une série de déductions ininterrompue, exactement comme font les mathématiques elles-mêmes[2]. Quand on en sera arrivé à ce point, les sciences physiques auront revêtu (comme l'ont déjà fait les sciences mathématiques) une forme exclusivement déductive. Et

---

1. Car, pour la physique moderne, le son, la chaleur, etc., n'étant que des mouvements plus ou moins rapides, il suffirait de connaître leur forme et leur vitesse, et d'introduire ce coefficient dans la formule générale du mouvement, pour en tirer les lois de ces espèces particulières de mouvement. Mais le difficile est justement de savoir quelle est la forme et la vitesse de chaque espèce.

2. Car les sciences mathématiques elles aussi, ou tout au moins les moins abstraites d'entre elles, géométrie, mécanique, astronomie reposent sur une hypothèse générale, sur l'hypothèse qu'il existe dans la nature des lignes *parfaitement* droites, des surfaces *parfaitement* planes. Cette hypothèse n'est pas directement vérifiée, car les sens ne nous montrent pas dans les corps réels cette perfection. Mais elle l'est indirectement, par ce fait que les calculs mathématiques, tous fondés sur cette hypothèse, ont toujours pu s'appliquer aux choses réelles, en mécanique par exemple.

cependant l'observation n'en pourra être totalement
bannie; car elle servira à vérifier ces lois obtenues déductivement, et, par là même, à vérifier l'hypothèse générale
dont ces lois ont été déduites. De sorte que l'observation
continuera à jouer un rôle, même dans cet état parfait et
idéal de la science physique. Et comme, d'autre part,
c'est sur la série des observations primitives que s'est peu
à peu étayé l'édifice des lois inductivement établies dont
sont sorties les premières déductions; comme c'est en
comparant entre elles ces observations et ces lois multiples que le savant a été amené à cette hypothèse générale
qui domine la science moderne; il faut dire que l'observation, ayant été ainsi l'origine de la science et lui restant
indispensable même à son dernier terme, ne saurait y être
traitée avec dédain. Il est bon, sans doute, et il est nécessaire, que la physique arrive un jour à se constituer
déductivement, comme y sont déjà arrivées les mathématiques. Mais cela ne saurait nous faire croire que
la déduction en ait toujours été le principal procédé, ni
même qu'elle puisse jamais en devenir le procédé exclusif.

# CHAPITRE XL

### MÉTHODE DES SCIENCES NATURELLES

Les sciences naturelles ont suivi la même marche que les sciences physiques. Mais, étant beaucoup plus complexes, elles ont dû faire des progrès bien moins rapides, et elles n'ont pu encore se mettre en pleine possession des procédés scientifiques les plus élevés.

L'observation, tout d'abord, forme évidemment la base même des sciences naturelles. C'est à elle que sont dues, encore aujourd'hui, la plupart des données dont ces sciences sont faites.

L'expérimentation y a-t-elle un rôle? évidemment.

1º En physiologie, elle est l'instrument principal de la recherche. Le meilleur moyen que nous ayons pour étudier le fonctionnement du mécanisme animal est d'agir sur lui. Pour voir comment s'opère la respiration, par exemple, on placera l'animal dans un milieu gazeux artificiellement préparé, en notant les quantités des différents gaz avant l'expérience, après un certain nombre d'inspirations, après un certain nombre d'autres, etc....

2º Mais on a prétendu parfois que l'expérimentation n'avait point d'usage en anatomie; car, dit-on, si nous pouvons modifier les fonctions de l'animal, nous sommes incapables de modifier ses formes, objet de l'anatomie. —

C'est une erreur : en modifiant le milieu qui entoure un être, on modifie sa forme même. C'est ainsi que, en cultivant une même plante dans deux sols différents, on arrive à lui donner des aspects très divers, à produire chez elle des variétés notablement distinctes. C'est ainsi encore que Darwin a pu, par une action continue et savamment combinée, modifier en quelques années la forme de plusieurs races de pigeons. — En somme, la culture et l'élevage, qui sont des expériences à leur manière — et des expériences même très fructueuses pour le savant — ne font pas autre chose que modifier les formes naturelles des êtres vivants en modifiant leur alimentation et leur milieu.

Une fois les êtres réels connus par l'observation et l'expérimentation, le naturaliste essaye de les grouper entre eux par la classification. Former des classes qui reproduisent exactement les véritables divisions naturelles est même le principal souci qu'ait à l'heure présente la biologie. La classification elle-même implique :

1º La définition ; car pour classer des individus, il faut les avoir définis ; et, une fois la classe elle-même formée, on cherche à la définir à son tour par l'énumération des caractères communs à tous les êtres qui la composent ;

2º L'hypothèse ; car, avant d'être scientifiquement établi, le groupement des êtres réels n'a d'abord été qu'une hypothèse fondée sur leurs analogies ;

3º L'induction, en tant qu'elle établit des lois de coexistence. Car, le groupement hypothétique une fois conçu, il s'agit de lui donner une base solide. Pour cela, nous le savons, il faut dégager les caractères essentiels des êtres, seuls capables de fonder entre eux des rapprochements sérieux. Mais, pour pouvoir dire qu'un caractère est essentiel, il faut avoir démontré qu'il entraîne avec lui un certain nombre de caractères subordonnés, en vertu d'une loi de coexistence. Il faut donc avoir établi de semblables lois de coexistence : or, c'est par l'induction qu'on établit ces lois, comme d'ailleurs toute espèce de lois; il y a donc des inductions implicitement contenues dans l'établissement de toute classification scientifique.

L'induction n'a eu longtemps que ce rôle en sciences naturelles : établir les lois de coexistence qui servent de fondement à la classification. Elle n'y a donc été longtemps que l'auxiliaire de la classification elle-même. Mais elle tend aujourd'hui à y prendre un rôle plus large et plus indépendant. Elle prétend arriver à établir, en biologie, non plus seulement des lois de coexistence, mais des lois de succession. Nous savons aujourd'hui, en effet, que les espèces naturelles ne restent pas immuables, mais qu'elles varient sans cesse sous l'influence du genre de vie que mène l'individu et de l'action qu'exerce sur lui son milieu. Une variation dans le milieu entraîne donc à sa suite une variation dans l'organisme, et l'on peut établir entre ces deux faits un rapport de causalité dans le temps, un rapport de succession. Mais ces rapports, comme tous les rapports de causalité, sont universels : ce sont des lois. Formuler ces lois sera l'œuvre de l'induction. — L'induction montrera donc comment, sous l'action des forces extérieures, les êtres vivants se sont peu à peu transformés, et elle arrivera même, espère-t-on, à donner une loi générale qui résume toutes ces modifications successives. — Cela fait, la déduction pourra à son tour jouer un rôle. La formule universelle de l'évolution des êtres étant découverte, on pourra en déduire, par le simple raisonnement, les lois de certaines transformations particulières qui n'auraient pas été jusque-là directement observées, mais qu'on pourra cependant ensuite vérifier par l'expérience. Ainsi on arrivera un jour, espère-t-on, à amener les sciences naturelles au point où en sont aujourd'hui les sciences physiques, c'est-à-dire à l'étape de l'induction et, mieux encore, de la déduction. Mais ce jour semble encore assez éloigné.

# CHAPITRE XLI

## MÉTHODE DES SCIENCES SOCIALES

Les sciences sociales peuvent être divisées en deux groupes :

1. Les unes sont véritablement des sciences, parce qu'elles étudient *ce qui est*. Ce sont l'anthropologie, la psychologie, la philologie, qui étudient la façon dont sont constituées les races humaines, l'esprit humain, les diverses langues ; c'est l'histoire, qui étudie l'évolution des sociétés humaines ; c'est l'économie politique, qui examine la façon dont se forment, circulent, se répartissent et se consomment les richesses. Toutes ces sciences emploient les mêmes procédés que les sciences naturelles, à savoir :

1° L'observation ;
2° L'expérimentation[1] ;

---

[1]. L'emploi de l'expérimentation est ici particulièrement difficile, car on ne peut faire des expériences sur des hommes avec la même désinvolture que sur des corps bruts ou même sur des animaux. Cet emploi cependant n'est pas sans exemple. Nous avons déjà cité (chap. v, B) des exemples d'expérimentation en psychologie, et nous ne saurions faire mieux que d'y renvoyer.

Du témoignage. Dans les sciences sociales, comme d'ailleurs dans les sciences physiques et naturelles, le savant ne peut pas avoir observé ou expérimenté par lui-même tous les faits qu'il rapporte. Il doit en relater un certain nombre sur la foi des investigateurs précédents : il doit donc accepter le *témoignage* de ceux-ci. — Sur quoi

MÉTHODE DES SCIENCES SOCIALES.

3° La classification, avec ses annexes : définition, hypothèse et analogie, induction en tant qu'elle établit des lois de coexistence.

Comme les sciences naturelles aussi, les sciences sociales tendent à employer l'induction pour établir des rapports de causalité et de succession (ainsi l'histoire cherche à trouver la cause des faits les plus importants), et, par delà ces rapports particuliers, la loi universelle qui doit régir toute l'évolution humaine. Une fois cette loi univer-

se fonde notre confiance dans le témoignage d'autrui? Sur cette simple idée que, l'homme se servant de la parole pour exprimer sa pensée, tout homme doit être cru en principe, à moins qu'on n'ait de sérieuses raisons de douter de ce qu'il dit. — Quelles peuvent être ces raisons? Il y en a de deux sortes : 1° ou bien il semble que le témoin qui rapporte le fait s'est lui-même trompé (il a mal vu, il a été induit en erreur par de faux récits, etc.); 2° ou bien il semble que, sachant lui-même la vérité, il a voulu nous tromper (par intérêt, par caprice, etc....). — Il faudra donc, avant d'accepter un témoignage, se demander : 1° si le témoin sait la vérité (s'il a été en mesure de l'apprendre, s'il est assez intelligent pour la comprendre); 2° s'il veut nous la dire (s'il n'a pas de raison de nous cacher la vérité ou de nous induire en erreur). — Quand on aura plusieurs témoignages sur un même fait, il faudra les comparer; s'ils sont d'accord, c'est une présomption en faveur de la vérité du fait allégué; s'ils ne le sont pas, il faudra, non pas tant les compter, que les *peser* pour voir lequel mérite le plus de confiance. — Applications de ces règles en histoire. L'historien recueille des témoignages de toute sorte : témoignages oraux, traditions populaires, écrits, monuments historiques (les monuments et les inscriptions sont la plus précieuse source de renseignements que nous ayons sur la vie des peuples antiques). Quand il s'agit ainsi de témoignages conservés dans des écrits ou des monuments, il y a lieu (avant même de chercher si l'auteur du livre ou de l'inscription savait la vérité et voulait la dire) de se demander si le livre ou l'inscription sont authentiques, c'est-à-dire s'ils émanent bien du personnage à qui on les attribue; autrement ils perdraient toute valeur, du moins comme témoignages émanant de ce dernier, quoique peut-être ils puissent encore avoir leur utilité, comme servant à nous faire connaître l'état d'esprit du faussaire qui les a fabriqués et le milieu dans lequel il vivait.

selle trouvée, on pourra songer à en tirer, par déduction, des conséquences nouvelles, à prévoir à coup sûr, par exemple, l'avenir de telle ou telle société humaine. — Mais ce ne sont là encore que des espérances; et, loin d'en être déjà arrivées à ce terme, les sciences sociales sont aujourd'hui presque réduites encore à la simple observation. Elles sont donc moins avancées que les sciences naturelles elles-mêmes, ce qui est d'ailleurs fort intelligible, puisqu'elles sont plus complexes.

II. Mais il existe un autre groupe de sciences sociales dont la méthode semble être toute différente. Ce groupe comprend surtout la morale et le droit, qui donnent des règles à l'activité humaine pour la diriger vers le bien et le juste; il comprend aussi cette partie de l'économie politique qui prétend indiquer aux hommes et aux gouvernements les meilleures mesures à prendre pour le développement de la richesse sociale.

Comment procèdent ces sciences? Elles posent un idéal : le bien, le juste, l'accroissement des richesses. Elles se demandent ensuite de quels moyens l'homme dispose pour atteindre cet idéal. Puis, de ces deux données combinées, elles déduisent les règles qu'il doit suivre pour l'atteindre. Leur procédé essentiel est donc la déduction.

Ceci peut sembler de nature à nous étonner. Comment se fait-il que dans les sciences sociales, qui, vu la complexité de leur objet, doivent être les moins avancées des sciences, nous trouvions la méthode déductive, laquelle est au contraire pour une science la marque de la perfection? Mais nous devons à ce sujet faire deux observations :

1° En premier lieu, la morale, le droit, et la partie « préceptrice » de l'économie politique, ne sont pas, à proprement parler, des sciences, car elles n'étudient pas ce qui est, mais ce qui doit être. Elles sont donc plutôt des *arts*.

2° De plus, nous avons vu que leur déduction comprend trois termes :

α. Majeure : idéal à atteindre ;

β. Mineure : moyens dont l'homme dispose pour l'atteindre ;

γ. Conclusion : règles à suivre pour y parvenir.

Or, de ces trois termes, il en est un, le second, qui suppose la connaissance de l'homme réel : car évidemment, pour pouvoir dire de quels moyens l'homme dispose pour atteindre l'idéal proposé à ses efforts, il faut savoir ce qu'il est, ce que sont ses facultés et son esprit. Ainsi, pour pouvoir construire la morale et le droit, il faut connaître l'anthropologie et la psychologie. Aussi, dès maintenant, les arts sociaux se fondent-ils sur les sciences sociales proprement dites ; mais, celles-ci étant encore imparfaites, eux aussi sont imparfaits. Ils ne pourront arriver à construire des déductions solides que quand les sciences sociales, la psychologie en particulier, auront, par l'observation et l'induction, établi les vraies lois qui régissent la conduite de l'homme réel. C'est donc seulement, en somme, quand ces dernières auront atteint leur point d'achèvement que les premiers pourront prétendre arriver au leur.

Ce cas de la morale et du droit ne contredit donc pas véritablement la règle générale qui veut que la science n'arrive à la déduction qu'après avoir passé par l'observation et l'induction. Cette règle, nous l'avons vue se vérifier successivement dans tous les ordres de sciences. Et en terminant cette étude de la méthode des sciences, nous pouvons conclure ainsi :

Toutes les sciences emploient les mêmes procédés, et

dans le même ordre. Toutes commencent par analyser la nature, au moyen de l'observation et de l'expérimentation. Toutes cherchent ensuite à synthétiser les faits ainsi obtenus, d'abord en les classant et en les définissant, puis en dégageant par induction les lois qui les régissent. Ces classes et ces lois ont été primitivement de simples hypothèses, fondées sur les analogies que les faits présentaient entre eux. Plus tard seulement elles ont été scientifiquement établies. Et alors, immédiatement, l'esprit humain a cherché à en dégager des applications, en en déduisant des lois secondaires. — Telle a été la marche commune de toutes les sciences. Mais les plus simples ont nécessairement marché plus vite que les autres. Aussi les sciences mathématiques sont-elles depuis longtemps arrivées au stade déductif, tandis que les sciences physiques y tendent seulement par l'induction, que les sciences naturelles ne s'élèvent guère au-dessus de la classification, et que la simple observation domine encore dans les sciences sociales proprement dites. — Mais la diversité des points où sont parvenues actuellement les diverses sciences ne doit pas nous faire oublier qu'elles ont suivi une route commune, et que leur méthode à toutes est essentiellement la même.

# SECONDE SECTION

## LOGIQUE CRITIQUE

### CHAPITRE XLII

#### L'ERREUR

On a vu, dans la première partie de la Logique, l'ensemble des procédés employés dans les sciences pour découvrir la vérité. Eh bien, malgré l'emploi intelligent et raisonné de ces divers procédés, l'homme n'a pas pu arriver à la vérité parfaite : non seulement il ignore bien des choses, mais il se trompe, en fait, sur beaucoup de choses qu'il croit savoir. L'erreur existe donc, et nous devons nous en préoccuper.

Il y a deux grandes classes d'erreurs : l'erreur de fait (on prend un fait pour ce qu'il n'est pas) et l'erreur de raisonnement, dite aussi sophisme (on raisonne inexactement).

***A*. Erreur de fait.** — Prendre un fait pour ce qu'il n'est pas, c'est à la fois :

1° Se représenter ce fait autrement qu'il n'est ;

2° Croire qu'il est réellement comme on se le représente.

La première partie de l'erreur est une erreur de représentation (appelée par Descartes *erreur matérielle*) ; la seconde est une erreur de jugement (appelée par Descartes *erreur formelle*). La seconde ne peut aller sans la première ; car, pour croire à la réalité d'une représentation erronée, il faut d'abord avoir cette représentation. Mais la première peut aller sans la seconde ; car on peut se représenter une chose fausse, un centaure par exemple, sans croire qu'il existe réellement. — Examinons les causes de ces deux parties de l'erreur :

I. La représentation d'une chose peut être erronée de trois façons :

1° ou par *excès* : on voit dans la chose plus de caractères qu'elle n'en a réellement ;

2° ou par *défaut* : on lui retranche quelques-uns de ses caractères réels ;

3° ou par *substitution* : en enlevant à une chose plusieurs de ses attributs vrais, en lui prêtant quelques attributs imaginaires, on la métamorphose totalement, on lui substitue une figure tout à fait nouvelle. (Sur tous ces procédés, voir le chapitre de l'Imagination.)

Mais d'où vient que les choses ne nous apparaissent pas telles qu'elles sont en réalité ? Cela peut tenir au fait :

1° des intermédiaires placés entre elles et nous : ainsi le bâton plongé dans l'eau paraît brisé, à cause de la réfringence du milieu dans lequel il se trouve ;

2° de notre propre personnalité : les maladies des sens et de l'esprit, le tempérament inné ou acquis, les passions et les préjugés influent grandement sur la façon dont nous voyons les choses, et peuvent nous faire commettre à leur endroit de multiples erreurs.

II. Tout cela nous explique comment il se fait que nous puissions parfois nous représenter les choses autrement qu'elles ne sont. Mais comment se fait-il que cette représentation erronée nous paraisse véritable, que nous croyions les choses semblables aux fausses idées que nous en avons ?

1° Cela peut tenir à un jugement exprès porté par l'esprit : l'individu qui voit les choses d'un œil prévenu par la passion affirme expressément qu'elles sont comme il les voit, parce qu'il veut qu'elles soient ainsi.

2° Mais d'ordinaire le jugement n'intervient pas ainsi d'une façon expresse pour confirmer l'erreur de la représentation : il laisse celle-ci s'objectiver elle-même, simplement en ne pas la contredisant. Nous savons en effet (voir chapitre XX : idée du monde extérieur) que toute représentation qui n'est pas contredite tend à s'objectiver, c'est-à-dire à être prise pour la chose même qu'elle représente. Or, ici sans doute le jugement pourrait intervenir pour combattre la représentation erronée : il pourrait lui opposer d'autres sensations, des souvenirs, des idées générales, etc..., d'où il résulterait manifestement qu'elle est fausse. Mais précisément il ne le fait pas ; et, alors, en l'absence de toute répression, l'image erronée s'objective.

Le jugement est donc la cause qui nous fait croire à la réalité d'une représentation fausse, par l'acquiescement exprès ou tacite qu'il lui donne, soit que formellement il vienne la confirmer, soit (ce qui arrive le plus souvent) qu'en n'intervenant pas il la laisse s'objectiver d'elle-même.

***B*. Erreur de raisonnement** (*sophisme*). — Les deux principales formes de raisonnement étant l'induction et la déduction, on distingue :

I. Des erreurs ou sophismes d'induction. Induire, c'est généraliser le rapport qui unit un fait à sa cause. Mais, pour cela, il faut avoir dégagé cette cause de l'ensemble des faits antécédents qui ne sont pas cause. D'où une première erreur possible : on peut, en faisant l'énumération des antécédents de l'effet, pour chercher parmi eux la cause, avoir précisément oublié celui qui est cause : c'est le sophisme dit *dénombrement imparfait*. On peut encore avoir pris pour cause un antécédent qui n'est pas cause : c'est le sophisme dit « *non causa pro causa* », (ou encore : *post hoc, ergo propter hoc*). On peut aussi avoir eu le tort d'ériger en loi universelle un rapport tout fortuit, tout accidentel, entre deux faits : c'est le *sophisme de l'accident*, etc....

II. Des erreurs ou sophismes de déduction. D'un syllogisme, d'ailleurs exact, on peut tirer une conclusion qui ne réponde pas à la question proposée : c'est *l'ignorance du sujet*. — Mais le syllogisme lui-même peut aussi être inexact :

1° parce que dans la majeure on a subrepticement introduit la conclusion, prétendant ainsi prouver la conclusion par la conclusion elle-même : c'est le *cercle vicieux* ; ou même simplement parce qu'on a posé dans la majeure une proposition que l'adversaire n'accorderait pas : c'est la *pétition de principe* ;

2° parce que le syllogisme pèche contre l'une des huit règles établies plus haut (voir le chapitre sur la Déduction) pour les règles et les propositions.

Le syllogisme est la forme de déduction où les erreurs s'introduisent le plus facilement. Mais les déductions immédiates peuvent elles-mêmes être erronées, si l'on n'y a pas observé les règles de l'opposition ou de la conversion des propositions.

Notons en terminant que le langage est une des sources les plus fréquentes de ces erreurs dans le raisonnement. C'est ainsi que, quand un mot est susceptible de deux acceptions, l'une spéciale, l'autre plus générale, celui qui emploie ce mot est aisément amené à tomber dans une grossière erreur, en le prenant au sens général quand il ne devrait être employé qu'au sens particulier.

# CHAPITRE XLIII

### LE CRITERIUM DE LA VÉRITÉ

L'erreur existant en fait, y-a-t-il un moyen de la discerner de la vérité? Y-a-t-il un moyen de juger à coup sûr de la valeur d'une idée ou d'une proposition, ou, comme on dit en langue scolastique, un criterium de la vérité ?

On a proposé plusieurs critères :

I. Descartes a proposé l'*évidence*. Toute proposition évidente, dit-il, est vraie. Et M. Herbert Spencer n'a guère fait que répéter la même chose, quand il a dit que « une proposition est vraie, si le contraire est inconcevable ». — Ce criterium, l'évidence, l'inconcevabilité de la négative, est-il suffisant? Nous ne le pensons pas. Quand une idée est évidente, en effet, cela prouve bien qu'elle a, pour nous, le maximum de certitude dont elle est susceptible; mais cela ne prouve pas encore qu'elle soit vraie, c'est-à-dire conforme à la réalité des choses. Car à chaque instant il nous arrive d'être certains d'un fait qui pourtant, vérification opérée, se trouve faux. Donc il ne suffit pas qu'une idée soit évidente pour qu'elle soit exacte. — A quoi Descartes et son école répondent : Quand une idée est fausse, c'est qu'elle n'était pas vraiment évidente. — Mais, répondrons-nous, il y a des idées qui nous ont paru évidentes, et qui pourtant étaient fausses; vous dites qu'elles n'étaient pas vraiment évidentes : donnez-nous donc alors une règle sûre qui nous permette de discerner les vraies évidences des évidences fausses, c'est-à-dire un criterium qui nous permette de juger l'évidence elle-même!

II. D'autres philosophes, en particulier ceux de l'école écossaise (Reid, Dugald-Stewart), ont proposé un autre criterium de la vérité : le *sens commun*. Mais ce second criterium est plus insuffisant encore que celui de l'évidence. Car :

1° le sens commun varie avec le temps et avec le lieu (nous trouvons odieux l'esclavage, que les anciens et nombre de nations modernes regardent comme une institution légitime et nécessaire);

2° le sens commun n'a pas d'avis sur la plupart des questions, sur toutes celles qui passent la portée des esprits médiocres, c'est-à-dire sur toutes celles dont précisément s'occupe la science : quel avis le sens commun a-t-il sur une question de physiologie comparée ou d'analyse infinitésimale?

3° là même où il a un avis, c'est-à-dire surtout dans les questions de morale journalière, le sens commun n'a pas un avis motivé : il décide par instinct, non par réflexion, et il serait fort embarrassé de nous dire ce qui justifie sa décision.

Le sens commun ne saurait donc, en aucune façon, être pris comme juge de la vérité scientifique.

Aucun des critères proposés ne nous a donc paru totalement acceptable. — Mais alors quand faudra-t-il dire qu'une idée est vraie? On ne pourra le dire à la simple inspection de cette idée, puisque son évidence interne n'établit pas sa vérité. Pour pouvoir le dire, il faudra d'abord la comparer avec toutes nos autres idées, pour voir si elle ne les contredit pas, ou si, au cas où elle les contredirait, nous devons la préférer à celles-ci. Il faudra ensuite la comparer avec les idées de nos contemporains sur la question, en tenant compte surtout de l'avis des gens compétents, de l'opinion des savants en la matière. On arrivera ainsi à donner à l'idée nouvelle un très haut degré de vraisemblance et de probabilité. Mais elle n'atteindra à la certitude absolue que lorsqu'elle aura traversé les âges sans avoir reçu, du chef des générations successives, de sérieuses et profondes atteintes. — Mais alors, dira-t-on, je ne puis être certain de la vérité d'une idée, puisqu'il faut, pour que sa vérité soit établie, qu'elle ait duré autant que le monde. — Agissez, répondrons-nous, comme si elle était vraie; et, si elle peut vous servir de guide dans l'action, tenez-la pour bien et dûment démontrée[1].

[1] Voir le chapitre suivant.

# CHAPITRE XLIV

## LE SCEPTICISME

L'existence de l'erreur et l'impossibilité de trouver un criterium absolu qui permette de reconnaître immédiatement la vérité ou la fausseté d'une idée ont engendré, à toutes les époques, des doutes sur la valeur de la connaissance humaine : l'ensemble de ces doutes constitue le *scepticisme*. On distingue trois formes principales de scepticisme : le scepticisme absolu, le probabilisme, le relativisme. Examinons-les successivement.

**A. Scepticisme absolu.** — Cette doctrine fut principalement soutenue dans l'antiquité par le philosophe grec Pyrrhon, contemporain d'Alexandre de Macédoine. Pour cette doctrine, « tout est incertain ». Elle appuie cette proposition sur les arguments suivants :

1° L'erreur existe, et nous ne sommes jamais sûrs de ne pas nous tromper.

*Réponse.* Mais si l'erreur existe, la vérité existe nécessairement aussi : car on ne reconnaît l'erreur que quand on en est sorti.

2° L'esprit humain se contredit sans cesse : aucun homme ne pense comme un autre homme ; quand donc saura-t-on si l'on a raison ?

*Réponse.* Ces contradictions sont plutôt théoriques que

pratiques : car, si les hommes pensent différemment, ils agissent à peu près tous de la même façon. — De plus, on peut espérer que, avec le temps, les divergences théoriques elles-mêmes s'atténueront. L'histoire nous montre en effet un progrès dans ce sens : les divers peuples commencent à comprendre leur esprit réciproque ; les diverses doctrines commencent à se tolérer, à se rapprocher même les unes des autres, etc.

5° Nous ne pouvons nous prouver à nous-mêmes que nous soyons capables d'atteindre la vérité. Comment le prouverions-nous en effet ? Par des raisonnements. Mais pour que ces raisonnements pussent prouver quelque chose, il faudrait que l'intelligence fût véridique, ce qui justement est en question. Un cercle vicieux est donc impliqué dans toute démonstration de ce genre.

*Réponse.* Sans doute, l'esprit humain ne peut pas logiquement se prouver à lui-même sa véracité. Mais l'expérience supplée ici au raisonnement. L'esprit sera capable de vérité, s'il peut connaître les choses assez pour agir sur elles ; si, de la science qu'il en a, il peut tirer des règles de conduite pratique. Or c'est précisément ce qu'il fait, et avec succès. Nous pouvons vivre dans le monde : c'est donc que nous pouvons le connaître, puisque toute notre vie est guidée par les idées que nous nous faisons des choses. L'action est le meilleur criterium de la vérité de l'idée.

Ainsi le scepticisme absolu ne paraît pas acceptable.

*B.* **Probabilisme.** — Devant l'échec de la théorie de Pyrrhon, d'autres philosophes grecs imaginèrent de présenter le scepticisme sous une forme atténuée. « Rien n'est certain, disaient ces penseurs (Carnéade entre autres) ; mais l'esprit peut arriver à une probabilité plus ou moins forte. » La probabilité est à la certitude ce que l'asymptote est à la parabole : elle peut s'en approcher indéfiniment, sans la rencontrer jamais.

Mais énoncer cette proposition, c'est la réfuter. La probabilité en effet suppose la certitude. Pour pouvoir juger de la probabilité, il faut connaître la certitude, puisque, posséder la probabilité, c'est s'approcher de la certitude. Ainsi, dire que l'esprit est capable d'atteindre la probabilité et de l'apprécier, c'est reconnaître implicitement qu'il est capable d'atteindre la certitude.

C. **Relativisme.** — Passons à la forme la plus moderne du scepticisme, le relativisme. Cette doctrine a été soutenue, avec des variantes, par nombre de philosophes éminents, Kant, Auguste Comte, Herbert Spencer, etc. Cette théorie remarque que nos idées ne sont pas la copie exacte des choses. Elles dérivent, en effet, de notre esprit au moins autant que des choses mêmes, et elles portent nécessairement l'empreinte de notre tournure d'esprit propre. Toute connaissance est donc relative : 1° relative d'abord à l'esprit humain en général, puisque les facultés de l'homme sont nécessairement limitées ; 2° relative ensuite à l'être qui connaît en particulier, puisque ses opinions et ses passions propres influent sur sa façon de voir et de juger les choses. En un mot donc, aucune connaissance ne vaut que pour celui qui connaît ; aucune connaissance n'a une valeur absolue.

Nous reconnaissons parfaitement la valeur de ces critiques adressées à la connaissance. Nous ferons remarquer cependant que le caractère relatif et personnel de la connaissance tend à s'atténuer de jour en jour. Sans cesse, en effet, la science arrive à se dégager davantage des préjugés et des fausses notions qui l'ont trop longtemps obstruée. Par l'attention et la réflexion, le savant parvient à échapper à toute passion, de toute prévention dans l'examen des faits. Et le progrès même de la science tend à l'en affranchir de plus en plus. Car, nous l'avons montré, la science, en progressant, tend à prendre la forme déductive : or, quelle place peut être laissée aux passions ou aux opinions personnelles dans un syllogisme, ou, mieux encore, dans une déduction mathématique? — Ainsi l'un des griefs adressés à la connaissance — à savoir, qu'elle est relative à l'individu qui connaît — perd journellement de sa valeur. Quant à l'autre grief — à savoir, qu'elle est relative à l'esprit humain en général — il subsiste sans doute, mais, lui aussi, considérablement atténué : car de jour en jour l'esprit humain s'étend et se développe, agrandit et élève sa science, tend à pénétrer et à dominer la nature entière, perfectionne ses facultés de connaissance en raison de la complexité des choses à connaître. Ici encore, en un mot, nous voyons l'insuffisance de notre savoir s'atténuer peu à peu.

Le relativisme signale donc un défaut de la connaissance humaine qui est réel, mais qui va en diminuant sans cesse. La critique qu'il lui adresse n'a donc pas, elle non plus, — pour prendre les expressions mêmes de cette école, — une « valeur absolue ».

Aucune forme du scepticisme, en un mot, ne nous donne des raisons probantes de méconnaître la valeur de la science. Le scepticisme peut servir à nous apprendre à ne pas accepter trop aveuglément les faits et les systèmes qu'on nous propose, mais il ne doit pas nous faire croire qu'il soit impossible d'atteindre à la vérité.

# CHAPITRE XLV

## L'IDÉALISME

C'est pour échapper au scepticisme que fut inventée, il y a deux siècles environ, par le philosophe anglais Berkeley, une doctrine devenue depuis célèbre sous le nom d'idéalisme. Les relativistes disaient : « Toute connaissance représente l'état de l'esprit au moins autant que l'état des choses; or une connaissance n'est absolument vraie que si elle est une image exacte des choses; donc aucune connaissance n'est absolument vraie. » Berkeley imagina d'échapper à ces conclusions des sceptiques en supprimant le dualisme des choses et de l'esprit, et en proclamant leur identité. Ce que nous nommons les choses, dit-il, ce sont nos idées mêmes. Que sont en effet pour nous les choses extérieures? elles sont pour nous ce que nous les croyons être : « toute leur existence est d'être perçues : *esse est percipi.* » Ainsi les choses n'existent qu'à titre d'idées. Mais nous connaissons parfaitement nos idées. Donc nous connaissons parfaitement les choses, puisqu'elles ne sont que nos idées elles-mêmes.

C'est par cette solution ingénieuse et hardie que l'idéalisme prétend échapper aux doutes des sceptiques. Mais il est aisé de voir que, loin d'y échapper réellement, il mène en réalité à un scepticisme plus complet encore. En assimilant les choses aux idées, en effet, il nie purement et simplement l'existence du monde extérieur : il déclare qu'il n'y a rien de réel en dehors de nos conceptions. Et, dès lors, il doit permettre à chacun de penser ce qu'il veut et, comme conséquence, de faire ce qu'il veut, puisque ses idées sont forcément vraies, quelles qu'elles puissent être. Mais n'est-ce pas la ruine de toute science, et, par contre-coup, de toute morale ?

Heureusement nous pouvons sortir de cette nouvelle forme de scepticisme comme des précédentes. Sans doute, les choses ne sont *pour nous* que ce qu'elles nous paraissent être ; mais elles sont quelque chose *en elles-mêmes*, quelque chose qui existe réellement en dehors de notre esprit. Qu'est-ce qui me le prouve ? dira l'idéaliste. — Ce qui le prouve, c'est que nous ne sommes pas la seule cause de nos propres idées. Quand j'entends le son d'une voiture qui passe sous mes fenêtres, quand je vois devant moi la lumière d'une lampe, est-ce mon esprit qui se forge à lui-même ces notions, ou ne reçoit-il pas du dehors l'impression sensible qui en est la première origine ? Or d'où nous vient cette impression, si ce n'est de la chose même à laquelle elle nous fait penser ? Ainsi les choses extérieures doivent exister, ne fût-ce que comme *causes de nos idées.* Il y a donc quelque chose de réel en dehors de moi, quelque chose que ma pensée peut connaître et qu'elle doit s'efforcer de pénétrer et de représenter fidèlement. Les choses sont distinctes des idées — c'est la réponse à faire à l'idéalisme ; mais les idées peuvent reproduire les choses — c'est la réponse à faire au scepticisme. Ni l'une ni l'autre de ces doctrines ne peut donc nous empêcher de croire que l'esprit humain, s'il n'a pas encore atteint à la vérité absolue, est capable de l'atteindre un jour[1].

1. La doctrine opposée à l'idéalisme, celle qui soutient (avec nous) que la connaissance porte sur les choses mêmes et non pas seulement sur leurs idées, se nomme le *réalisme*. De même, la doctrine opposée au scepticisme, celle qui prétend qu'une connaissance absolue des choses est possible (au moins dans l'avenir), se nomme le *dogmatisme*.

Toutes ces doctrines diverses traitent de la *nature de la connaissance*. Les unes traitent de la matière de la connaissance, idées ou choses : ce sont l'idéalisme et le réalisme. Les autres traitent de la valeur de la connaissance relative ou absolue : ce sont le scepticisme et le dogmatisme. — Il faut bien se garder de les confondre avec d'autres doctrines, telles que le monisme et le dualisme, le panthéisme, le matérialisme et le spiritualisme, doctrines qui traitent de la *nature de l'être*, et que nous retrouverons en métaphysique.

# TROISIÈME PARTIE

## MÉTAPHYSIQUE

# CHAPITRE XLVI

## OBJET DE LA MÉTAPHYSIQUE

Nous avons vu, en logique, par quels procédés les sciences se forment. Une fois formées, les sciences conduisent à certaines conclusions. Chacune d'elles a ses conclusions spéciales. Mais de l'ensemble de ces conclusions se dégagent certaines idées maîtresses, qui constituent pour nous une vue générale sur le monde. C'est l'étude de ces idées maîtresses qui forme ce qu'on nomme la *métaphysique*[1].

[1]. Voici l'explication étymologique du mot « métaphysique ». Aristote avait écrit, sur l'univers et sa cause suprême, quatorze fragments (dont plusieurs d'une haute valeur), qu'il n'avait pas lui-même réunis en un livre unique. Après sa mort, quand ses successeurs voulurent publier le recueil complet de ses œuvres, ils placèrent ces quatorze fragments après les traités écrits par Aristote sur la physique et les sciences naturelles, en leur donnant le titre général de τὰ μετὰ φυσικά (c'est-à-dire : les traités venant *après les traités de physique*) ; de là, par corruption, le nom de métaphysique, que les philosophes ultérieurs ont cru donné par Aristote, et où ils ont vu le nom d'une science distincte. En réalité, ce que nous nommons métaphysique, Aristote le nommait « philosophie première », parce que cette science, étudiant la cause suprême du monde, lui paraissait la première de toutes les études en importance et en dignité. Et peut-être y aurait-il avantage à revenir à ce nom de *philosophie première*, en abandonnant le nom de *métaphysique*, qui est historiquement le produit d'une erreur et qui a valu, à la science dont il est le titre, des attaques passionnées.

Les sciences particulières font donc *l'analyse* du monde, chacune en analysant une partie, chacune s'attachant à une seule face de l'expérience. La métaphysique unit toutes ces données et les combine en un tout cohérent : elle fait la *synthèse* de l'univers.

Pour cela, elle se pose nécessairement deux problèmes distincts. Les sciences, nous le savons (voir chapitre i), après avoir constaté les faits, ont à en chercher à la fois et les causes et les lois. La métaphysique doit faire la même double recherche. Elle doit synthétiser toutes les lois partielles, recueillies par les sciences spéciales, pour essayer d'en dégager la loi générale qui régit l'univers entier. Mais elle doit aussi se demander quelle est la cause suprême d'où dérivent tous les phénomènes de l'univers, quelle est la nature de l'être, de la substance primordiale d'où dérivent toutes les autres existences.

Ce sont ces deux grandes questions que nous aborderons successivement. Mais, pour pouvoir le faire, nous devrons commencer par une rapide revue des conclusions auxquelles mène chacune des grandes classes de sciences définies plus haut (sciences mathématiques, physiques, naturelles, sociales), afin de pouvoir édifier sur elles les conclusions générales auxquelles l'ensemble des sciences nous conduit sur la loi et sur la cause de toutes choses.

# CHAPITRE XLVII

## CONCLUSIONS DES SCIENCES MATHÉMATIQUES

En étudiant les divers groupes de sciences, nous ne chercherons pas à connaître l'ensemble des notions qu'elles nous fournissent, mais seulement à prendre une idée nette de la conception qu'elles se font de l'univers : en un mot, nous ne rechercherons que ce qu'il y a de déjà général dans ces conclusions des diverses sciences particulières. Faisons cette recherche, tout d'abord, à propos des sciences mathématiques.

Les mathématiques construisent leur représentation du monde avec quatre idées :

1º C'est d'abord l'idée du *nombre*. Le nombre, c'est le rapport d'une chose déterminée à une chose de même nature prise pour unité, c'est-à-dire pour terme de comparaison ; le nombre, en somme, c'est le rapport *de deux grandeurs*. Toute l'algèbre et toute l'arithmétique reposent exclusivement sur cette idée de nombre. Mais cette idée se retrouve aussi dans toutes les sciences mathématiques, qui toutes se préoccupent de mesurer des grandeurs.

2º En géométrie, à l'idée du nombre vient se joindre l'idée de *l'espace* : car la géométrie s'occupe essentiellement de figures « étendues », c'est-à-dire occupant une certaine portion de l'espace. L'espace n'est autre chose qu'une *continuité indéfinie de choses simultanées.*

3° et 4° En mécanique et en astronomie, les idées de nombre et d'espace ne suffisent plus : il y faut faire appel à l'idée de *mouvement*; car ces sciences étudient, non plus (comme la géométrie) des corps au repos, mais des corps qui se meuvent. Or, le mouvement lui-même suppose une quatrième idée, celle du *temps*, vu qu'un corps en mouvement, c'est un corps qui se déplace dans l'espace pendant un certain temps, et que le mouvement lui-même est l'*ensemble des positions de ce corps dans l'espace et dans le temps.* Qu'est-ce donc que le temps lui-même? C'est une chose continue et indéfinie, tout comme l'espace, mais d'une autre espèce que l'espace : *c'est une continuité indéfinie de choses successives.*

Avec ces quatre idées de nombre, d'espace, de temps et de mouvement, les mathématiques construisent toute leur représentation du monde. Et cette représentation a deux mérites :

1° D'abord, les faits mathématiques sont quelque chose de parfaitement précis, de parfaitement défini. Rien de plus clair, par exemple, que la notion du cercle : « une figure plane dont tous les points sont également distants d'un point intérieur appelé centre ». — A quoi ces faits doivent-ils leur clarté? A ce qu'ils sont exprimés sous forme numérique (ainsi, dans l'exemple que nous venons de citer, l'idée centrale, lumineuse de la définition, c'est l'égalité des rayons). Et pourquoi cette forme numérique elle-même leur donne-t-elle de la clarté? Parce que le nombre étant, comme nous le savons, une chose abstraite, est par là même une chose simple, donc une chose claire. C'est donc à leur abstraction même que les considérations mathématiques doivent leur clarté.

2° En outre, non seulement les faits mathématiques sont, chacun isolément, fort clairs; mais les rapports qu'ils ont entre eux, les lois qui les régissent, sont aussi d'une parfaite clarté. Pourquoi cela? parce que, quand deux termes sont exprimés sous forme de nombres, leur rapport n'est autre chose que le rapport de deux nombres, c'est-à-dire un nombre lui-même; il est donc forcément aussi clair que les faits mêmes qu'il relie. De là vient la netteté des lois mathématiques, qui toutes peuvent s'exprimer sous la forme d'une équation[1]. Les faits mathématiques s'enchainent donc les uns aux autres de la façon la plus claire et la plus rigoureuse, et les lois mathématiques s'enchainent entre elles de la même façon. Si bien que, en mathématiques, on peut conclure d'un fait à un fait, d'une loi à une loi, on peut les déduire les uns des autres, avec une certitude, avec une précision parfaites, parce que tous ces faits et toutes ces lois sont liés entre eux par des relations inflexibles, parce qu'ils se déterminent les uns les autres. Ce déterminisme rigoureux qui règne en mathématiques contribue donc encore à faire de ces sciences le type de la clarté idéale.

Les mathématiques ayant donc ce privilège de la clarté, il serait évidemment souhaitable que nous pussions nous

---

1. Les lois mathématiques sont de deux sortes :

1° En géométrie, on trouve des *lois de coexistence* ou de *simultanéité*. Par exemple, cette loi « les angles alternes-internes sont égaux » affirme que chez ces angles coexistent deux caractères : un caractère de position (la position d'alternes-internes) et un rapport de grandeur (l'égalité).

2° En mécanique et en astronomie, on trouve des *lois de causalité ou de succession*. Car, en mécanique par exemple, on étudie le déplacement des corps sous l'influence des forces; on établit donc entre l'action de ces forces et ces déplacements un rapport de causalité, de succession.

faire du monde entier une conception rigoureusement « mathématique ». Il serait désirable que la métaphysique fût construite sur le type des mathématiques. C'est ce qu'avait rêvé Descartes, qui emprunta aux mathématiques, pour la transporter en métaphysique, leur règle de « l'évidence »; c'est ce que chercha à faire son disciple Spinoza, qui voulut construire toute la philosophie sous la forme déductive. Malheureusement, il ne semble pas que cette réduction de la métaphysique à la forme mathématique soit entièrement possible. Les mathématiques, en effet, procèdent, comme nous l'avons vu, dans l'abstrait : la métaphysique, au contraire, doit nous faire connaître les réalités concrètes. Or l'abstrait ne peut, à lui seul, expliquer le concret. Car tout d'abord il est des choses concrètes que les considérations abstraites de nombre et de mesure ne suffisent pas à expliquer. En admettant que tout ce qui se passe dans la nature physique ne soit qu'une forme du mouvement, et que le mouvement soit explicable par de simples considérations numériques, il resterait, en l'homme même, des choses qui ne sont pas réductibles à des mouvements, à savoir la pensée, l'intelligence et la moralité, et qui ne sont pas dès lors explicables par de simples considérations mathématiques. Mais on peut aller plus loin, et dire que l'abstrait lui-même ne s'explique que par le concret. Qu'est-ce que l'espace, si ce n'est le lieu des êtres concrets[1]? Qu'est-ce

1 Nous devons indiquer ici la célèbre question de la nature vraie de l'espace. Il y a, dans la conception de l'espace, une grave difficulté. L'espace, disent les mathématiciens, est divisible à l'infini. Mais, s'il est ainsi divisible, comment peut-il rester continu? la continuité semble exclure toute division. Beaucoup de philosophes (Épicure, etc...) ont répondu que l'espace devait être divisé en petits atomes d'étendue, séparés les uns des autres par des intervalles vides; mais c'était nier la continuité. D'autres ont dit au contraire

que le temps, si ce n'est leur durée? Qu'est-ce que le mouvement, si ce n'est le produit de leurs forces? Ainsi les idées mathématiques elles-mêmes supposent les idées d' « être » et de « force ». Mais ces idées ne sont plus des idées mathématiques, ce sont des idées « physiques » ou même « biologiques ». Les mathématiques, loin de pouvoir expliquer tout le reste, ne s'expliquent donc même pas totalement elles-mêmes. Il faut, pour les expliquer, avoir recours aux sciences physiques et naturelles.

(Zénon d'Élée par exemple) que l'espace est un et continu, mais en supprimant sa divisibilité. La vérité ne serait-elle pas que l'espace est continu en réalité, et divisible seulement d'une façon toute idéale, par le travail de l'esprit? — La même question se pose, dans les mêmes termes et, croyons-nous, avec la même solution, à propos du temps.

# CHAPITRE XLVIII

## CONCLUSIONS DES SCIENCES PHYSIQUES

Les sciences physiques conçoivent le monde comme formé par le développement de diverses forces, agissant suivant des lois de causalité constantes et rigoureusement établies, forces qu'elles nomment la pesanteur, la chaleur, le son, la lumière, l'électricité, le magnétisme, l'affinité chimique, l'attraction sous toutes ses formes; elles construisent donc leur représentation du monde avec la seule idée de *force*.

Quelle est donc la nature de la force? Pour les philosophes de l'école matérialiste, la force n'est autre chose que le mouvement. En effet, dit-on, qu'est-ce que peut être une force en dehors du mouvement par lequel elle se manifeste? La force électrique, par exemple, c'est le mouvement de deux corps l'un vers l'autre. La force sonore, c'est le mouvement des cordes tendues et vibrantes, etc..., etc.... Le fait physique de la force peut donc se ramener au fait mathématique du mouvement.

Cette théorie est inexacte. *La force n'est pas le mouvement même, elle est la cause du mouvement.* Si les deux corps électrisés, par exemple, se meuvent l'un vers l'autre, c'est qu'il y a en chacun d'eux un certain principe d'activité qui les pousse à s'unir; et la force électrique est cette activité même. Telle est la théorie qui nous paraît vraie.

Mais qu'est-ce que cette activité interne des corps, qui constitue leur force? Comment la concevoir? Sans doute, nous ne la connaissons pas directement en elle-même; mais nous avons un moyen indirect de nous en faire une idée : c'est de la concevoir comme analogue à notre activité propre. Or, la forme principale de notre activité propre, c'est notre activité intellectuelle, c'est notre pensée. Il faudra donc concevoir l'activité des corps comme analogue à notre activité, leur force comme analogue à notre pensée.

C'est là une proposition qui paraît surprenante au premier abord. Comment, un simple corps matériel renfermerait quelque chose d'analogue à l'intelligence humaine! — Cette idée, pour étrange qu'elle puisse paraître, nous semble s'imposer. Remarquons, en effet, que d'abord c'est le seul moyen que nous ayons de concevoir ce que peut être la force. Car, en somme, nous ne connaissons jamais que nous-même, puisque toute perception est perception de notre propre idée (voir chapitre xx), que toute connaissance est connaissance de notre propre esprit. Donc, nous ne pouvons concevoir une chose extérieure à nous qu'en la concevant sur le modèle de la seule chose que nous connaissions, c'est-à-dire de nous-même. Donc, l'unique façon de concevoir la force est de la concevoir comme analogue à la pensée. — Mais, de plus, cette façon de la concevoir est fort logique; car il est des forces qui rappellent manifestement des pensées. La principale de toutes les forces semble être l'*attraction*; car la plupart des autres forces ne sont que des formes de celle-là : la pesanteur est l'attraction des corps par la terre; l'électricité, le magnétisme, l'affinité chimique, sont des attractions réciproques de deux corps. Or l'attraction, fait physique, ne rappelle-t-elle singulièrement la sympathie, fait mental? N'y-a-t-il pas, en effet, dans ces rapprochements de deux corps, quelque chose d'analogue au rapprochement de deux âmes humaines? — Ainsi, il est logique de comparer la force et la pensée, comme cela est d'ailleurs (nous l'avons vu plus haut) strictement nécessaire si l'on veut se faire de la force une idée quelconque. Cette comparaison s'impose donc, sous de certaines réserves bien entendu : car, naturellement, nous ne prétendons pas identifier la force à la pensée, ni les corps aux esprits; nous prétendons seulement établir entre eux, au profit de l'esprit et de la pensée, une simple analogie. Nous ne disons pas que les forces sont des pensées; nous disons qu'elles rappellent des pensées, qu'elles sont l'ébauche lointaine et imparfaite des pensées humaines; nous disons que la force, mode physique d'activité, peut et doit être conçue à l'image de la pensée, mode moral d'activité.

S'il en est ainsi, les faits physico-chimiques, loin de pouvoir s'expliquer par des faits mathématiques (les mouvements) plus abstraits qu'eux-mêmes, ne peuvent au contraire s'expliquer que par des faits psychologiques (les pensées) plus concrets qu'eux-mêmes. Nous sommes donc obligés, pour trouver l'explication des faits physiques, de nous élever aux sciences qui étudient la pensée, c'est-à-dire aux sciences naturelles et sociales.

# CHAPITRE XLIX

## CONCLUSIONS DES SCIENCES NATURELLES

Les sciences naturelles étudient tous les êtres concrets et individuels, vivants ou non vivants. Elles emploient dans cette étude trois idées principales :

1º Tous les êtres, d'abord, possèdent les propriétés physico-chimiques (pesanteur, etc...). Tous, par suite, sont animés par des forces. La notion de *force* est donc employée par toutes les sciences naturelles. Elle est même la seule notion employée (avec les notions géométriques toutefois) en minéralogie, puisque les minéraux ne possèdent que les propriétés mathématiques et physico-chimiques.

2º Chez les végétaux et les animaux, nous voyons apparaître la *vie*. Les phénomènes de la vie ne sont sans doute, individuellement, que des phénomènes physico-chimiques. Mais ils sont groupés, organisés, dans le but d'assurer l'existence de l'être, et c'est cette organisation qui constitue la vie. Par exemple, les phénomènes d'absorption des aliments ne sont, si l'on veut, que des faits d'osmose (passage des aliments à travers les membranes de l'intestin) et de diffusion (dispersion de ces aliments transformés en sang dans tout le corps), mais ce sont des faits d'osmose et de diffusion coordonnés d'une façon particulière à l'être vivant, et qui ne se trouve pas dans la nature inanimée. Ainsi il y a dans la vie quelque chose de plus que les simples forces physiques : à savoir, l'organisation de ces forces. La notion de vie est donc une notion distincte et indépendante, qui a son usage propre en botanique et en zoologie.

3° Enfin, les sciences naturelles doivent tenir compte d'un dernier élément : la *pensée*. Mais cet élément nouveau semble n'apparaître que chez les animaux, et peut-être même seulement chez les plus élevés d'entre les animaux.

Quels sont les rapports de ces trois choses : force, vie, pensée?

1° Comparons un minéral à un végétal, la force à la vie. Nous trouvons d'abord que le végétal a plus de propriétés que le minéral ; car, outre les forces physico-chimiques propres à celui-ci, il possède le mouvement et la sensibilité physiologique, que n'a pas le minéral. Et nous trouvons, de plus, que les propriétés du végétal sont mieux coordonnées que celles du minéral, puisqu'il possède la vie, c'est-à-dire puisque toutes ses propriétés sont organisées en vue d'assurer son existence. En un mot donc, le végétal a tout à la fois des propriétés plus multiples que celles du minéral et des propriétés mieux unies entre elles : il est donc tout ensemble plus multiple et plus un que le minéral.

2° Comparons un végétal à un animal, la vie à la pensée. Nous trouvons d'abord que l'animal a plus de propriétés que le végétal ; car il possède l'imagination, le jugement, le raisonnement, la volonté, toutes facultés étrangères au végétal. Et nous trouvons de plus que les propriétés de l'animal sont mieux coordonnées que celles du végétal ; car toutes ces facultés sont dominées par une pensée consciente d'elle-même; l'existence de l'individu n'est plus ici, comme chez le végétal, assurée seulement par le fonctionnement automatique d'un organisme; elle est assurée par l'effort personnel et intelligent de l'être lui-même, qui fait consciemment servir toutes ses forces à ce but. Ainsi l'animal a des propriétés à la fois plus nombreuses et mieux coordonnées que celles du végétal. Il est donc tout ensemble plus multiple et plus un que celui-ci.

En rapprochant les résultats des deux comparaisons que nous venons d'établir, nous trouvons que la supériorité de l'être vivant sur l'être inorganique et de l'être pensant sur l'être simplement vivant, se résume en un double progrès : progrès dans la multiplicité des fonctions, progrès dans leur unité[1].

Maintenant, la séparation de ces trois choses : force, vie, pensée, est-elle absolue? On le croyait jadis, et on parquait les trois espèces d'êtres qui possèdent ces diverses propriétés dans trois règnes entièrement isolés, règne minéral, règne végétal, règne animal. On est revenu aujourd'hui sur ces anciennes idées. On a dû reconnaître, en effet, que la limite entre ces trois sortes d'êtres est moins précise qu'on ne le pensait autrefois, et qu'il existe entre elles toutes les transitions. Si l'on compare d'abord les animaux et les végétaux, on constate, sans doute, qu'il existe entre les formes supérieures de ces deux classes d'êtres, entre un rosier et un cheval par

---

1. En somme donc, un individu est d'autant plus parfait qu'il est à la fois plus multiple et plus un. Or, nous avions précédemment trouvé (chap. xix) qu'une connaissance était, elle aussi, d'autant plus élevée qu'elle était à la fois plus multiple et plus une. Il semble donc que le signe unique et constant du progrès soit, dans l'ordre de l'être comme dans celui du savoir, que les formes supérieures présentent dans leurs caractères à la fois une plus grande multiplicité et une plus grande unité que les formes inférieures.

exemple, des différences considérables. Mais si l'on envisage les formes inférieures des deux groupes, on voit ces différences s'atténuer peu à peu, jusqu'à ce qu'enfin on arrive à certains êtres rudimentaires, qu'on ne sait plus à quel groupe attribuer : ce sont les *protozoaires* ou *protistes*, simples grumeaux de protoplasma, qui ne présentent pas plus nettement les caractères des animaux que ceux des végétaux, qui sont des êtres vivants cependant, dont la place est donc à la base commune des deux groupes végétal et animal, entre lesquels ils forment ainsi la transition. — Ce n'est pas tout : ces mêmes protozoaires forment encore la transition entre la grande classe des êtres vivants (végétaux et animaux à la fois), et celle des êtres inorganiques. Car nombre d'entre eux présentent à leur intérieur un véritable noyau minéral, et ont la régularité des formes et l'apparence géométrique des véritables cristaux (tels les héliozoaires, étudiés de nos jours par Ernest Hæckel). — Les barrières qui séparaient jadis les trois « règnes de la nature » semblent donc tomber aujourd'hui. On commence à penser que si la vie est supérieure à la force, et la pensée à la vie, il n'y a point entre elles de séparation brusque, qu'elles ne sont toutes trois que des formes d'une même chose, l'activité. Sans doute, chaque forme est à la fois plus multiple et plus une que la forme inférieure. Mais le progrès dans la multiplicité comme dans l'unité des caractères ne se fait pas brusquement; il s'opère par des transitions insensibles. Non seulement il existe des êtres intermédiaires entre les divers groupes, mais on peut voir un même être revêtir successivement les formes de plusieurs groupes différents. Les substances minérales dont se nourrissent les végétaux ne deviennent-elles pas, par leur absorption, des parties d'êtres vivants? Le petit d'un animal supérieur, qui n'a à sa naissance que les propriétés les plus rudimentaires de la vie, n'acquiert-il pas peu à peu les formes élevées de la pensée? Ainsi la simple force tend à la vie, et la vie tend à la pensée : chaque forme tend à la forme supérieure. Et telle est la loi qui préside à l'évolution des êtres dont se compose la nature[1].

---

1. Peut-être même le lien qui relie la vie à la pensée serait-il plus intime, s'il fallait en croire une théorie célèbre désignée sous le nom d'*animisme*. Cette théorie est une de celles qui ont milité dans le débat engagé depuis le début de ce siècle sur la nature de la vie. Nous devons résumer brièvement ce débat.

DES DIVERSES THÉORIES SUR LA NATURE DE LA VIE. Ce qu'il y a de frappant chez l'être vivant, nous l'avons dit, c'est la coordination des phénomènes physico-chimiques dont il est le siège, c'est l'unité qui préside à la multiplicité de ces fonctions. D'où vient cette unité? quelle est la puissance qui relie entre eux les divers phénomènes dont l'être vivant est le siège? quel est, en un mot, la cause de la vie? Trois principales théories ont été émises à ce sujet : on les nomme l'*organicisme*, le *vitalisme* et l'*animisme*.

1° Pour l'organicisme, la difficulté n'existerait pas. La vie résulterait tout simplement du concours des organes. — Objections :

α. Comment se fait-il que ces organes concourent? quelle est la cause de leur union?

β. Dans chaque organe lui-même se manifestent déjà les phénomènes de la vie, c'est-à-dire la coordination des fonctions physico-chimiques. Comment expliquer, dans chaque organe, l'existence de cette première coordination?

L'organicisme n'explique rien; il faut donc le rejeter.

2° Pour le vitalisme, les faits physico-chimiques seraient coordonnés entre eux par une puissance spéciale, dite *force vitale*. Cette puissance serait immatérielle, et pourtant distincte de l'âme. Il y aurait donc dans un même être deux puissances immatérielles, la force vitale et la force pensante; d'où le nom de *duo-dynamisme* donné à ce système.

Ce système serait acceptable, n'était l'étrangeté qu'il y a à admettre dans un seul être *deux* puissances immatérielles, non moins distinctes l'une de l'autre que distinctes des forces physiques.

3° Pour l'animisme, les phénomènes physico-chimiques sont encore coordonnés par une puissance immatérielle, mais celle-ci n'est autre que l'âme elle-même. Il en résulterait que le principe de la vie serait le même que celui de la pensée, et que tout être vivant (même le végétal) aurait une âme, au moins rudimentaire.

Ce système soulève plusieurs difficultés :

α. Si l'âme dirige tous les phénomènes qui se produisent dans le corps, comment se fait-il qu'elle n'en ait pas conscience (puisque les faits physiologiques sont d'ordinaire inconscients).

β. Comment se fait-il que l'âme de l'homme, capable d'organiser un corps aussi compliqué que le corps humain, ne soit pas capable d'organiser avec de la matière le corps le plus rudimentaire, le protoplasma? car, malgré bien des efforts tentés jusqu'ici, aucun savant n'est parvenu à fabriquer de la matière vivante.

La question de la nature de la vie n'est donc point encore définitivement résolue.

# CHAPITRE L

## CONCLUSIONS DES SCIENCES SOCIALES

Les sciences sociales se proposent d'étudier les groupes ou sociétés formées par tous les êtres vivants. Elles doivent donc étudier les sociétés animales (sociétés formées par les abeilles, les fourmis, etc.) aussi bien que les sociétés humaines. Mais nous n'avons à nous occuper ici que de la société humaine, et de celles des sciences sociales qui l'étudient.

La science sociale étudie l'activité de l'homme telle qu'elle est aujourd'hui (économie politique, etc.) ou telle qu'elle a été jadis (histoire). Or l'activité humaine est essentiellement intellectuelle : car, lors même que l'homme manifeste son activité par des mouvements ou d'autres faits matériels, c'est toujours la pensée qui préside à ces faits, du moins aux plus importants d'entre eux. On peut donc dire que la science sociale, étudiant l'activité de l'homme, étudie essentiellement la *pensée humaine*.

La pensée humaine est toujours dirigée vers « le meilleur ». L'homme en effet cherche, en toutes choses, à accomplir les actes qui lui paraissent entraîner un progrès matériel ou moral dans sa condition. Ce progrès a affecté successivement plusieurs formes :

1° Le *progrès matériel* a commencé le premier à se réaliser. Le premier besoin qu'ait senti l'homme a été nécessairement celui de pourvoir aux nécessités de la vie matérielle (manger, boire, dormir, se vêtir, etc.). D'où l'invention des arts utiles, qui fut sa première invention.

2° Mais bientôt, pour perfectionner ces arts utiles eux-mêmes, il fallut acquérir quelques notions scientifiques. Pour régler la culture, il fallut mesurer les champs : ce fut l'origine de la géométrie. Pour construire les premières machines, il fallut connaître les lois de la pesanteur : ce fut l'origine de la mécanique et de la physique. Ainsi les premières sciences ne furent, au début, que des dépendances des arts utiles. Ce n'est que plus tard que l'homme, y prenant intérêt, apprit à les cultiver pour elles-mêmes. Telle fut l'origine du *progrès scientifique*.

3° Quand l'homme eut pourvu, pas ces moyens, aux nécessités les plus pressantes de son existence, il continua à agir « pour agir » ; de là le jeu, qui engendra l'art (voir chap. xxiv), lequel, de grossier qu'il était à l'origine, devint par la suite des temps de plus en plus élevé et de plus en plus parfait. Ce fut là le *progrès esthétique*.

4° Vint enfin le *progrès moral et politique*. Les premières relations des hommes entre eux étaient réglées seulement par la loi du plus fort. Mais nécessairement il vint un moment où l'on reconnut les dangers de cet état pour le plus grand nombre. Les hommes furent donc amenés peu à peu à régler par des conventions leurs rapports réciproques ; par là s'introduisit l'idée de l'équité, de la justice. Puis l'idée de la mansuétude, de la charité, de la fraternité universelle, naquit par l'adoucissement des mœurs de la famille, et sous l'influence de la religion et de la philosophie. Tels sont les deux grands progrès accomplis dans l'ordre moral. — Dans l'ordre politique, de même, à l'arbitraire des premiers chefs dut se substituer progressivement un régime qui assurât aux faibles plus de garanties; on en arriva à substituer la liberté de chacun au pouvoir d'un seul, et l'égalité de tous à la supériorité de quelques privilégiés.

Telles sont, très brièvement résumées, les principales phases du progrès que montre l'histoire des sociétés humaines. Ce qu'il faut surtout en retenir, c'est moins le détail de ces phases que l'idée générale qui s'en dégage : l'idée du progrès. Les sciences sociales ne sont autre chose, en somme, que l'étude de la façon dont s'est accompli ce progrès, comme les arts sociaux (voir chap. XLI) ne sont que l'étude des moyens propres à hâter actuellement sa marche. Ainsi les sciences sociales montrent essentiellement l'effort de l'homme vers le meilleur. Comme les sciences naturelles, elles se résument en un mot : l'aspiration des formes inférieures vers les formes plus hautes, l'évolution.

# CHAPITRE LI

## CONCLUSIONS GÉNÉRALES DES SCIENCES. LA LOI D'ÉVOLUTION

*A*. **Comparaison des diverses sciences**. — Après avoir examiné successivement les conclusions des diverses sciences, il nous reste à comparer ces conclusions entre elles.

La géométrie étudie les corps en repos : son point de vue est le point de vue *statique*. La mécanique et les sciences physico-chimiques les étudient déjà au contraire dans leurs mouvements; et c'est encore ce que font, à plus forte raison, les sciences naturelles et sociales, puisque les êtres concrets, qu'elles étudient, sont en perpétuelle évolution : le point de vue de ces sciences est donc le point de vue *dynamique*.

Les sciences mathématiques enchaînent les faits par les liens d'un rigoureux *déterminisme*. Les sciences physico-chimiques également. — Mais, dans les sciences naturelles et sociales, sans que le lien de la cause et de l'effet soit brisé, on voit s'introduire chez l'animal une *spontanéité*, chez l'homme une *liberté* qui se superposent au déterminisme sans le détruire (voir chap. IX).

Le lien de la cause et de l'effet peut lui-même être de deux sortes. Tantôt, et c'est ce qu'on observe en mécanique et en physique, la cause précède l'effet : on est alors dans le cas du *mécanisme*. Mais parfois au contraire la cause est postérieure à l'effet : c'est ce qu'on observe dans les sciences biologiques et sociales. Dans ces sciences, en effet, on voit l'activité des êtres vivants et pensants être sans cesse dirigée vers le meilleur. Quand un être vivant agit, c'est toujours pour atteindre un certain but une certaine fin, c'est pour arriver à un état préférable à son état actuel. Cet état idéal qu'il conçoit comme étant le véritable but à atteindre (ou que même il poursuit, comme le végétal, sans le concevoir, sans avoir conscience de son effort), cet état idéal est donc la véritable cause de son action. Mais cet état idéal n'existe, au moment où l'être agit, que dans l'esprit de ce dernier; il n'existe pas encore en fait, puisque justement l'action a pour but de le réaliser. Cet état ne sera produit que par l'action, et seulement si l'action réussit. Donc cet état n'existera qu'après l'action, dont pourtant il est la cause. Donc ici la cause est postérieure à son effet, et cette sorte de cause est ce qu'on nomme une *cause finale*; tandis qu'on donne le nom de *cause efficiente* à celle qui précède son effet, comme cela a lieu en mécanique et en physique. — On oppose ainsi au cas du mécanisme le cas de la *finalité*.

En un mot donc, quand on s'élève des sciences abstraites aux sciences concrètes, on passe des considérations statiques aux considérations dynamiques, du déterminisme à la liberté, du mécanisme à la finalité. — Or, lequel des deux points de vue doit-on adopter, celui des sciences abstraites ou celui des sciences concrètes? Le second évidemment; car l'abstrait n'étant qu'un caractère extrait du concret, les données sur lesquelles sont établies les sciences abstraites sont incluses dans les données des sciences concrètes, tandis que la réciproque n'est pas vraie. Le regard des sciences abstraites n'est qu'un regard incomplet, qui ne voit qu'un seul côté des choses. Les sciences concrètes seules en parcourent successivement toutes les faces. Ainsi les conclusions des sciences abstraites ne doivent être rationnellement qu'un fragment des conclusions des sciences concrètes. Et si elles paraissent contredire ces dernières, c'est que les savants qui ont formulé ces conclusions abstraites, ne voyant qu'un seul côté des choses, s'en sont exagéré l'importance au point de méconnaître tout le reste[1]. — C'est donc aux conclusions des sciences concrètes, c'est-à-dire des sciences naturelles et sociales, qu'il faut essentiellement s'attacher. Mais ces conclusions des sciences naturelles et sociales, nous l'avons vu, se résument en un mot: « évolution ». Nous devons donc esquisser à grands traits les principales phases de l'évolution universelle.

*B.* **Théorie de l'évolution.** — L'univers paraît avoir été à l'origine une masse confuse, chaotique, où rien ne s'était encore organisé, où toutes les parties étaient sensiblement homogènes. Ultérieurement, par suite d'actions inconnues, cette masse s'est divisée en plusieurs parties qui ont commencé à se différencier les unes des autres.

Le monde est alors devenu hétérogène, c'est-à-dire composé d'éléments divers.

Mais en même temps qu'ils se diversifiaient, ces éléments apprenaient peu à peu à se combiner, à se coordonner entre eux. Ainsi, à la confusion primitive tendait à se substituer une organisation rudimentaire. Le monde allait donc par là « de l'homogénéité confuse à l'hétérogénéité coordonnée » (Herbert Spencer), ce qui revient à dire qu'il devenait à la fois plus multiple et plus un.

---

1. Nous avons déjà signalé ce danger en psychologie, chap. xvi.

La masse primitive a ainsi formé les *nébuleuses*, qui elles-mêmes en se dissolvant ont produit les *astres* (Laplace). — L'un de ceux-ci est la *terre*. D'abord en ignition, la terre en se refroidissant se divisa, et par là se formèrent les *minéraux*. Ceux-ci se modifièrent et se compliquèrent peu à peu, sous l'influence d'actions et de réactions chimiques, jusqu'à ce qu'un jour une action chimique plus complexe que les autres (et dont le secret nous échappe) y fît jaillir la *vie* sous la forme rudimentaire du protoplasma, sous l'aspect sans doute du plus simple des protozoaires. Ce protoplasma grandit peu à peu, puis il se divisa. Mais les diverses cellules formées par division d'une même cellule-mère apprirent à leur tour à rester unies, à s'associer les unes aux autres pour se prêter un mutuel appui; le protoplasma simple et diffus donna ainsi naissance au corps composé, aux cellules unies, par le double progrès (signalé plus haut) dans la multiplicité et dans l'unité. C'est ainsi que furent formés les végétaux et les animaux : une fois formés, ils se développèrent de la même façon, en accroissant leurs membres et en les coordonnant en vue de l'entretien de l'existence commune. Pour assurer cette existence, ces organismes durent lutter entre eux; car la quantité d'aliments répandue à la surface de la terre est tout à fait insuffisante pour nourrir tous les germes qui sont annuellement produits par les êtres vivants (loi de Malthus). Il faut donc que beaucoup de ces germes périssent, qu'un petit nombre seulement subsiste. Ceux-là subsisteront qui auront le plus d'avantages dans la *lutte pour la vie*. Et ces avantages eux-mêmes peuvent être de deux sortes : les uns sont transmis à l'être par les organismes de ses ancêtres ; ils constituent pour lui des caractères *héréditaires* ou *innés*; les autres au contraire sont *acquis* par lui-même, au cours de sa propre existence;

car, pour vivre, il est obligé de s'adapter à son milieu, et dans cette adaptation bien souvent il se modifie. L'*hérédité* et l'*adaptation*, voilà donc les deux grands facteurs de l'évolution des êtres vivants. Ceux qui possèdent les caractères héréditaires les plus parfaits, ou qui ont su le mieux s'adapter, survivent seuls, comme si la nature les avait choisis : c'est la *sélection naturelle des meilleurs* (Charles Darwin). Et comme, pour subsister contre tous ses rivaux, il faut que l'être se perfectionne sans cesse, on comprend la continuité du *progrès* chez les êtres vivants. — C'est par le fait de ce progrès que du protoplasma sont dérivés des êtres plus parfaits, qui ont donné naissance aux végétaux et aux animaux. Les premiers (nous l'avons déjà vu chap. xxvii) ont été d'abord les plus heureux : d'où leur profusion et leur développement gigantesque dans les premières périodes géologiques. Mais le fait même qu'ils trouvaient aisément leur nourriture sur le sol, les a fixés à la terre et a arrêté chez eux tout progrès. Les animaux au contraire, moins heureux tout d'abord et obligés de se déplacer sans cesse sur le sol pour y trouver de maigres aliments, y ont gagné de développer leurs organes locomoteurs, leurs organes des sens, et leur système nerveux. Or, c'est par le système nerveux que peut surtout se faire le progrès, car c'est lui qui, en dominant tous les autres organes, centralise tous leurs efforts, et donne à l'être plus d'unité. C'est donc par le développement et le perfectionnement du système nerveux que s'est surtout marqué le progrès dans l'animalité, et c'est son développement extraordinaire qui, en permettant l'apparition des formes les plus hautes de la pensée, a fait la supériorité de l'*homme* sur tous les êtres animaux.

Une fois formé, l'homme évolue lui-même, suivant les

étapes que nous avons marquées au précédent chapitre, vers le bien-être matériel, vers la vérité, vers la beauté, vers la justice et le bien. Et cette évolution de l'homme, comme celle de la nature, n'a pas de raison pour s'arrêter. On ne voit pas pourquoi le progrès ne serait pas constant, pourquoi l'homme et la nature entière ne pourraient pas continuer indéfiniment à s'approcher sans cesse plus près de l'idéal auquel ils aspirent. Tout nous porte à croire que l'évolution se poursuivra dans le même sens, et que les générations qui nous suivront, recueillant le prix de nos efforts, seront meilleures et plus heureuses que nous-mêmes.

Tel est donc, en bref, le principe qui préside au développement du monde, le principe que nous enseignent les sciences de la réalité concrète. La loi suprême de l'univers est l'évolution vers le bien.

# CHAPITRE LII

## LE PROBLÈME DE LA CAUSE ET DE LA SUBSTANCE. DISCUSSION DU POSITIVISME

Nous venons de voir quelle est la loi suprême de l'univers. Il nous reste à nous demander, pour remplir la seconde tâche que nous avons assignée à la métaphysique (voir chap. XLVI), quelle en est la cause suprême ; en d'autres termes, quel est l'être premier duquel tous les autres tiennent leur existence, quelle est la substance fondamentale d'où dérivent les choses que nous voyons.

Il existe pourtant une école philosophique qui se refuse à discuter ce second problème : c'est l'*école positiviste*, fondée en ce siècle par le savant français Auguste Comte, et qui eut pour chef, après lui, Émile Littré. Nous ne devons pas, disent les positivistes, aborder le problème de la cause, parce qu'il est insoluble. Nous pouvons bien connaître la loi des phénomènes, mais nous n'en saurions connaître la cause. Que serait en effet cette cause suprême? Un être métaphysique transcendant, sans doute. Or nous ne connaissons d'autres êtres que ceux qui tombent sous nos sens. Mais cet être-là précisément ne tomberait pas sous nos sens. Donc, nous ne pouvons le connaître; et il vaut mieux en abandonner la recherche, qui serait forcément infructueuse.

Cette doctrine ne saurait nullement être acceptée. De ce que la cause suprême ne tombe pas sous les sens, il ne s'ensuit pas qu'elle ne puisse être connue d'aucune façon. Le raisonnement, en effet, pourra nous en faire connaître la nature ; car, partant des faits sensibles comme données, on en pourra inférer la nature de leur cause. N'est-ce pas ainsi d'ailleurs, n'est-ce pas par le seul raisonnement que nous connaissons les lois ? Or les positivistes ne nient pas qu'on puisse connaître avec vérité les lois. Pourquoi donc nient-ils qu'on puisse connaître la cause suprême, puisqu'on emploierait précisément dans sa recherche le même procédé que dans la recherche des lois ?

Mais, répondent les positivistes, il y a longtemps qu'on cherche la cause suprême, et on ne l'a pas encore trouvée. Panthéistes, matérialistes, spiritualistes, ont chacun la leur ; comment choisir entre leurs systèmes ? Ne faut-il pas renoncer une bonne fois à une recherche qui n'a enfanté jusqu'ici qu'erreurs et contradictions ?

Nous reconnaissons la vérité du fait allégué par les positivistes, mais nous rejetons la conclusion qu'ils en tirent. Sans doute, toutes les écoles ont sur cette question leur solution particulière. Mais à quoi tient ce manque d'entente ? Simplement à ce que ces systèmes partent le plus souvent de données trop étroites. Et l'on ne peut pas trop leur en faire un reproche. Si leurs données sont insuffisantes, c'est que la science ne leur en fournit pas davantage. La cause suprême de l'univers, comme d'ailleurs sa loi suprême, ne pourra être connue avec une précision absolue que lorsque tous les faits qui composent cet univers seront eux-mêmes connus par le détail. Or, c'est ce qui est bien loin d'être réalisé. Quand les sciences particulières nous auront renseignés d'une façon complète sur tous ces faits, alors on pourra en déduire avec une parfaite certitude la nature de la cause suprême. Mais cela ne veut pas dire que jusque-là il nous soit interdit de raisonner sur la nature de cette cause. Au contraire, c'est un besoin profond de l'esprit humain de chercher à se faire quelque idée de la cause ultime, à trouver le dernier mot des choses. Alors même qu'il n'a encore fait du monde, par la science, qu'une analyse incomplète, il veut immédiatement en faire la synthèse, et l'on ne peut lui enlever cette tendance constitutive. Seulement il ne faut pas s'étonner que les synthèses ainsi faites, étant prématurées, soient incomplètes. Forcément elles renferment des erreurs, forcément elles se contredisent les unes les autres. Mais cela ne doit nullement nous empêcher d'espérer que, par les progrès de la science, une synthèse définitive sera possible un jour, synthèse qui remplacera, en les conciliant, toutes celles qui ont été tentées jusqu'ici, et qui résoudra définitivement le mystérieux problème de la cause première.

Mais le positivisme garde en réserve un dernier argument, un argument historique. Il est si vrai, dit-il, que l'esprit humain ne peut connaître la cause première, — cela est si vrai, qu'il commence à s'en apercevoir et à abandonner la recherche de ce décevant problème. A l'origine, dit Auguste Comte, l'homme cherchait les causes de toutes choses dans l'action d'êtres divins : ses propres pensées, par exemple, lui semblaient inspirées par les dieux (c'est ce que Comte nomme la *période théologique*). Plus tard, reconnaissant sa première erreur, il n'a plus vu là des dieux ; mais, se trompant encore à moitié, il a voulu à toute force trouver une cause réelle aux phénomènes, et il l'a vue dans l'action de certains êtres abstraits : à ses propres pensées, par exemple, il a donné pour cause « l'âme » (c'est ce que Comte appelle la *période métaphysique*). C'est seulement dans les temps modernes qu'il est parvenu à s'affranchir tout à fait de ces chimères, à ne plus chercher aux phénomènes des causes imaginaires, à se contenter d'étudier leurs lois (et c'est la *période positive*). Telle est la célèbre formule donnée par Comte du développement progressif de l'esprit humain, telle est sa *loi des trois états*. Elle montre, dit-on, que l'homme commence à abandonner le vieux préjugé de la cause première ; et, comme il ne peut que persévérer dans cette voie, bientôt sans doute cet antique préjugé n'aura plus aucun partisan.

Malheureusement, rien n'est plus inexact que cette prétendue histoire de l'esprit humain. Et pour n'y prendre que la question qui nous intéresse actuellement, rien de plus faux que ce prétendu abandon du problème de la cause première. Nous assistons, au contraire, en ce siècle, après les négations du siècle précédent, à un réveil incomparable de l'esprit religieux et de l'esprit métaphysique sous toutes leurs formes. Le moment est donc bien mal choisi, pour les partisans du positivisme, de dire qu'on ne s'occupe plus de la cause première. Jamais, au contraire, on ne s'en est tant occupé ; jamais on n'a fouillé avec plus d'ardeur, avec plus de bonne foi, avec plus de science que de nos jours, cet irritant et éternel problème. Disons-le hardiment : c'est une nécessité de l'esprit humain de chercher la cause et la substance de toutes choses. Il se peut qu'il ne puisse réussir actuellement, faute de données suffisantes, à résoudre le problème avec une parfaite certitude. Mais tout au moins doit-il l'essayer, doit-il tenter de donner ce couronnement synthétique à l'œuvre analytique des sciences. Ce n'est en tout cas qu'après avoir essayé, qu'il pourra juger en connaissance de cause des difficultés du problème.

# CHAPITRE LIII

## L'UNITÉ DE SUBSTANCE

Il faut donc aborder le problème de la cause suprême et de la substance fondamentale. La première question qu'on doive se poser à ce sujet est évidemment la question de savoir si cette substance fondamentale est une ou multiple, si le monde est formé tout entier d'une seule substance, ou si au contraire plusieurs substances distinctes ont concouru à sa formation. L'une et l'autre thèse ont été soutenues.

Il semble à première vue qu'il faille distinguer dans le monde deux sortes de choses profondément distinctes : les choses pensantes et les choses étendues. Nous avons établi (voir chap. IV et XXI) que la pensée n'est pas réductible à un mouvement qui s'opérerait dans la matière étendue. C'est donc, semble-t-il, qu'il y a là deux ordres de faits parfaitement différents : des pensées et des mouvements. Or les pensées sont des manières d'être de l'esprit, les mouvements sont des manières d'être du corps. L'esprit et le corps n'ont donc rien de commun ensemble. Il faut donc reconnaître dans l'univers deux séries de substances distinctes : l'esprit, substance pensante ; le corps, substance étendue et matérielle. Telle est la théorie de Descartes et celle de Victor Cousin. Ces philosophes reconnaissent bien encore l'existence d'une troisième substance, la substance divine. Mais comme Dieu est à leurs yeux un « pur esprit », un esprit infini, cet être divin ne se distingue des autres êtres spirituels que par son infinité. On peut donc le faire rentrer dans la classe des êtres pensants, et il ne subsiste bien que deux grandes substances, la substance étendue et la substance pensante. La première forme seule les corps bruts, les minéraux, et aussi, pour Descartes, les végétaux et les animaux (pures machines dans le système cartésien); la seconde constitue à elle seule l'essence divine ; toutes deux s'unissent pour former l'être humain, composé de corps et d'esprit.

Mais c'est précisément la formation de cet être mixte qui est difficile à comprendre dans le système de Descartes et de Victor Cousin. Comment deux substances, si elles sont totalement différentes, peuvent-elles s'unir en un être unique? Comment peuvent-elles entrer en corrélation, en rapport l'une avec l'autre? C'est un fait certain, indéniable, que l'esprit de l'homme agit sur son corps, et que son corps réciproquement agit sur son esprit. Mais c'est un fait incompréhensible si l'on fait du corps et de l'esprit deux substances radicalement hétérogènes. Pour qu'ils agissent l'un sur l'autre, il faudrait qu'ils eussent quelque point de contact, qu'ils pussent quelque part se toucher ; mais une substance spirituelle, n'étant pas dans l'espace, ne peut *toucher* une substance matérielle et n'a point de contact avec celle-ci (voir chap. XXII). L'action du corps et de l'esprit l'un sur l'autre est donc inintelligible dans cette théorie.

Quelques disciples de Descartes, comprenant que la difficulté était insurmontable, en ont bravement pris leur parti, et ont tout simplement nié que le corps agît sur l'esprit, et l'esprit sur le corps. Pour eux, le corps et l'esprit se développent parallèlement, mais sans influer l'un sur l'autre ; entre leurs variations il existe un simple lien de coexistence, et nullement de causalité. C'est ce que Leibniz a appelé l'*harmonie préétablie* de l'esprit et du corps. Mais cette idée, nous l'avons déjà dit (chap. XXII), n'est pas défendable ; il existe très certainement entre l'esprit et le corps bien plus qu'un parallélisme ; il existe un lien de réciproque dépendance ; la volonté n'est-elle pas la *cause* du mouvement des organes ? la blessure du corps n'est-elle pas la *cause* des souffrances de l'esprit ? La théorie de Leibniz se heurte donc à l'expérience journalière.

En un mot donc, les systèmes qui établissent une distinction radicale entre le corps et l'esprit, entre la substance étendue et la substance pensante, ces systèmes, en proclamant que les deux substances concourent à former l'homme, ou bien admettent que l'esprit et le corps humains agissent l'un sur l'autre, ou bien le contestent. Mais, dans le premier cas, ils admettent le fait sans pouvoir l'expliquer ; et, dans le second cas, ils nient l'évidence. Ils conduisent donc ou à l'incompréhensible, ou à l'absurde. D'une façon comme de l'autre, ils doivent donc être rejetés.

Ces systèmes, nommés *systèmes dualistes* (parce qu'ils voient dans le monde deux substances distinctes en coexistence), étant écartés, passons à l'examen des *systèmes monistes*, c'est-à-dire de ceux qui admettent une substance unique.

# CHAPITRE LIV

## LE PANTHÉISME

Le premier des systèmes monistes que nous rencontrons est le *panthéisme*. En effet, sous la forme que lui a donnée Spinoza, le panthéisme se présente à nous comme cherchant à concilier le dualisme et le monisme. Avec les dualistes, et notamment avec son maître Descartes, Spinoza reconnaît que l'étendue et la pensée sont deux choses fort distinctes. Mais, à ses yeux, ce sont toutes deux des attributs d'une unique substance. Il n'y a dans le monde qu'une seule substance, qui est Dieu. Mais cette substance a une infinité d'attributs, dont nous ne connaissons que deux : l'étendue et la pensée. Elle se développe suivant tous ses attributs à la fois ; en se développant suivant l'attribut de l'étendue, elle engendre les corps, qui sont ainsi des modes de l'étendue divine ; en se développant suivant l'attribut de la pensée, elle engendre les esprits, qui sont ainsi des modes de la pensée divine. Tous les corps et tous les esprits sont donc des modes de Dieu ; toutes choses sont en Dieu (d'où le nom de « panthéisme » donné au système), et l'évolution du monde n'est que le développement de Dieu. La substance est unique ; ses attributs seuls sont multiples.

Ce hardi système se heurte exactement à la même difficulté que le précédent. Il ne peut expliquer l'action de l'esprit sur le corps, et la réaction du corps sur l'esprit. Admettant, comme le dualisme cartésien, la séparation de la matière et de la pensée, il ne peut mettre entre elles (comme le système de Leibniz) qu'un parallélisme, non une dépendance réciproque. Sans doute elles sont unies en Dieu, elles sont unies par le moyen de cette substance unique dont elles ne sont toutes deux que des attributs. Mais ce n'est là qu'une union bien lointaine; et nous sentons leur union véritable se faire plus près, se faire en nous. — En outre, cette solution, en ne reconnaissant dans le monde qu'un être unique, Dieu, enlève à l'homme toute autonomie, toute personnalité véritable. Elle déprime trop notre être propre, et elle en arrive à lui refuser l'indépendance à laquelle il prétend légitimement. Elle ne saurait donc être acceptée.

Le panthéisme de Spinoza nous paraît donc devoir être écarté, et avec lui, *a fortiori*, toutes les autres formes du panthéisme (panthéisme grec des stoïciens et des alexandrins, panthéisme des philosophes de l'Allemagne moderne), car celles-ci ont encore moins de logique et de solidité.

# CHAPITRE LV

## LE MATÉRIALISME

**A. Exposé du matérialisme.** — Nous arrivons à deux systèmes plus nettement monistes que le panthéisme; ce sont le matérialisme et le spiritualisme.

Pour le premier de ces systèmes, il n'existe dans le monde qu'une unique substance, la *matière*. A vrai dire, les philosophes de cette école parlent bien encore d'un autre élément composant de l'univers, la *force*. Mais au fond, la force pour eux n'est qu'une propriété de la matière. Qu'est-ce en effet que la matière? De l'étendue. Et qu'est-ce que la force? C'est pour eux, nous le savons (voir chap. XLVIII), du mouvement. Mais tout mouvement est mouvement d'un corps étendu. Donc le mouvement n'est qu'une modification de l'étendue. Donc la force n'est qu'une manière d'être de la matière. Donc la matière est l'unique substance.

Par là s'expliquent trois propositions chères à cette école:

1º « *Pas de matière sans force* ». En effet, la matière brute elle-même possède déjà les forces physico-chimiques.

2º « *Pas de force sans matière* », puisque tout mouvement est nécessairement corporel. — Mais, dira-t-on, l'intelligence est une force, et pourtant n'est pas corporelle. — Erreur, répondent les matérialistes. L'intelligence n'est que la force de penser, que possède la matière cérébrale. Remarquons, disent-ils, que l'intelligence varie avec les dimensions du cerveau, avec son état physiologique, avec ses maladies (voir chap. xxi), et nous devrons en conclure qu'elle est sous l'étroite dépendance du cerveau ; qu'elle est la fonction du cerveau, comme la digestion est la fonction de l'intestin ; qu'elle est un mouvement du cerveau, tout comme la digestion est un mouvement de l'intestin. Ainsi cette force mentale, concluent les matérialistes, est, comme toutes les autres forces, liée à un organe matériel. Elle ne fait donc pas exception à la règle « pas de matière sans force ».

3° « *Tout est à la fois matière et force* », puisqu'il n'y a dans le monde que de la force et de la matière, et que ces deux choses sont indissolublement liées l'une à l'autre. Et comme la matière est de l'étendue, et la force du mouvement, cette formule devient : « *tout est étendue en mouvement* », ou, en d'autres termes, « *tout ce qui se produit dans le monde n'est autre chose qu'un mouvement de l'étendue* » (le repos lui-même n'étant que la neutralisation de deux mouvements opposés).

Comment la matière en mouvement a-t-elle pu produire le monde et tous les êtres que nous voyons? Le matérialisme rejette toute idée de création : puisqu'il n'existe d'autre substance que la matière, il n'y a donc pas, hors d'elle, un esprit infini qui ait pu l'organiser. La matière, n'ayant pas été créée, est donc éternelle ; n'ayant pas été organisée par un Dieu, elle a dû s'organiser elle-même. Elle s'est organisée sans but préconçu (car la matière première était inconsciente) et en vertu de la seule loi des causes efficientes. Primitivement chaotique, la matière s'est peu à peu débrouillée; elle a donné naissance, suivant la marche antérieurement établie (chap. LI), aux nébuleuses, aux astres, aux minéraux, aux êtres vivants, enfin à l'homme. Par le progrès du système nerveux ont peu à peu apparu chez les êtres vivants la pensée et ses formes les plus hautes; la conscience s'est dégagée de l'inconscience, mais sans que l'esprit cessât d'être, même chez l'homme, une propriété de la matière, un mouvement du cerveau. L'esprit meurt donc avec le cerveau même, et de matière vivante repasse à l'état de matière morte. Il se fait donc sans cesse des transformations de tout genre, mais sans que jamais à la masse totale de matière quelque chose s'ajoute, sans que jamais quelque chose en puisse totalement disparaître : « *rien ne se crée, rien ne se perd, tout se transforme incessamment* ».

**B. Critique du matérialisme.** — Telle est la doctrine. Exposée déjà, en Grèce, par Démocrite et par Épicure, elle a trouvé à tous les âges des partisans. Mais elle soulève deux graves objections :

1° Cette théorie fait sortir les êtres vivants et l'homme lui-même de la matière brute. Elle explique donc le supérieur par l'inférieur, le plus complexe par le plus simple. Elle cherche à rendre compte des faits étudiés en biologie et en science sociale par les lois de la physique et de la chimie. Or c'est ce qui n'est pas possible. Nous avons vu en effet (chap. LI) que, les faits physiques n'étant qu'une partie des faits biologiques, le véritable point de vue pour expliquer l'intégralité du monde était le point de vue des sciences biologiques, et nullement celui des sciences physiques. Le matérialisme prend donc, sur ce point, le contre-pied de la vérité.

2° Mais on peut lui faire encore une objection plus redoutable : Que connaissons-nous, en somme? Nous-même et nos états de conscience; mais rien de plus (voir chap. xx et xlviii). Donc la seule réalité à nous connue, c'est la pensée. Et la matière elle-même n'est pour nous qu'une idée confuse. Mais que fait le matérialisme, au contraire? Il prétend expliquer l'esprit par la matière, c'est-à-dire le clair par l'obscur. N'est-ce pas tomber dans la plus grossière des erreurs?

Ce qui est certain, c'est l'existence de ma pensée. Toutes les autres choses ne sont pour moi que les idées que je me fais d'elles. La matière n'est qu'une de ces idées. Prenant cette idée, le matérialisme l'objective, la transforme en une réalité; puis, de cette réalité apparente, il prétend faire sortir la réalité véritable, la pensée. Il veut expliquer le certain par le douteux, comme le clair par l'obscur. C'est une faute de méthode qui vicie, à sa base même, toute la doctrine.

# CHAPITRE LVI

## LE SPIRITUALISME

Le spiritualisme n'est pas seulement, comme on le croit souvent, la doctrine qui proclame l'esprit supérieur à la matière; c'est la doctrine d'après laquelle il n'existe qu'une unique substance, l'esprit, et pour laquelle tout être est au fond un esprit.

Cette doctrine hardie s'appuie sur l'idée que nous avons tout à l'heure mise en lumière, en critiquant le matérialisme. La seule chose qui nous soit connue, disions-nous, c'est notre esprit. Donc, pour concevoir une chose quelconque, nous devons forcément la concevoir à l'image de la seule chose que nous connaissions, à l'image de notre esprit. Donc (à moins que nous ne renoncions à comprendre tous les êtres qui ne sont pas nous-mêmes) il faut dire que toutes les choses sont analogues à notre esprit, sont d'essence spirituelle. Telle est l'idée fondamentale de l'*ontologie* spiritualiste[1].

---

1. On divisait jadis la métaphysique (et cette division est encore commode aujourd'hui) en quatre parties :
1º *Ontologie rationnelle*, ou science de l'être en général.
2º *Psychologie rationnelle*, ou science de l'âme.
3º *Cosmologie rationnelle*, ou science de l'univers, du monde extérieur à nous.
4º *Théologie rationnelle*, ou science de Dieu.

S'il en est ainsi, il faut commencer par l'étude de l'homme, puisque l'homme est le type sur lequel doivent être conçus tous les autres êtres[1]. L'homme comprend un esprit et un corps. Son esprit, d'abord, a de multiples caractères.

1° Il est *un* et *identique à lui-même*, malgré la diversité des pensées : car c'est toujours un unique esprit qui forme les multiples et changeantes idées d'un même homme.

2° Il possède la *raison* et la *liberté*, qui sont les attributs essentiels de sa personnalité, ceux par lesquels il se rapproche de Dieu.

3° Enfin, il est *immortel*. En effet, qu'est-ce que la mort ? Pour un être composé (tel que le corps), ce serait la dissolution, la séparation des parties composantes. Pour un être simple, ce ne peut être que l'anéantissement total. Mais l'esprit, étant un, est simple ; donc il ne peut périr par dissolution. Et il ne peut non plus périr par anéantissement total, parce que c'est un principe admis universellement, que « rien ne se perd ». Donc l'esprit, d'aucune façon, ne peut périr. — Seulement, ce raisonnement ne prouve qu'une chose : c'est que la substance, une et simple, de l'esprit, ne périt pas. Il ne prouve pas que les

---

1. Cette étude métaphysique de l'homme constitue la *psychologie rationnelle*, distincte de la psychologie expérimentale (traitée dans la première partie de cet ouvrage), en ce que cette dernière étudie simplement les faits de conscience, tels que la simple observation nous les révèle, tandis que la psychologie rationnelle essaye, par le raisonnement, de découvrir la nature intime, l'essence de l'âme humaine.

On le voit donc, la psychologie peut être envisagée à trois points de vue :

1° Comme d'introduction à l'étude générale des sciences, parce que l'esprit est condition de la science (voir chap. III);

2° Comme partie des sciences sociales (voir chap. XLI) ;

3° Comme partie de la métaphysique.

idées, multiples et complexes, qui peuplent cet esprit, ne périssent pas — ou du moins ne se séparent pas de lui. Et en effet, il faut concevoir que la mort opère une séparation entre ce qui dans l'esprit est un, et par suite immortel, et ce qui est multiple et par suite périssable. La substance demeure, mais les idées se dissocient pour périr elles-mêmes, si elles n'ont rien eu d'élevé qui les fasse vivre; pour subsister au contraire et pour aller inspirer d'autres esprits, si elles ont été hautes et généreuses.

Voilà pour l'esprit humain. Et le corps humain? Le corps doit être conçu lui-même comme quelque chose d'analogue à l'esprit; les forces qui le constituent sont des modes de l'activité; donc elles sont de même nature que l'esprit, dont elles ne diffèrent que par le degré (voir chap. xxxxix); elles sont des activités, des esprits inférieurs. Toute cellule en effet, nous le savons (voir chap. xxvii), renferme déjà les éléments d'une certaine activité psychologique : la sensibilité, la motricité, la mémoire. Toutes les parties de l'organisme sont donc bien des sortes d'esprits rudimentaires. Et par là s'explique fort simplement l'action de l'esprit sur le corps, et l'action du corps sur l'esprit, l'esprit et le corps n'étant que deux formes d'une même substance : puisqu'ils sont homogènes en réalité, il n'y a plus aucune difficulté à comprendre qu'ils puissent avoir l'un sur l'autre une influence réciproque.

Ce que nous venons de dire du corps humain explique la nature des corps étrangers, qui forment le monde extérieur à nous[1]. Le monde est peuplé d'esprits et de

---

1. C'est la *cosmologie rationnelle*, troisième partie de la métaphysique (voir plus haut). Elle est aux sciences physiques et naturelles dans le même rapport que la psychologie rationnelle est à la psychologie expérimentale.

corps. Pour les premiers, ils sont analogues à notre propre esprit. Pour les seconds, ils sont analogues à notre propre corps : cela est évident s'il s'agit de corps humains, et cela reste vrai s'il s'agit des corps d'êtres inférieurs. En effet, sont-ce des corps animaux et végétaux? ils possèdent les mêmes facultés psychologiques que nous avons reconnues tout à l'heure aux cellules du corps humain. Sont-ce des corps bruts, des corps minéraux? ils possèdent du moins les forces physico-chimiques, et nous avons vu que ces forces elles-mêmes ont quelque analogie avec les forces psychologiques, avec l'activité mentale de l'homme. Donc tout, dans la nature, est animé, est spirituel. Seulement, il y a des degrés dans cette spiritualité. L'animal ne peut être assimilé à l'homme : car s'il est bien une *individualité*, ayant sa vie et son activité propres, il n'est pas encore, comme l'homme, une *personnalité*, car il n'a ni la plénitude de l'intelligence, ni la plénitude de la liberté. Le végétal, de même, ne peut être totalement assimilé à l'animal ; et encore moins le minéral au végétal. Il y a sans doute, dans la nature, une *continuité* qui fait passer sans sauts brusques des formes inférieures aux formes les plus hautes; mais cela ne va pas et ne saurait pas aller jusqu'à identifier celles-ci et celles-là.

Enfin, au-dessus du monde, il est un être supérieur dont le monde dérive : c'est Dieu. Il en faut successivement prouver l'existence et établir les attributs[1].

Les preuves de l'existence de Dieu se divisent en deux classes : preuves métaphysiques; preuves morales.

I. *Preuves métaphysiques.* Les principales sont l'argu-

---

1. C'est l'objet de la *théologie rationnelle*, quatrième partie de la métaphysique. On ne doit pas la confondre avec la *théologie révélée*, partie de la religion. Elles se distinguent en ce que la première est fondée exclusivement sur la raison, et la seconde sur la foi.

ment ontologique, la preuve dite cosmologique, la preuve par les causes finales.

1° *L'argument ontologique*, dû à saint Anselme, repris par Descartes, se formule ainsi : « Dieu est par définition l'être qui a toutes les perfections ; or la première des perfections est l'existence, car il faut exister pour jouir des autres perfections ; donc Dieu, ayant toutes les perfections, existe. » — Kant a parfaitement montré que cet argument n'est qu'un sophisme. Il renferme en effet un grossier cercle vicieux : la conclusion, en effet, est supposée dans la majeure ; car dire : « Dieu *est* l'être qui a toutes les perfections », c'est dire par avance que Dieu *est*, qu'il existe ; c'est prendre comme principe ce qui est en question. — Passons à des preuves plus sérieuses.

2° La *preuve cosmologique* a été formulée par Bossuet. Elle se résume ainsi : « Si quelque chose est, quelque chose a été de toute éternité ». Cherchons en effet la cause des faits que nous voyons ; nous la trouverons dans d'autres faits antérieurs. Mais cherchons la cause de ceux-ci ; nous devrons remonter un peu plus haut. Progressant ainsi sans cesse, il nous faudra pourtant bien nous arrêter quelque part (ἀνάγκη στῆναι, disait Aristote) ; il faudra bien trouver une cause dernière qui ait produit tout le reste, et qui n'ait été elle-même produite par rien d'autre : cette cause dernière, ce sera Dieu. Cet argument nous paraît très probant. Seulement, s'il prouve bien qu'il doit exister une cause dernière, il ne montre pas suffisamment quelle est sa nature. Le troisième argument est préférable à ce point de vue.

3° *L'argument des causes finales* se résume ainsi : « Toutes choses sont adaptées à des fins. Dans l'homme lui-même les organes sont adaptés à leurs fonctions, à l'entretien de la vie humaine (finalité interne). Hors de l'homme, toutes choses sont adaptées aussi, peut-on dire, à l'entretien de la vie universelle, du cours régulier de la nature (finalité externe). Or ce ne sont pas les choses qui ont pu s'adapter elles-mêmes à ces fins, puisqu'elles n'ont ni réflexion ni liberté. Elles ont donc dû y être adaptées par un être supérieur, doué de sagesse pour concevoir ces fins et cette adaptation, de bonté pour les vouloir, de toute-puissance pour les réaliser. Il existe donc un Dieu sage, bon, tout-puissant. »

II. *Preuves morales.* Ce sont :

1° La *preuve par le devoir*. Nous avons l'idée d'une loi morale que nous devons accomplir. Or toute loi suppose un législateur qui l'ait établie. Ce législateur ne peut être que Dieu.

2° La *preuve par la sanction*. Nous croyons que la loi morale est sanctionnée par des récompenses et des peines ; que la vertu est récompensée et le vice puni. Or cela suppose un être qui soit le gardien de la loi morale, qui juge le mérite et le démérite, et qui bénit ou qui frappe. Cet être, c'est Dieu.

Ces arguments, en prouvant l'existence de Dieu, en établissent aussi la nature et nous en font par avance connaître les attributs. Dieu est :

1° Unique (condamnation du polythéisme);

2° Infini;

3° Éternel[1];

4° Conscient, raisonnable, connaissant toutes choses;

5° Libre, juste et bon;

6° Tout-puissant.

C'est grâce à cette absolue perfection qu'il a créé le

---

1. Cela ne veut pas dire qu'il dure un temps très long, mais bien qu'il est « hors du temps ».

monde, lequel est en somme une « œuvre parfaite ». Ce n'est pas que le monde ne renferme pas de mal. Il en renferme beaucoup au contraire, et l'on a même pu distinguer trois sortes de maux :

1º le *mal métaphysique*, l'imperfection de toute créature ;

2º le *mal physique* : la souffrance ;

3º le *mal moral* : le vice.

Mais l'imperfection des créatures était nécessaire, afin de maintenir une distance entre elles et leur Créateur. La souffrance n'est que la conséquence des lois générales du monde, qui dans certains cas engendrent des effets fâcheux, mais qui sont bonnes en somme, puisqu'elles assurent l'existence de l'univers. Enfin le vice est la conséquence de la liberté humaine. En faisant l'homme libre, Dieu lui a donné la possibilité de faire le bien ; mais il a dû lui donner, par là même, la possibilité de faire le mal. La liberté est le plus beau présent de la Divinité à l'homme : puisqu'elle le rend capable de s'élever à la science et à la sagesse, et par là d'imiter Dieu même. Et si l'homme s'en sert pour le mal, ce n'est pas une raison pour accuser la Divinité, qui la lui a donnée pour le bien.

Le bien, en somme, l'emporte de beaucoup sur le mal en ce monde. Et ce monde atteste la perfection du divin artisan dont il est l'œuvre.

Il nous reste à apprécier brièvement le système spiritualiste. Nous l'avons dit, ce système est plus strictement logique que le matérialisme en ce qu'il se fonde, pour construire le monde, sur la seule réalité qui nous soit pleinement connue, notre propre esprit. Sa construction sans doute est bien hardie, et il peut paraître étrange de voir dans la matière même une spiritualité amoindrie.

Pourtant cela même contribue à donner au système quelque chose d'esthétiquement élevé. Et il faut encore ajouter que ce système est celui sur lequel les morales les plus hautes se sont toujours appuyées. Ainsi des considérations d'ordre esthétique et d'ordre moral ne militent pas moins en sa faveur que des considérations de pure logique. Sans doute cela ne suffit pas encore pour lui donner cette certitude absolue qui n'a pu être jusqu'ici atteinte que dans le domaine des mathématiques pures. Mais cela lui donne cette « certitude morale », cette « certitude du cœur », qui vaut autant peut-être, qui vaut mieux pour beaucoup d'esprits, que l'abstraite, que la froide certitude de la raison.

Cependant, comme cette « certitude morale » ne repose pas sur des preuves totalement démonstratives, comme un système métaphysique ne peut être établi à la façon d'un théorème de géométrie, nous ne pouvons pas trouver mauvais que nos convictions, en ces matières, ne soient pas entièrement partagées par nos semblables. Nous ne pouvons pas prétendre leur imposer nos sentiments; nous devons au contraire supporter et respecter les leurs. Sur les questions métaphysiques comme sur les questions religieuses, la plus large et la plus entière tolérance s'impose à nous.

# QUATRIÈME PARTIE

—

# MORALE

# CHAPITRE LVII

## OBJET ET DIVISIONS DE LA MORALE.

La *morale* est la partie de la philosophie qui indique à l'homme la règle de conduite qu'il doit tenir dans le monde.

Pour construire la morale, il faudra donc d'abord connaître l'homme lui-même, et notamment sa sensibilité, sa volonté et son intelligence, puisque c'est par la sensibilité, la volonté et l'intelligence qu'il se guide dans la vie. La morale doit donc nécessairement s'appuyer sur la psychologie.

Mais, pour construire la morale il faudra aussi connaître le monde, puisque cette science a pour but de nous y diriger. Il faudra tout au moins avoir sur le monde une vue d'ensemble, une idée générale. Or cette vue d'ensemble, nous le savons, c'est la métaphysique qui la donne, puisqu'elle synthétise en un corps unique les résultats essentiels des sciences particulières. La morale doit donc aussi s'appuyer sur la métaphysique : elle n'en saurait être, quoiqu'on ait récemment soutenu le contraire, « indépendante ».

Cela étant, comment la morale va-t-elle procéder? Le voici. De la connaissance qu'il a de l'homme et du monde, le moraliste inférera, par *induction*, le principe général qui doit diriger toutes nos actions. Puis de ce principe il tirera, par *déduction*, les différentes règles qui doivent nous diriger dans les diverses circonstances de la vie, les devoirs particuliers que nous avons envers les dievrses classes d'êtres. La première partie de la morale pourrait s'appeler *morale générale*; la seconde, *morale particulière*. Mais le plus souvent on nomme la première *morale théorique*, et la seconde *morale pratique*, parce que la première ne fait que poser le principe dont la seconde déduit les applications. C'est cette dernière terminologie que nous adopterons.

# PREMIÈRE SECTION

## MORALE THÉORIQUE

Pour trouver le principe général qui doit diriger nos actions, il faut chercher parmi nos diverses inclinations s'il en est une qui mérite d'être particulièrement développée et de dominer toutes les autres. Or il existe, nous l'avons vu (chapitre vii), trois grands groupes d'inclinations : inclinations personnelles, inclinations inter-personnelles, inclinations supérieures. C'est à l'un ou l'autre de ces trois groupes d'inclinations que les divers systèmes de morale ont été demander leur principe général. Examinons d'abord les principaux d'entre ces systèmes; nous indiquerons ensuite la solution qui nous paraît la meilleure.

# CHAPITRE LVIII

## SYSTÈMES FONDÉS SUR LES INCLINATIONS PERSONNELLES

Deux principaux systèmes se sont fondés sur les inclinations personnelles : le système du plaisir, et le système de l'intérêt individuel.

### I. Le plaisir

Les adeptes de cette première doctrine, entre autres les philosophes grecs de l'*école cyrénaïque* (Aristippe), estiment que le but de toutes nos actions doit être la recherche du *plaisir*. Et cela, disent-ils, pour deux raisons :

1° En fait, l'homme, dans toutes ses actions, a en vue le plaisir qu'elles lui procureront.

2° En raison, on ne comprendrait pas qu'il pût en être autrement : car comment l'homme pourrait-il se décider à suivre une conduite d'où ne devrait résulter pour lui que peine et que tristesse?

Cette doctrine pourtant n'est pas soutenable. Le plaisir ne peut être un principe général d'action. Car un principe d'action doit être stable, et le plaisir est chose changeante : ce qui nous plaît aujourd'hui ne nous plaira plus demain.

Un principe d'action doit être le même pour tous les hommes, et le plaisir varie avec chacun. Un principe d'action doit être raisonné, et rien de plus irréfléchi que le plaisir.

En somme, si nous ne cherchions dans la vie que notre plaisir, nous serions sans cesse en désaccord avec nous-mêmes, avec nos semblables, avec la raison.

## II. L'intérêt personnel

La doctrine du plaisir est donc obligée, tout au moins, de s'amender par l'introduction d'un élément nouveau : l'intelligence, le raisonnement. Au lieu de chercher le plaisir brutal et aveugle, dit-on, nous chercherons *notre intérêt*. Telle est la correction que fit subir à la doctrine cyrénaïque l'*école épicurienne* (Lucrèce). Par là, dit-on, nous concilierons le sentiment de l'homme, qui ne cherche qu'une chose, son bonheur personnel; et sa raison, qui lui défend de s'abandonner au premier plaisir venu. La doctrine de l'intérêt personnel, c'est la doctrine du plaisir raisonné.

Nous ne contestons pas que cette doctrine renferme une certaine part de vérité. Assurément, l'homme ne peut, dans sa conduite, faire totalement abstraction de son intérêt individuel. Il ne le doit même pas : car, en somme, son bien-être personnel est une partie, un élément du bien universel. Mais ce qu'il doit se garder de croire, c'est que sa satisfaction propre soit tout le but de son existence. Non, l'homme n'est pas au monde pour lui seul : il fait partie d'un tout, aux progrès duquel il doit collaborer. Il ne saurait oublier qu'à côté de lui existent d'autres êtres, au sort desquels il ne peut pas être indifférent. Il ne le peut pas : d'abord parce que cela serait contraire aux sentiments de justice et d'humanité que tous nous portons en nous; et ensuite, parce que, s'il refoulait ces sentiments, ce serait pour son malheur à lui-même. L'individu en effet ne peut être heureux que si tous sont heureux autour de lui. Le bonheur et le malheur de chacun influe sur le bonheur et le malheur de tous. Si nous dédaignons la souffrance de nos semblables, il viendra un moment où cette souffrance trop forte ruinera la société dont nous faisons partie. Si au contraire nous prenons cette souffrance en commisération, le seul fait d'avoir cherché à la soulager sera déjà pour nous une satisfaction, un élément de bonheur. Celui qui ne s'intéresse qu'à lui-même ne saurait être toujours heureux; celui-là seul le sera, qui ne séparera pas son sort du sort de ses semblables. Ainsi la considération de notre intérêt personnel ne saurait être notre véritable principe d'action. Cherchons si ce principe ne serait pas la recherche du bonheur d'autrui.

# CHAPITRE LIX

## SYSTÈMES FONDÉS SUR LES INCLINATIONS INTER-PERSONNELLES

### I. La sympathie.

Le mobile de nos actions, ne devrait-ce pas être la *sympathie* pour nos semblables? Cette idée a été fort souvent mise en avant au xviiie siècle, notamment par le philosophe et économiste anglais Adam Smith Elle a été reprise en ce siècle par Auguste Comte et par Schopenhauer. Et nous-mêmes nous avons d'avance indiqué, dans le chapitre précédent, sur quoi cette doctrine peut se fonder. Toutefois, nous ne pensons pas qu'on puisse l'accepter sans réserve. Car d'abord, se guider exclusivement d'après les sentiments interpersonnels, « altruistes », c'est faire totalement abstraction de notre intérêt personnel : et nous avons vu tout à l'heure que cela n'est ni possible ni désirable. Et même à supposer que la consideration du bonheur d'autrui dût seule nous diriger, il resterait à savoir si la sympathie peut être pour nous un guide bien sûr. La sympathie, en effet, a quelques-uns des défauts que nous avons trouvés tout à l'heure dans le plaisir. Elle est instable : nos sympathies personnelles changent sans cesse. Elle n'est pas générale : les sympathies des autres hommes ne sont pas les mêmes que les nôtres. Elle n'est pas raisonnée : la pitié en somme n'est qu'un instinct, qui souvent nous égare. Par là on comprend que la sympathie ne peut être l'unique principe directeur de notre conduite.

## II. L'INTÉRÊT GÉNÉRAL.

On a donc essayé de faire pour la sympathie ce qui avait été fait pour le plaisir : la raisonner. C'est en ce sens que la doctrine d'Adam Smith a été modifiée par ses successeurs anglais, Bentham et Stuart Mill. Pour ces philosophes, nous devons chercher à faire le bonheur de tous : non par simple sentiment, non par une sympathie purement instinctive, mais au contraire par raison et par réflexion; nous devons, en un mot, nous guider par la considération de *l'intérêt général*. — Cette doctrine est très en faveur aujourd'hui, et elle mérite dans une certaine mesure ce succès, car elle trouve le moyen d'associer l'un à l'autre, et presque de satisfaire à la fois, ces deux grands ennemis, le sentiment et la raison. — Toutefois, elle soulève, elle aussi, une objection grave.

L'intérêt général, est-ce l'intérêt des autres seuls, mon intérêt personnel n'y entrant pour rien? Non, répondent Bentham et Stuart Mill : l'intérêt général comprend aussi votre intérêt individuel; car c'est votre intérêt, à vous-même, de faire le bonheur d'autrui. Mais voilà justement ce qui n'est pas évident dans tous les cas. Car enfin n'est-il pas possible que des conflits se produisent entre mon intérêt et celui des autres? Ne puis-je pas être tenté, dans nombre de circonstances, de préférer mon avantage palpable, immédiat, à cette notion un peu abstraite et lointaine de l'intérêt général? C'est une maxime courante par exemple que « frauder l'État, c'est ne frauder personne ». Maxime très fausse assurément, car le tort fait à l'État par une fraude retombera sur chacun de ses membres. Mais maxime qui prouve bien que nous préférons d'ordinaire notre intérêt personnel à l'intérêt général. Pour lutter contre l'intérêt égoïste, il faudrait ici quelque chose de plus fort, de plus résistant, que l'idée vague et indécise d'intérêt général : il faudrait la notion du devoir. Seul, le devoir peut résister à l'égoïsme; l' « altruisme » ne le peut pas. La morale de l'intérêt général, quels que soient ses mérites, nous paraît donc actuellement insuffisante pour maintenir l'homme dans une voie toujours droite. Voyons donc si le moyen de l'y maintenir ne serait pas de faire appel à des inclinations supérieures.

# CHAPITRE LX

## SYSTÈMES FONDÉS SUR LES INCLINATIONS SUPÉRIEURES

### 1. Le devoir.

La règle de nos actions, n'est-ce pas « *le devoir* »? Sans doute, mais il faut prévenir ici une confusion. Assurément, il est de notre devoir de faire ce que nous estimons être le bien; mais pour savoir ce qui est le devoir, il faut avoir trouvé ce qui est le bien. Ainsi la seule idée du devoir ne peut suffire à définir le principe suprême de la morale, puisque, étant admis que le devoir s'impose à nous, il restera à trouver quel est le devoir.

C'est ce qu'on n'a pas toujours compris. Kant a essayé, dans sa *Critique de la raison pratique*, de fonder toute la morale sur la seule idée, sur l'idée abstraite de devoir. Et voici comment il raisonnait : Le devoir, c'est ce qui s'impose à notre respect; le devoir, c'est ce qui nous paraît devoir être la règle d'action commune de tous les hommes. Il nous faudra donc, pour savoir si nous devons accomplir une action, chercher si la conduite que nous allons tenir nous rendra respectables à nos propres yeux et à ceux de nos semblables, et si elle méritera d'être érigée en modèle de conduite pour tous. — C'est là une idée ingénieuse, mais qui ne nous paraît pas entièrement juste; car, pourquoi un acte mérite-t-il le respect, et mérite-t-il d'être imité par tous? N'est-ce pas parce que cet acte est *bon*, parce qu'il est *parfait* en soi? Donc, pour juger s'il est de notre devoir de le faire, il faudra avoir une règle qui nous permette de juger de sa bonté, de sa perfection intrinsèque. Donc l'idée de « devoir » ne peut suffire à fonder la morale, puisqu'elle-même repose sur l'idée de « bien ». Il reste donc toujours à savoir quel est le bien.

## II. La volonté de Dieu.

Le bien, ne serait-ce pas la *volonté de Dieu*? Et la véritable règle de nos actions ne serait-elle pas l'obéissance à Dieu, et l'amour de Dieu? Cette doctrine assurément est très fondée. Mais elle n'est pas sans soulever des difficultés. Qu'est-ce que Dieu nous commande? Est-ce simplement d'aimer les hommes, ou de nous aimer nous-même, ou d'aimer nos semblables et nous-même à la fois? Mais alors nous retombons dans les doctrines précédentes, avec toutes les objections auxquelles elles se heurtent. Est-ce au contraire d'aimer Dieu, d'aimer Dieu seul? Voilà qui a de la grandeur, sans doute, et les âmes les plus hautes ont peut-être été celles qui n'ont connu que ce pur amour divin. Mais il faut bien reconnaître que la plus grande part du genre humain ne saurait s'élever aussi haut, et que ce sont des sentiments plus humbles qui la guident journellement.

L'amour de Dieu, en somme, ne saurait supplanter totalement dans notre esprit l'amour de nous-même et l'amour d'autrui. Il faut qu'il se concilie avec eux, non qu'il les combatte et les détruise. Il faut qu'il ne se présente pas à nous comme l'unique principe moral de toutes nos actions, mais seulement comme un principe plus élevé que les autres, et auquel les autres, s'ils sont bien compris, doivent conduire. L'amour de Dieu, en un mot, s'il veut prendre tout son sens et toute sa valeur, ne doit pas s'opposer aux affections humaines, mais se superposer à elles. La vie en Dieu n'est pas une vie à part ; ce n'est que la perfection de la vie humaine, par l'intelligence et l'amour.

# CHAPITRE LXI

## LE PRINCIPE DE LA MORALE

Aucun des systèmes que nous venons d'exposer ne mérite, avons-nous dit, une adhésion sans réserve. Cela tient à ce que chacun d'eux s'appuie sur une base trop étroite. Chacun d'eux, en effet, ne voit qu'un côté de l'homme, ne cherche à développer en lui qu'une seule sorte d'inclination. Or ce n'est pas ainsi qu'il faut procéder. Il faut prendre, au contraire, l'homme tout entier, et tenir compte de toutes ses facultés à la fois. Le seul bon système de morale sera celui qui permettra de les développer toutes ensemble.

Et en même temps qu'il faut tenir compte, en morale, de la totalité de l'esprit humain, il faut y tenir compte aussi des lois générales qui régissent la totalité de l'univers, c'est-à-dire, nous l'avons vu, de la loi universelle d'évolution.

Le monde évolue vers la perfection. Quelle sera donc la conduite bonne? Ce sera celle qui contribuera à cette évolution, celle qui fera approcher le monde de sa perfection. Mais comment nous, êtres infimes, pouvons-nous travailler au perfectionnement de l'univers? En travaillant à notre perfection propre, d'abord : en étendant notre intelligence, en développant notre sensibilité esthétique et morale, en fortifiant notre volonté ; mais sans cultiver une de ces facultés aux dépens des autres, et en les maintenant toutes, au contraire, dans un harmonieux équilibre. Par là nous aurons, dis-je, contribué au progrès de l'univers. Car d'abord nous sommes nous-même un membre de l'univers ; la perfection de l'univers est la somme des perfections de ses membres ; et si l'une de ces perfections partielles s'accroît, leur somme s'accroît par là même. Et de plus, en nous perfectionnant nous-même, nous avons indirectement aidé au perfectionnement d'autrui : car par la seule force de notre exemple, nous avons nécessairement, dans une certaine mesure, attiré au bien quelques-uns de nos semblables. Les forces intellectuelles rayonnent en quelque sorte autour de celui en qui elles se manifestent, et, comme le soleil qui réchauffe les astres environnants de sa lumière, elles vivifient les êtres qui avoisinent leur possesseur. Mais ce n'est pas tout. Non seulement nous pouvons contribuer indirectement au développement de la perfection d'autrui, par le développement de notre perfection propre, mais nous pouvons y contribuer par une action plus directe. En effet, en pratiquant envers nos semblables ces deux vertus (qui seront étudiées en détail dans la Morale pratique), la justice et la charité, nous leur faisons du bien : c'est-à-dire que nous ajoutons à leur être un peu de perfection. Et c'est encore pour nous un moyen de contribuer au perfectionnement général de l'univers. Ce n'est même pas tout encore. Nous pouvons développer la perfection, non seulement en nous-même, non seulement dans nos semblables, mais dans tous les êtres qui existent : il n'est pas une créature vivante, si infime soit-elle, à qui nous ne puissions faire du bien. Et même en ce qui concerne la matière inanimée, peut-être est-ce agir dans les voies du progrès universel que de la faire servir à nos propres fins ; puisque c'est l'arracher à son inertie pour l'employer au bien des êtres supérieurs. Si bien qu'en somme il est mille façons pour nous de contribuer au bien universel, de servir la cause du progrès, la cause de la perfection. Quelque limités donc que soient nos moyens d'action, nous devons travailler sans cesse dans ce sens, certains d'avance que nos efforts auront toujours leur résultat.

En un mot donc, « développer la perfection de l'univers », telle nous paraît être la véritable règle morale qui doit diriger nos actions. Et cette formule nous semble assez large pour satisfaire à toutes les conditions que doit remplir un semblable principe. Elle tient compte, en effet, et de toutes les facultés de l'homme (sensibilité, volonté, intelligence), et de tous les êtres de l'univers (le moi, les autres hommes, le reste des êtres), ainsi que de leur loi suprême, la loi de l'évolution. Et c'est par là qu'elle peut servir à concilier les divers systèmes exposés plus haut, car elle satisfait à la fois leurs principes à tous. Elle satisfait nos inclinations personnelles : car n'est-ce pas nous aimer nous-même du véritable amour, n'est-ce pas agir suivant la loi de notre intérêt réel, n'est-ce pas nous procurer le plaisir le plus durable et le plus pur, que de travailler à notre propre perfectionnement? Elle satisfait nos inclinations inter-personnelles : car, collaborer au développement des autres êtres, n'est-ce pas leur témoigner de la sympathie, et n'est-ce pas agir dans l'intérêt général? Elle satisfait enfin nos inclinations supérieures : car aider au progrès de l'univers, c'est faire notre devoir, et c'est obéir à Dieu. Ainsi cette formule est à elle seule le résumé de tous les principaux systèmes de morale.

Cette formule nous permet en outre de nous rendre

compte des principales notions dont toutes les morales font usage : les notions de *devoir*, de *responsabilité*, de *mérite* et de *démérite*, de *conscience morale*, de *sanction*.

Travailler au perfectionnement universel, voilà le bien. Pour connaître ce bien, nous avons l'intelligence; pour l'aimer, nous avons la sensibilité; pour le réaliser, nous avons la volonté. Mais la volonté humaine est libre : elle peut ne pas faire le bien, aucune contrainte physique ne l'y force. Seulement il y a une obligation morale qui l'y pousse : elle sait qu'elle peut faire le mal, mais qu'elle ne doit pas le faire, qu'en le faisant elle manquerait à son *devoir*. Le devoir n'est donc rien de plus que le bien conçu comme s'imposant moralement à une volonté libre.

Ces notions de bien et de devoir en entraînent immédiatement plusieurs autres. L'homme, étant libre, peut faire le mal. Mais il ne doit pas le faire; et s'il le fait, il se sent *coupable*. S'il fait le bien, au contraire, il se sent *méritant*, puisqu'il eût pu ne pas le faire. En un mot donc, il se sent *responsable* de ses actions, précisément parce qu'il en est le maître.

Et devant qui en est-il responsable? Il en est responsable devant les autres hommes, à qui ses actes ont pu profiter ou nuire; devant Dieu, qui en sera le dernier et souverain juge; mais d'abord devant lui-même. Chacun, en effet, a en soi-même un juge de toutes ses pensées et de toutes ses actions, la *conscience morale*. La conscience psychologique saisit tous les faits de notre vie intérieure; la conscience morale en apprécie la valeur. D'elle dérive ce sentiment instinctif qui nous fait trouver bon ou mauvais l'acte que nous venons d'accomplir, qui nous rend nous-même, à nos propres yeux, méritant ou coupable. Sentiment instinctif dont nous pouvons d'ailleurs perfectionner la justesse en le soumettant au contrôle d'un jugement sévère. Ce sont des sentiments de ce genre qui constituent cette « tranquillité d'âme », ou à l'opposé ce « remords », dont la première est la plus douce, et le second la plus amère impression de la vie morale.

Ceci nous conduit à une dernière question. Le perfectionnement de l'univers, telle doit être la règle de la conduite humaine, telle est la « *loi morale* ». Mais à cette loi il faut une *sanction*, c'est-à-dire un châtiment qui en punisse la violation. Quelle sera cette sanction? Elle sera triple.

1° Tout d'abord, en effet, il y a la *sanction intérieure*, le témoignage de la conscience. Celui qui aura bien agi aura une conscience calme; celui qui aura mal agi aura une conscience bourrelée de remords. Par là même, le premier sera heureux, et le second malheureux. Et c'est précisément ce qui nous montre que faire son devoir est le vrai moyen de faire son bonheur. On veut parfois opposer le devoir au bonheur, le bien moral à l'utilité; mais c'est la plus grossière des erreurs. Car il nous est souverainement utile et il est absolument indispensable à notre bonheur d'être en paix avec nous-même, c'est-à-dire de n'avoir rien à nous reprocher, d'avoir une conscience calme. Or c'est ce que nous ne pouvons obtenir qu'en accomplissant notre devoir. Notre devoir est donc notre suprême utilité. Et il est vrai de dire, ne fût-ce que du point de vue de la conscience, que l'homme de bien est toujours heureux et le méchant toujours inquiet et malheureux.

2° Mais il y a en outre la *sanction extérieure*. La loi et l'opinion publique frappent le méchant. L'opinion, au contraire, et parfois la loi, récompensent l'homme de bien.

Nouvelle raison pour dire que le premier est malheureux, et que le second seul peut posséder un stable bonheur.

5° Enfin, une dernière et plus haute récompense est encore réservée à l'homme de bien. Car il existe une troisième sanction, qu'on pourrait appeler la *sanction éternelle*. Du méchant, après sa mort, il ne reste rien dans le monde ; rien, si ce n'est parfois le souvenir abhorré de ses crimes : ce qui peut lui arriver de meilleur, c'est que son œuvre périsse avec lui. Mais de l'homme de bien, au contraire, il reste une œuvre, une œuvre immortelle. Ce qu'il a ajouté à la perfection de l'univers ne saurait pas disparaître ; car tout ce qui est bon a en soi une force qui fait que, une fois produit, il subsiste indéfiniment par lui-même. Les actes de l'homme vertueux continueront à porter effet après sa mort. Ses pensées continueront à vivre, et elles iront animer dans les générations suivantes d'autres gens de bien : elles réveilleront les bonnes volontés de ceux-ci, elles soutiendront leurs forces dans la lutte pour la perfection, elles feront bénéficier les âges nouveaux de l'œuvre des âges anciens. Et ainsi l'homme vertueux se survivra à lui-même dans ce monde : puisque non seulement la substance de son âme, mais le meilleur de ses pensées, aura échappé à la destruction. Ce qui est moralement parfait, comme ce qui est physiquement simple, parvient donc à triompher de la mort. Et travailler pour le bien, c'est travailler pour l'éternité.

# SECONDE SECTION

# MORALE PRATIQUE

Nous avons donné l'énoncé de la loi morale, fixé l'idéal que l'homme doit poursuivre, indiqué la formule du devoir. Il nous reste à tirer de cette loi générale des règles spéciales, à déduire de cette formule ses applications. En un mot, après avoir traité « du devoir » de l'homme en général, nous devons traiter « de ses devoirs particuliers ». Nous allons donc examiner successivement les divers devoirs qu'a l'homme envers les divers êtres de l'univers ; envers lui-même, envers ses semblables, et particulièrement envers les groupes formés par eux, la famille et l'État; envers les êtres inférieurs et envers la nature; envers Dieu.

# CHAPITRE LXII

## DEVOIRS ENVERS SOI-MÊME

*A.* **Existence de ces devoirs.** — Le philosophe allemand Schopenhauer a nié que l'homme eût des devoirs envers lui-même, et cette idée a depuis été soutenue par un certain nombre de penseurs. Les arguments qu'on a fait valoir contre l'existence de ces devoirs sont au nombre de trois principaux :

1° On a dit qu'il n'était pas *nécessaire* d'admettre l'existence de semblables devoirs, parce qu'il y a en nous une autre faculté capable de les suppléer amplement : l'instinct. L'instinct de conservation suffit, dit-on, à nous empêcher de commettre des actes qui nous nuiraient.

2° L'existence de ces devoirs, ajoute-t-on, n'est pas *réelle*. Pour Schopenhauer, en effet, une seule chose a la valeur morale : c'est la sympathie, la pitié. Les prétendus devoirs de l'homme envers lui-même ne sont, dit-il, qu'une invention de notre propre égoïsme : il n'y a pas de moralité à se conserver soi-même.

3° Enfin l'existence de ces devoirs, ajoute-t-on, n'est pas même *intelligible*. En effet, un être qui aurait des devoirs envers lui-même serait à la fois le sujet et l'objet d'une unique obligation. Il en serait le sujet, puisque c'est à lui-même qu'il l'imposerait ; et il en serait l'objet, puisque c'est lui-même qu'il s'imposerait de conserver. Or on ne peut concevoir qu'un être soit à la fois sujet et objet d'une même obligation, car on ne peut concevoir qu'un individu soit créancier de lui-même et débiteur de lui-même.

Mais ces trois arguments ne sont pas décisifs. En effet :

1º Ces devoirs d'abord sont *intelligibles*; parce que, si l'homme est à la fois le sujet et l'objet de son obligation, il ne l'est pas dans le même sens, sous un même rapport. Le sujet de l'obligation, l'être qui est obligé, c'est nous-même. L'objet de l'obligation, l'être envers qui on est obligé, c'est notre nature considérée et posée par nous comme quelque chose d'extérieur à nous-même. Quand nous disons que nous nous devons quelque chose à nous-même, nous voulons dire que nous avons des devoirs envers cette nature humaine supérieure que nous ne portons en nous que virtuellement, envers ces facultés de raison et de liberté qu'il nous faut développer et accroître, envers l'essence quasi divine de notre être. Ainsi, dire que nous avons des devoirs envers nous-même, c'est dire que notre nature réelle a des droits envers notre nature idéale. Ce n'est donc pas une même chose qui est à la fois sujet et objet de l'obligation.

2º Ces devoirs, en outre, sont *réels*, parce que la conscience nous en atteste l'existence. La conscience nous dit que nous devons nous respecter nous-même, comme elle nous dit que nous devons respecter nos semblables. « Ne fais pas telle chose, nous dit à certains moments la conscience, par respect pour ton intelligence, par intérêt pour ta dignité propre. » Nous respecter nous-même, ce n'est pas faire preuve d'un vain orgueil, c'est nous dire qu'il y a un bon et un moins bon emploi à faire de nos facultés, que tous nos actes ne se valent pas, que nous devons à nos facultés éminentes de les cultiver et de ne pas les laisser déchoir, que nous n'avons pas le droit d'en disposer suivant notre fantaisie, que nos actes sont les moyens dont se sert une finalité supérieure à nous-même, que nous avons enfin une destination en ce monde, et, par suite, le devoir de nous y conformer.

3° Enfin, il est même *nécessaire* d'admettre l'existence de ces devoirs. Schopenhauer nous disait que cela seul est vraiment moral qui tend à procurer le bien de nos semblables. Et pourquoi, peut-on lui répondre, ce qui tend à nous procurer notre bien propre ne serait-il pas moral aussi? Si nous avons des devoirs envers nos semblables, c'est parce que nous trouvons la personnalité humaine respectable en eux; mais cette personnalité existe aussi en nous-même avec les mêmes attributs et les mêmes facultés; donc elle est également respectable en nous. Si nous devons respecter nos semblables, nous devons nous respecter; si nous avons des devoirs envers eux, par là même nous en avons envers nous.

En un mot donc, l'existence des devoirs envers nous-même, non seulement est intelligible, mais est réelle et doit être nécessairement admise.

*B.* **Division de ces devoirs.** — Quels sont maintenant ces devoirs? Comment se divisent-ils et s'harmonisent-ils entre eux?

Notre être comprenant un esprit et un corps, nous avons des devoirs envers notre esprit et envers notre corps. Mais tous deux ne font pas partie de notre personnalité au même titre, avec une importance égale : le corps y est subordonné à l'esprit. Par suite nos devoirs envers notre corps doivent être subordonnés à nos devoirs envers notre esprit.

1° *Devoirs envers l'esprit.* Nous trouvons dans notre

esprit un certain nombre de facultés, intelligence, sensibilité, volonté, qui tendent toutes à se développer. Notre devoir est donc d'aider à cette extension et de la diriger dans le sens le meilleur. Mais en outre, comme chacune de nos facultés tend à s'emparer de la prééminence et à s'assujettir les autres, il y a parfois conflit entre elles. De là un nouveau devoir : celui de mettre l'harmonie entre nos diverses facultés.

α. *Devoirs envers l'intelligence.* Nous devons étendre notre intelligence, c'est-à-dire « apprendre ». Mais que faut-il apprendre pour arriver au bien? D'abord les vérités morales qui se rapportent à ce bien lui-même; puis les notions techniques relatives à la situation que nous occupons dans le monde; enfin le plus possible de notions scientifiques de toute sorte. Les anciens désignaient ces devoirs sous le nom de *sagesse.*

β. *Devoirs envers la sensibilité.* Pour certains moralistes, Kant et les Stoïciens entre autres, nous devrions chercher à détruire notre sensibilité. Mais c'est une erreur de leur part. Nous ne devons pas essayer de détruire la sensibilité, d'autant plus que nous ne le pourrions pas. Il nous faut seulement empêcher la sensibilité de prendre un développement exagéré, et la ramener à des limites telles qu'elle ne domine pas l'intelligence, mais au contraire lui soit subordonnée, et lui serve d'aide et d'appui. Nous devons donc imposer certaines mesures à notre sensibilité : nous ne devons pas nous permettre tous les plaisirs, parce qu'un excès de plaisir nuit au développement de l'intelligence. C'est ce que les anciens nommaient la « *tempérance* ».

γ. *Devoirs envers la volonté.* La volonté étant libre, nous devons faire qu'elle reste libre, qu'elle se développe et aille sans cesse en se perfectionnant : nous ne devons donc asservir notre volonté ni à la volonté d'autrui (servilité) ni à nos passions ( « servitus humana » de Spinoza). Mais ce n'est pas asservir sa volonté que lui imposer le joug du bien : au contraire, c'est la développer, c'est lui donner toute sa valeur, puisque la volonté parfaite est celle qui se dirige vers le bien. Il nous faut donc guider notre volonté vers le bien. Mais on n'arrive pas au bien du premier coup; mille obstacles nous arrêtent dans la voie qui nous y mène; pour surmonter ces obstacles, il faut du « *courage* ». Le courage affecte bien des formes : courage militaire, courage civique, patience dans l'adversité, modération dans le bonheur. Le courage, que les anciens mettaient à côté de la sagesse et de la tempérance, est ainsi la vertu propre de la volonté.

δ. *Devoirs qui ont pour objet l'harmonie des facultés spirituelles.* Il nous faut, en dernier lieu, mettre l'harmonie entre nos facultés spirituelles. C'est la « *justice* » qui y pourvoit. La justice en effet, comme l'a montré Platon, ce n'est pas seulement la vertu qui préside aux rapports des hommes entre eux, mais aussi la vertu qui préside aux rapports des diverses parties d'un même être. Ce rôle de la justice dans l'âme est aisé à concevoir. Déjà, dans l'intelligence, nous trouvons la *justesse*, qui équilibre entre eux tous les éléments de l'intelligence elle-même : l'intelligence juste est celle qui, sans se distinguer nécessairement par aucune qualité saillante, sait prendre de chaque qualité ce qu'elle a d'essentiel et d'indispensable, pour en composer un tout un et harmonieux. Eh bien, la justice fera de même : entre nos diverses facultés elle mettra l'harmonie. Elle réglera nos trois facultés de l'intelligence, de la sensibilité et de la volonté, en vue de les faire contribuer à la perfection du tout; par là même elle les coordonnera entre elles, elle les dirigera dans une voie commune, elle fera d'elles, non plus des rivales, mais des auxiliaires et des alliées : elle sera donc bien, dans l'esprit, le principe de paix et d'harmonie.

Tel est l'ensemble des devoirs que nous avons envers notre esprit.

2° *Devoirs envers le corps.* Ces devoirs sont de deux sortes : nous devons conserver et développer le corps ; nous devons le subordonner toujours à l'esprit.

Si le corps doit être conservé, il faut, malgré l'opinion des stoïciens, proscrire sévèrement le suicide, du moins en règle générale. En effet, le but de la vie humaine est la perfection ; le moyen d'y atteindre est la vertu. Donc, tant qu'un acte vertueux est possible, ne fût-ce qu'un acte de résignation, l'homme qui doit l'accomplir ne doit pas quitter la vie. Le suicide est contraire à nos devoirs envers nous-mêmes : il est un manque de courage, car il faut plus de courage pour supporter les maux que pour y échapper par la mort. De plus, il est contraire à nos devoirs envers nos semblables, envers notre famille, envers notre patrie. Il est contraire enfin à nos devoirs envers Dieu ; car nous tuer, c'est juger que notre misère dépasse nos forces, et par là c'est accuser Dieu ou de méchanceté ou d'imperfection : de méchanceté, s'il nous a volontairement imposé ce malheur ; d'imperfection, si, voulant nous l'éviter, il n'y a pas pu parvenir.

Nous ne devons pas seulement conserver notre corps, nous devons aussi le développer. Pourtant, il ne faut pas exagérer les soins auxquels il a droit. Il ne lui faut donner ni trop, ni trop peu d'attention. L'ascétisme et la sensualité s'éloignent également du juste milieu ; tous deux nuisent au corps, en sens contraire ; tous deux sont également blâmables.

Enfin, nous devons subordonner le corps à l'esprit, et

le faire servir à la bonne activité de l'esprit. Nous devons même, s'il en est besoin, sacrifier le corps à l'esprit. Quand d'impérieux devoirs envers nos semblables, envers la justice ou envers la vérité, exigent le sacrifice de notre corps, nous ne devons pas hésiter à l'accomplir : ce sacrifice est alors un acte de courage et de vertu. L'esprit ne goûtera plus les plaisirs que son union avec le corps lui procurait, mais il en aura dans l'éternité une plus haute récompense.

# CHAPITRE LXIII

### DEVOIRS ENVERS NOS SEMBLABLES

A. L'existence de nos devoirs envers nos semblables n'a jamais été sérieusement contestée. Nul ne nie, en effet, que nous devions respecter la personne de nos semblables, et partant qu'ils aient le droit de la faire respecter par nous. Mais ce qui soulève des controverses, c'est le fondement de ces devoirs et de ces droits.

Pourquoi nos semblables ont-ils droit à notre respect? C'est, dit-on parfois, parce qu'ils ont la force de se faire respecter. Le droit en effet, — si nous en croyons une théorie assez répandue, surtout en Allemagne, — serait attaché à la force. Le droit appartiendrait à la force. — En réalité, rien n'est plus faux, ni plus dangereux même, que cette théorie. La force est un pouvoir physique, le droit est un pouvoir moral. Et l'on ne voit pas pourquoi le pouvoir physique entraînerait nécessairement avec lui le pouvoir moral. Au contraire, il est des droits qu'il faut reconnaître à la faiblesse : l'enfant a droit à être respecté, plus peut-être encore que l'homme mûr, précisément parce qu'il n'a pas la force de se défendre. Donc le droit n'est pas nécessairement l'apanage de la force. Admettre cette théorie, ce serait justifier toutes les violences, toutes les injustices.

Pour d'autres philosophes — nombreux surtout en Angleterre — nos semblables ont droit à être respectés par nous, parce qu'ils y ont un intérêt majeur. Le droit appartient à l'intérêt. — Cette théorie s'éloigne moins de la vérité, car il est certain que nos semblables ont intérêt à être respectés par nous. Toutefois, on ne voit pas encore comment, à lui seul, cet intérêt suffirait à leur donner un droit. Car enfin, il est des intérêts, même majeurs, qui ne sont pas respectables (par exemple l'intérêt qu'a le voleur à conserver la chose volée); et pourtant tous devraient l'être, s'il était vrai que tous fussent capables de fonder un droit. L'intérêt ne suffit donc pas plus que la force à créer un droit.

D'où vient donc ce droit qu'ont nos semblables à notre respect? Il vient de ce qu'ils sont eux-mêmes des personnalités, douées de raison et de liberté; de ce qu'ils ont eux-mêmes un devoir à remplir, le devoir de travailler à leur propre perfectionnement et au perfectionnement universel; de ce que cette fin, à laquelle ils sont destinés, commande notre respect et veut que nous la laissions s'accomplir sans trouble, que nous aidions même à son accomplissement. C'est donc en somme parce qu'ils ont un devoir envers l'idéal que nos semblables ont un droit sur nous, et que nous avons des devoirs envers eux.

*B.* Par là même, nous voyons immédiatement quels sont les droits que nos semblables ont sur nous, et quels sont par suite les devoirs que nous avons envers eux. Ces devoirs sont doubles : nous ne devons pas empêcher nos semblables d'accomplir leur devoir, d'atteindre leur propre fin; nous devons les aider à atteindre cette fin. Les premiers sont des devoirs *d'abstention,* les seconds des devoirs *d'action,* parce que les premiers nous ordonnent seulement de ne pas nuire à nos semblables, tandis que les seconds nous prescrivent d'agir pour les aider. Les premiers sont des devoirs de *justice*, et ils sont munis d'une sanction sociale, car la loi frappe ceux qui y manquent; les seconds sont des devoirs de *charité*, et, s'ils sont obligatoires moralement, la loi civile ne peut contraindre personne à s'y conformer.

1º *Devoirs de justice.* Leur formule est : « ne fais pas à autrui ce que tu ne dois pas vouloir qu'on te fasse ». Naturellement ces devoirs se divisent en deux groupes :

α. devoirs envers le corps de nos semblables : nous devons respecter leur sécurité, leur liberté corporelle, leur propriété ;

β. devoirs envers l'esprit de nos semblables : nous devons leur laisser la liberté de penser, de dire, d'écrire ce qu'ils veulent; nous devons leur laisser la liberté de conscience ou liberté religieuse.

2º *Devoirs de charité.* La formule de ces devoirs est : « fais à autrui ce que tu devrais vouloir qu'on te fît ». La justice nous ordonne de ne pas tuer ; la charité, de faire vivre. La justice prescrit de ne pas voler; la charité, de faire l'aumône. La justice veut que nous laissions librement penser nos semblables, la charité veut que nous éclairions leur intelligence.

La charité est donc une collaboration active au perfectionnement de nos semblables. Elle est donc, en ce sens, supérieure à la justice, car celle-ci n'est que l'obéissance réfléchie à une règle stricte, tandis que celle-là est un élan spontané du cœur. — Mais cela même nous montre que la charité est capable d'égarement, à l'inverse de la justice. Car, pour éclairer l'intelligence de nos semblables, nous pourrons être tentés de leur imposer des idées auxquelles ils répugnent, de violer leur liberté de penser; ce que la justice, elle, ne fera pas. — La justice, en un mot, est plus mesurée; la charité est plus ardente. Le défaut de la première, c'est d'être parfois trop froide; le défaut de la seconde, c'est de pouvoir s'égarer. L'idéal serait une charité qui ne porterait jamais atteinte à la justice.

# CHAPITRE LXIV

### DEVOIRS ENVERS LA FAMILLE ET ENVERS L'ÉTAT

Il est évident que les devoirs de l'homme ne sont pas égaux envers tous ses semblables. Certains d'entre eux ont droit de notre part à plus d'égards que les autres, parce qu'ils nous sont attachés, soit par les liens du sang, soit par le lien d'une commune patrie. C'est pourquoi nous avons des devoirs particuliers envers les êtres qui composent notre famille et notre patrie, et envers cette famille et cette patrie elles-mêmes.

### 1. Devoirs envers la famille.

Distinguons les devoirs envers les membres de notre famille, et les devoirs envers la famille elle-même, considérée comme un être distinct et collectif.

**A. Devoirs envers les membres de la famille.** — Ces devoirs sont fondés à la fois sur les liens qu'établit la vie de famille et sur les liens qui résultent de la communauté d'origine. Ces deux sortes de liens sont indépendants les uns des autres, et chacun suffirait pour nous constituer des devoirs: la vie de famille, sans communauté d'origine, est suffisante pour créer aux époux des devoirs réciproques; et réciproquement la communauté d'origine suffit pour nous obliger envers des parents avec qui nous ne vivons pas.

En thèse générale, les devoirs envers les membres de notre famille ne sont que nos devoirs ordinaires envers nos semblables, mais devenus plus impérieux par le fait de la parenté. Ici les devoirs d'abstention ne sont plus seuls imposés; les devoirs d'action acquièrent le même degré de rigueur. La justice ne suffit plus entre parents; il faut la charité, il faut l'amour.

Envisageons spécialement les plus importants de ces devoirs, ceux des parents envers leurs enfants, et ceux des enfants envers leurs parents.

Les parents ont fait la personnalité de leur enfant. C'est un bien qu'ils lui ont donné, puisque la vie est un bien. Mais, par le fait seul qu'ils lui ont donné ce bien, l'existence, ils doivent faire en sorte qu'il en puisse jouir. Ils doivent donc élever leur enfant, pourvoir à ses besoins matériels, lui donner une éducation morale, et une instruction scientifique et technique générale et spéciale, qui le mettent à même d'être un jour utile à lui-même et aux autres, qui fassent de lui un homme dans le sens le plus élevé du mot.

En retour les parents ont sur leurs enfants le pouvoir paternel. Ce pouvoir est fondé exclusivement sur l'intérêt de l'enfant lui-même, qui ne pourrait avoir de meilleurs gardiens que ses parents. De là résulte que ce pouvoir a des bornes : les parents ne peuvent s'en servir que dans la limite où l'intérêt bien établi de l'enfant en justifie l'emploi. C'est ainsi qu'ils ne sauraient, par exemple, forcer leur enfant à embrasser une profession qui répugne à ses goûts, parce qu'il ne peut pas être établi que son intérêt en dépende.

Les devoirs des enfants envers les parents sont l'obéissance (devoir matériel), le respect (devoir de l'intelligence), l'amour (devoir du cœur).

*B.* **Devoirs envers la famille.** — La famille, considérée abstraitement, forme un tout qui a son unité, ses parties, ses membres, ses chefs, qui a une histoire, un caractère, des traditions à elle. Nous devons à notre famille de la conserver et de l'accroître, en nous conservant et en nous perfectionnant nous-mêmes, en aidant activement tous ses membres, en lui en donnant de nouveaux. Nous devons encore respecter les traditions de probité et de vertu léguées par les ancêtres, et qui sont le patrimoine commun de la famille. Nous devons faire honneur, par nos actes, à la maison de laquelle nous sortons.

## II. Devoirs envers l'état.

Nous les diviserons, comme les devoirs envers la famille, en deux classes : les devoirs envers les membres de l'État, et les devoirs envers l'État lui-même.

*A.* **Devoirs envers les membres de l'État.** — Nos devoirs envers nos concitoyens ne sont pas différents de nos devoirs généraux envers nos semblables, sauf que l'obligation est ici un peu plus stricte qu'envers les étrangers, tout en l'étant moins qu'envers les membres de notre famille.

*B.* **Devoirs envers l'État.** — D'autre part, l'État lui-même constitue un être distinct, abstrait; il a sa personnalité propre, qui ne se confond pas avec celles de ses membres. Pour comprendre que nous ayons des devoirs envers lui, il nous faut exposer brièvement comment il s'est formé.

L'État s'est d'abord formé et développé à la façon d'un organisme animal. On sait que l'organisme se forme par la division d'une cellule unique, qui donne naissance à plusieurs autres, lesquelles restent associées entre elles, et se divisent le travail, chacune s'adaptant à une fonction distincte. Il en a été de même pour l'État. L'État est issu d'un couple primitif, dont les descendants sont restés unis entre eux pour constituer une famille; cette famille, en s'étendant, est devenue une tribu, puis une nation. Les membres de cette famille, restant unis, se sont eux aussi partagé le travail, en se chargeant chacun d'une fonction spéciale, d'après ses aptitudes et ses goûts propres. Mais peu à peu la tribu, en s'étendant, en occupant une surface territoriale plus vaste, a dû nécessairement se fractionner : et de là la division des nations.

Ainsi, la formation de la société peut être comparée point par point à la formation d'un organisme animal. Cependant une différence importante existe entre ces deux cas. Les cellules dont est formé l'organisme animal n'ont qu'une conscience rudimentaire, elles n'ont ni les formes supérieures de l'intelligence, ni la liberté : elles subissent dans leur développement des lois qu'elles n'ont point faites. Au contraire, les individus dont la réunion compose la société humaine sont pleinement intelligents et libres. Ils n'agissent que comme il leur plaît, ils ont en eux-mêmes le principe de leurs déterminations. Ainsi, s'ils restent associés entre eux, ce n'est plus, comme les cellules organiques, parce qu'ils y sont contraints par une loi naturelle et fatale, c'est parce qu'ils le veulent bien; c'est parce que, ayant reconnu les avantages de l'association, ils ont résolu de la maintenir. Leur union est donc le résultat d'une véritable entente entre eux, d'un contrat. Sans doute, ils n'ont pas formé expressément un pacte solennel en vertu duquel ils s'obligent à demeurer en société; mais, par le seul fait d'être restés associés et d'avoir accepté les avantages de la vie commune, ils se sont tacitement engagés à en accepter aussi les charges. Et c'est cet engagement que chacun de nous prend encore tacitement en restant au sein de la société. Rien ne le force à y rester, puisqu'il peut librement émigrer; mais s'il y reste, il s'oblige par là même à supporter les charges de la société : et c'est là le *contrat social*, passé tacitement entre chacun de nous et tous les autres membres de l'État.

Pourquoi avons-nous passé ce contrat? Pour jouir des avantages de la vie sociale : sécurité, protection de la loi, aide commune de tous les concitoyens. Mais à quelle condition nos semblables ont-ils consenti à le passer avec nous? A condition que nous renoncions nous-mêmes à commettre les actes qui seraient attentatoires à leurs droits. En d'autres termes, nous avons passé ce contrat pour que nos concitoyens garantissent nos propres droits, et ils l'ont passé pour que nous garantissions les leurs. En un mot, chacun des contractants a, par ce contrat, aliéné une partie de sa liberté (la liberté de nuire à ses semblables), pour mieux assurer le reste de sa liberté, dans la limite où elle ne nuit pas à autrui. Le contrat social est donc un pacte souverainement équitable; et l'établissement de l'État a eu pour but et pour résultat de faire régner la justice parmi les hommes.

De ce contrat sont nés, à la charge de l'individu et de l'État, des droits et des devoirs réciproques. Établir les devoirs de l'individu, ce sera établir les droits de l'État. Établir les devoirs de l'État, ce sera établir les droits de l'individu.

1° *Devoirs de l'individu envers l'État.*

En premier lieu, nous devons obéir aux lois civiles de notre patrie. Si nous y manquons, l'État a le droit de nous frapper. Ce droit de punir a un triple fondement :

α. Il a d'abord pour but la répression de la faute commise. S'il n'y avait pas de société, chacun de nous aurait le droit de punir lui-même ses agresseurs. Mais la personne lésée peut ignorer quel est le coupable; elle peut être trop faible pour le punir; ou bien elle peut, au contraire, dans le châtiment qu'elle lui inflige, se laisser emporter par la colère au delà des justes limites. Tous ces graves inconvénients sont évités si les individus s'en remettent à l'État — comme cela a lieu dans les sociétés civilisées — du soin de punir leurs offenses.

β. Le droit de punir a encore pour but d'empêcher de nouvelles fautes, le châtiment devant rendre au coupable la récidive difficile ou même impossible.

γ. Enfin, la punition peut encore avoir pour fin l'amélioration du coupable lui-même. Le châtiment doit, quand cela est possible, être combiné de façon à relever la moralité du condamné.

Telles étant les raisons pour lesquelles la société peut frapper les coupables, quand pourra-t-on dire qu'un individu est coupable? Il faudra, pour cela, le concours de deux conditions : il faudra, d'abord, qu'il y ait un élément matériel du délit, que l'acte commis ait causé préjudice à quelqu'un (aussi la loi ne punit-elle pas les simples intentions criminelles, qui n'ont pas été suivies d'un commencement d'exécution); il faudra, ensuite, qu'il y ait un élément moral du délit, il faudra que l'auteur de l'acte soit responsable. Cette responsabilité suppose qu'il a connu la gravité de l'acte qu'il allait accomplir, et qu'il l'a accompli volontairement : elle suppose, en un mot, l'intelligence et la liberté. Aussi les fous, qui n'ont pas eu l'intelligence de leurs actes, et les hypnotisés, qui ne les ont pas accomplis librement, doivent-ils être acquittés. Pour certains auteurs cependant (Spinoza, etc.), la liberté de l'acte ne serait pas un élément nécessaire de la responsabilité pénale : il suffirait que le fait eût nui à la société pour que son auteur pût être puni. Mais, s'il en était ainsi, la punition, quoique peut-être elle restât utile à la société, à coup sûr ne serait plus équitable, car il n'est juste de frapper un être que pour les fautes qu'il a volontairement commises.

Le second devoir de l'individu envers l'État est de respecter le gouvernement établi. Rationnellement, le pouvoir, l'autorité sociale, appartiennent à tous les membres de l'État. Mais, dans des sociétés aussi nombreuses que le sont les sociétés modernes, tous les individus ne peuvent pas exercer directement le pouvoir : tous ne peuvent pas voter les lois, prendre des décisions, etc…. Il faut donc que les citoyens se déchargent de ces fonctions sur les mandataires choisis par eux. Les mandataires seront responsables devant leurs électeurs de la façon dont ils auront géré les intérêts publics. Mais les citoyens, d'autre part, doivent se soumettre aux décisions prises dans l'intérêt général par leurs mandataires en exercice, et accepter le gouvernement établi par eux, car ce gouvernement a été indirectement établi par la nation elle-même.

Ce n'est pas tout : non seulement les citoyens doivent respecter les lois et l'État, mais ils doivent aimer la patrie. Ils doivent accepter de bon cœur les charges que l'État impose : le payement de l'impôt, destiné à assurer le fonctionnement de l'administration publique ; le service militaire, destiné à sauvegarder l'intégrité de la patrie. Ils doivent s'intéresser à la bonne gestion des affaires publiques, et pour cela voter, dans les élections de leurs mandataires, pour ceux qu'ils jugent les plus dignes d'être à la tête de l'État. Tous doivent encore, d'une façon générale, contribuer par tous les moyens possibles à la grandeur de la patrie, à sa prospérité matérielle et morale, à l'union de tous ses membres, à sa bonne réputation au dehors; tous doivent vouloir la rendre forte et glorieuse.

2° *Devoirs de l'État envers l'individu.*

L'État doit garantir notre liberté et notre sûreté personnelles, et la libre possession de nos biens.

Il doit en outre travailler à assurer notre bien, en accroissant notre prospérité matérielle, en répandant parmi nous la connaissance des vérités scientifiques, en favorisant les progrès de la moralité. Il doit tendre à unir tous ses membres les uns aux autres : non seulement en supprimant entre eux toutes les causes de haine qui tiennent à l'injustice et à l'inégalité, mais en développant parmi eux les liens d'une fraternité véritable. Il doit chercher à faire que les hommes acceptent d'une façon sans cesse plus éclairée et plus libre le lien social; il doit, comme ressort de la paix sociale, substituer tous les jours davantage l'utilité réfléchie à la contrainte brutale, et l'affection morale à l'utilité matérielle. Le but immédiat de l'État, en un mot, est de faire régner la justice parmi les hommes. Mais son but lointain est d'y faire régner l'amour.

# CHAPITRE LXV

### DEVOIRS ENVERS LES ANIMAUX ET ENVERS LA NATURE

Après nos devoirs envers nos semblables et les sociétés formées par eux, il faut examiner nos devoirs envers les êtres inférieurs.

Avons-nous, d'abord, de véritables devoirs envers les animaux? On a dit parfois : « les animaux ne sont pas de véritables personnalités; car ils n'ont pas de fin morale, ou du moins, s'ils en ont une, elle nous est parfaitement inconnue, elle est pour nous comme si elle n'était pas; donc nous n'avons pas de devoirs envers les animaux. »

Ce raisonnement n'est point entièrement juste. Sans doute, les animaux n'ont pas la *personnalité* complète, puisqu'ils n'ont ni la plénitude de l'intelligence ni la liberté. Mais ils ont du moins l'*individualité*, qui est une personnalité amoindrie, qui est l'ébauche de la personnalité. Ils ont la vie, la sensibilité; ce sont pour eux des biens dont ils jouissent, et l'on ne voit pas pourquoi nous aurions le droit de les en priver arbitrairement. Bien plus, les animaux sont perfectibles, tout comme l'homme. Apprivoisés, ils peuvent devenir meilleurs, plus utiles aux autres êtres et à eux-mêmes. Ils peuvent, sous notre action, se rapprocher de leur type idéal, de leur propre perfection. Nous devons donc respecter non seulement les facultés qu'ils ont déjà, mais celles qu'ils peuvent acquérir, mais leur perfection idéale. Il nous faut donc non seulement les épargner, mais les aider à se rapprocher de cette perfection, pour contribuer par là aux progrès universel. Nous pouvons aussi, sans doute, les faire servir à notre utilité personnelle, ou nous défendre contre eux, quand ils sont nuisibles, car notre fin est plus élevée que la leur; et par là nous avons des droits sur eux. Mais nous devons savoir qu'ils ont, eux aussi, leur fin indépendante, leur bien particulier, et que nous-mêmes devons les aider à l'atteindre. Les droits que nous avons sur eux ne doivent pas nous faire oublier les devoirs que nous avons envers eux.

Quand on passe des animaux à des êtres encore moins élevés, les droits de l'homme augmentent et ses devoirs s'atténuent. Car la fin propre de ces êtres étant moins élevée, nous lui devons un moindre respect, et nous avons plus de liberté pour la subordonner à notre propre bien. Aussi les végétaux et surtout la nature inanimée ne sont-ils guère, par rapport à nous, que des instruments de notre activité personnelle.

# CHAPITRE LXVI

### DEVOIRS ENVERS DIEU

Envers nos semblables, nos devoirs étaient égaux à nos droits, parce que la personnalité de nos semblables était égale à la nôtre. Envers les êtres inférieurs, nous avions plus de droits que de devoirs, parce que leur genre d'existence était moins élevé que le nôtre. Envers Dieu, au contraire, nos devoirs seront infiniment supérieurs à nos droits, parce que la personnalité divine l'emporte infiniment sur la personnalité humaine. C'est même tout au plus si l'on peut dire que nous avons des droits sur Dieu, que Dieu a des devoirs envers nous (le devoir de nous conserver l'existence qu'il nous a donnée, de nous procurer les moyens d'atteindre la fin qu'il nous a assignée). Et au contraire nous avons nous-mêmes envers Dieu des devoirs multiples, analogues à ceux que nous avons envers nos parents : devoir d'obéissance et de soumission, devoir de respect, devoir d'amour. Nous avons surtout le devoir de comprendre la fin que Dieu a assignée à notre être, et de travailler librement à l'atteindre ; de collaborer par là avec Dieu lui-même à notre perfection ; et de nous rendre ainsi, par la sagesse et par la vertu, aussi semblables que possible au divin auteur de notre être. Tel est le plus élevé des devoirs de l'homme.

# CHAPITRE LXVII

## RAPPORTS DES DIVERS DEVOIRS ENTRE EUX

Nous avons examiné en détail chacune des espèces de devoirs qui incombent à l'homme. Mais deux questions générales restent à résoudre.

I. Ces devoirs sont-ils réellement distincts les uns des autres? Ne dérivent-ils pas tous d'un devoir fondamental?

1° Spinoza a essayé de les dériver tous de nos devoirs envers nous-mêmes : c'est dans notre propre intérêt, dit-il, que nous devons aimer nos semblables et aimer Dieu. — Réponse : ce n'est pas notre intérêt qui doit nous guider dans nos rapports avec eux, c'est le respect de leur personnalité.

2° Inversement, peut-on dériver tous nos devoirs, de nos devoirs envers nos semblables (Adam Smith)? — Pas davantage : notre propre personnalité mérite d'être respectée *pour elle-même*.

3° Peut-on, avec Hobbes, les dériver tous du devoir envers l'État, envers le pouvoir social? — Nullement : car on ne voit même pas sur quoi le devoir envers l'État se fonderait lui-même, si l'on ne nous reconnaissait pas, comme antérieurs et supérieurs à lui, des devoirs envers nos semblables.

4° Enfin, tous nos devoirs se ramènent-ils au devoir envers Dieu? — Ce dernier devoir sans doute est assez large pour embrasser tous les autres. Mais nous croyons préférable cependant de reconnaître à l'être humain une valeur et une dignité propres, qui rendent sa personnalité digne de respect par elle-même, et qui nous crée envers elle des devoirs distincts de nos devoirs envers l'Être suprême.

Ainsi les différents devoirs que nous avons énumérés constituent bien des espèces distinctes et irréductibles.

II. Mais alors une seconde question se pose. Si ces devoirs sont distincts, lesquels sont les plus importants? En cas de conflit entre eux (par exemple, s'il y a conflit entre notre devoir d'obéissance à l'État et notre devoir d'amour envers un de nos semblables) lequel faudra-t-il faire passer avant les autres?

Pour le décider, remarquons que les devoirs ont deux propriétés : leur *extension*, et leur *excellence*. Un devoir a plus d'extension qu'un autre, quand il s'adresse à des êtres plus nombreux (exemple : le devoir envers l'État a plus d'extension que le devoir envers la famille); un devoir a plus d'excellence qu'un autre, quand il s'adresse à un être plus élevé (exemple : le devoir envers Dieu a plus d'excellence que le devoir envers un être humain). De là trois règles, qui donnent la solution des principaux conflits de devoirs :

1° Entre deux devoirs d'excellence égale, il faut préférer celui qui a la plus grande extension.

2° Entre deux devoirs d'extension égale, il faut préférer celui qui est le plus excellent.

3° Si un devoir qui a plus d'excellence se trouve en conflit avec un devoir qui a plus d'extension, c'est le premier qu'il faut préférer : car la morale doit tenir compte, moins de la quantité des êtres considérés, que de leur qualité. Le point de vue de la *quantité* peut être celui des sciences mathématiques, mais le vrai point de vue en morale est le point de vue de la *qualité*.

# CHAPITRE LXVIII

## RAPPORTS
## DE LA MORALE ET DE L'ÉCONOMIE POLITIQUE

*L'économie politique* est à la fois une science et un art. Comme science, on la définit parfois « la science de l'utile ». Cette définition est trop large ; car il est des choses qui sont utiles à l'homme et dont l'économie politique ne traite pas directement, par exemple la santé. On l'a définie plus justement : la science qui étudie, parmi les objets utiles à l'homme, ceux que l'on appelle « richesses » ; c'est-à-dire non pas seulement l'argent, mais toute espèce de biens matériels qui peuvent, par leur consommation, nous procurer des jouissances. La *science économique* étudie comment, en fait, se produisent, circulent, se répartissent et se consomment les richesses. De là l'*art économique* tire des règles pratiques tendant à indiquer les moyens les plus propres à perfectionner cette production, cette circulation, cette répartition et cette consommation des richessess.

A. Étudions d'abord les principales questions philosophiques et morales qui se rattachent à la production des richesses.

Les sources productrices des richesses sont au nombre

de quatre; ce sont la terre, les forces naturelles, le travail et le capital.

La *terre* est la première en date des sources de richesses, car c'est elle qui produit la plupart des aliments nécessaires à l'entretien de la vie humaine. Ce sont encore les végétaux qu'elle porte et les minéraux qu'elle renferme, que l'industrie transforme en une multitude d'objets utiles à la consommation.

Pour transformer les productions de la terre, l'homme emprunte le secours des *forces de la nature*, par exemple de l'air et de l'eau. Voilà donc une seconde source de richesses, qui réside dans les « éléments ».

Les services rendus par la terre et par les éléments constituent la part de la nature dans la production des richesses. Mais ces deux sources de richesses ne donneraient rien ou presque rien sans le *travail*. L'homme doit diriger et en quelque sorte dompter les forces naturelles qu'il emploie; il doit cultiver la terre et en recueillir les fruits de ses mains. Sans le travail donc, il n'y aurait pas de richesses. Le travail est une troisième source de la richesse.

C'est par l'intensité du travail, c'est aussi par la division du travail, que l'homme l'emporte sur l'animal, le civilisé sur le sauvage. Chez les sauvages, en effet, la division du travail est inconnue : chacun accomplit soi-même tous les travaux qui doivent assurer sa subsistance. Dans les nations civilisées, au contraire, la division du travail est infinie. Par là, l'ouvrier peut choisir l'occupation qui lui convient le mieux, à laquelle il se sent le mieux approprié. D'une part, le travail lui en est moins pénible et moins rude. D'autre part, il travaille plus vite et mieux, il gagne davantage, et par là sa vie est rendue plus heureuse. Enfin le travail est mieux fait, et plus utile au consommateur et à la société tout entière.

Seulement, la division du travail introduit nécessairement un nouveau facteur dans la production. Chaque travailleur ne produisant plus tout ce qui est indispensable à sa propre existence, il ne pourra l'obtenir qu'en échange de ses produits, et quand ceux-ci seront fabriqués. Mais comment vivra-t-il en attendant? Il lui faudra, pour vivre, s'adresser à quelqu'un qui ait des richesses en réserve, et qui lui en fasse l'avance sous forme de prêt, ou sous forme de salaire. Ce même homme riche pourra aussi fournir au travailleur les outils compliqués dont il a besoin pour sa tâche spéciale, et qu'il n'aurait pas les moyens de se procurer par lui-même. Il rend donc service au travailleur en lui fournissant son *capital*, lequel contribuera à la production des choses fabriquées par le travailleur. Le capital est donc le quatrième facteur de la production des richesses.

D'où est venu le capital lui-même? Le voici. Celui qui, par son travail, produit plus qu'il ne consomme, peut mettre en réserve cet excédant, peut l'épargner, soit simplement afin de le consommer plus tard (par exemple, du blé mis en réserve), soit afin de le faire servir à reproduire d'autres choses utiles (par exemple du blé employé comme semence) : s'il opte pour ce dernier emploi, il transforme son excédent de produit en un « capital productif ». Le capital, c'est donc le produit transformé du travail.

Maintenant, celui qui a formé ce capital peut ne pas l'utiliser lui-même, mais bien le prêter à quelque travailleur qui en fera emploi (voir plus haut). Et dans ce cas il est légitime qu'il en retire un intérêt : car, en prêtant ce capital, il a fourni au travailleur l'instrument de production qui lui était indispensable. Le capitaliste a donc contribué à produire la chose fabriquée par le travailleur; et il est juste qu'il reçoive une part du profit. Le capitaliste, étant propriétaire de son capital, était libre de ne pas le prêter; et il est rationnel de lui permettre de ne le prêter qu'à certaines conditions. En somme donc, le droit à l'intérêt dérive du droit de propriété, et il est aussi légitime que ce dernier.

Seulement, la légitimité du droit de propriété a été elle-même contestée. A vrai dire, nul ne conteste au travailleur la propriété du produit de son travail : c'est sa chose, l'œuvre de ses mains, et comme une annexe de sa personne. Par là même, on ne peut contester sérieusement au capitaliste la propriété du capital qu'il a lui-même formé : car ce capital n'est, nous l'avons vu, que le produit transformé de son travail. Mais on fait, dans les écoles socialistes, deux réserves :

1° En premier lieu, dit-on, le droit de propriété des individus ne devrait pas s'étendre sur la terre elle-même : car elle n'est pas le produit du travail de l'individu, et il n'est pas légitime qu'il s'approprie un bien qu'il n'a pas créé. La terre doit appartenir à la société, non aux individus. — Nous reconnaîtrons que, en effet, les raisons *morales* qui justifient le droit de propriété en général ne s'appliquent plus ici. Mais nous croyons que des considérations puissantes d'utilité *sociale* militent en faveur du maintien de la propriété foncière entre les mains des individus : car c'est un fait d'expérience que la terre n'est jamais bien cultivée que quand elle l'est par quelqu'un qui a sur elle un droit personnel, vu qu'on s'intéresse surtout à ce qu'on possède. Si donc la terre peut appartenir à la société, ce que nul ne conteste, il sera de l'intérêt de la société elle-même d'en faire la propriété des individus : ce qui justifie la propriété individuelle du sol.

2° En outre, dit-on, il est illégitime que l'on puisse

transmettre sa fortune à ses enfants. Comment peut-il être légitime que les fils d'un homme riche se trouvent, en naissant, possesseurs d'une fortune à la formation de laquelle ils n'ont aucunement collaboré? — Ici encore nous reconnaîtrons qu'il n'y a pas de raisons *morales* suffisantes pour justifier le droit d'hérédité. Mais nous ferons valoir ici encore des considérations de haute utilité *sociale*. Il est certain que l'individu travaillerait moins s'il n'avait pas l'assurance que le produit de son travail passera, après lui, à ses enfants. C'est donc dans l'intérêt de la production elle-même que le droit à l'héritage a été établi. Seulement, ce droit crée évidemment des devoirs à ceux qui en profitent : devoir de reconnaissance envers la société qui le leur accorde; devoir, par suite, de travailler à leur tour pour elle, de ne pas demeurer des consommateurs improductifs; devoir de bien employer leur superflu, d'aider de leur surcroît de richesses leurs semblables moins fortunés.

B. Telles étant les principales questions qui se rattachent à l'étude de la production des richesses, il nous faut maintenant parler de celles qui se rattachent à leur circulation. La principale est la question de la *monnaie*. La monnaie n'est pas autre chose qu'une marchandise. A l'origine, on échangeait directement produit contre produit, et les métaux dits précieux n'avaient de valeur que par eux-mêmes, pour leur éclat par exemple. Ce n'est que plus tard qu'on a songé à en faire l'étalon, la mesure de la valeur des autres marchandises, et l'instrument universel des échanges. La facilité de leur transport, leur faible valeur sous un petit volume, leurs qualités remarquables d'inaltérabilité et de durée, les destinaient naturellement à cet usage. Aussi sont-ils devenus les intermédiaires obligés de tout échange : au lieu d'échanger ses produits contre ceux de son voisin, le travailleur les vend contre de l'argent, qu'il peut plus facilement manier, échanger, mettre en réserve, et plus tard, avec cet argent, il achète les produits dont lui-même a besoin. L'emploi universel des métaux précieux a donc singulièrement servi à développer les échanges et la circulation des richesses.

C. En ce qui concerne maintenant la répartition des richesses, il est une grave question souvent agitée entre les économistes et les philosophes : *l'inégalité des conditions sociales*. On a fréquemment donné comme cause à cette inégalité la mauvaise organisation de notre société, et une foule d'utopistes se sont fondés sur ce grief pour édifier des plans de reconstruction sociale plus ou moins chimériques. En réalité, la plupart des causes de cette inégalité sont des causes naturelles, qu'il ne tient pas à l'organisation de la société de faire disparaître. N'est-ce pas la nature, en effet, qui rend les hommes inégaux physiquement, inégaux en intelligence, inégaux en moralité? La société ne peut pas corriger ces inégalités naturelles; tout ce qu'elle peut faire, c'est d'empêcher qu'elles ne s'accroissent encore par l'effet des lois. C'est ce que la Révolution française s'est efforcée de réaliser, en proclamant l'égalité de tous devant la loi, l'égale admissibilité de tous aux emplois publics, l'égale répartition de la succession paternelle entre les enfants. Ce que la société peut faire encore, c'est recueillir et aider les individus qui sans leur faute, par le concours des circonstances et sans mauvaise volonté, se trouvent privés de tous moyens d'existence (encore Spencer nie-t-il que l'aumône soit une bonne chose, car elle fait subsister et s'accroître une classe de gens qui sont les parasites de la société; mais cette doctrine semble entraîner parfois des conséquences vraiment inhumaines); c'est de fournir du travail à ces malheureux sans ressource, c'est de leur donner un moyen de se relever en se rendant utiles à leurs semblables. Mais, quant à aller au delà, quant à prétendre corriger totalement l'inégalité naturelle des conditions, la société ne le peut pas, et ce serait folie à elle de vouloir l'essayer.

D. Enfin, la consommation des richesses soulève un délicat problème moral, celui du *luxe*. Le luxe est-il blâmable ou recommandable? Sans doute, s'il est effréné, le luxe est chose blâmable, car, en même temps qu'il conduit à la ruine matérielle, il corrompt l'esprit en l'habituant à une fâcheuse indolence. Mais s'il sait se contenir dans les limites encore assez larges, il peut avoir d'excellentes conséquences. Il encourage la production des richesses, il fait travailler et vivre la classe pauvre, et par là il sert précisément, en dépit des apparences, à égaliser les conditions. Le sentiment public le comprend bien : il pardonne plus aisément aux riches le faste que l'avarice.

Telles sont les principales questions d'ordre philosophique et moral que soulève — à un examen tout élémentaire — la science économique. Ce que nous en avons dit n'a pas la prétention d'épuiser ces passionnants problèmes; mais cela suffit, croyons-nous, pour faire comprendre de quel ordre sont les rapports de cette science avec celles que nous avions particulièrement pour but d'étudier dans ce livre.

# RÉSUMÉ

# RÉSUMÉ

## INTRODUCTION GÉNÉRALE

**La science.** — Elle étudie les faits, les causes, les lois.

Sa double utilité : 1° théorique (comprendre, expliquer); 2° pratique (prévoir, pourvoir).

**Les sciences.**

Sciences { mathématiques, physiques, naturelles, sociales } { abstraites / concrètes } classées dans un ordre de complexité et de difficulté croissantes

**La philosophie.** — La philosophie est l'étude des questions générales relatives aux sciences.

Elle comprend :
- la psychologie, étude des conditions générales des sciences ;
- la logique, étude des méthodes générales des sciences ;
- la métaphysique, étude des conclusions générales des sciences ;
- la morale, étude des applications générales des sciences.

# PSYCHOLOGIE

## I. CONSIDÉRATIONS GÉNÉRALES SUR LA PSYCHOLOGIE

**Objet de la psychologie.** — Les idées ou états de conscience diffèrent des mouvements cérébraux, objet de la physiologie, en ce que ces derniers sont inconscients.

**Méthode de la psychologie.**

1° observation { interne et (accessoirement) externe } { étude des autres esprits ; étude de leurs manifestations.

2° expérimentation ;
3° classification ;
4° induction.

**Divisions de la psychologie.**
  1° sensibilité : esprit passif ;
  2° volonté : esprit actif ;
  3° intelligence : esprit passif et actif à la fois.
  4° (comme annexe) rapports de l'esprit et du corps.

## II. SENSIBILITÉ

**Émotions.** — 1° *Plaisir et douleur.* Ils sont relatifs. Ce sont des états affectifs unis à des sensations représenta-

## PSYCHOLOGIE.

tives. Ils ne sont pas réductibles l'un à l'autre. Ils ont pour cause
- notre activité propre ;
- notre milieu ;
- l'accord de notre activité avec notre milieu.

2° *Émotions dérivées.* Ce sont des plaisirs ou des douleurs qui se rapportent
- au futur : espérance, crainte ;
- au présent : joie, tristesse ;
- au passé : tranquillité d'âme, désespoir, regret, remords.

**Inclinations et passions.** — 1° *Inclinations.* Elles ont pour caractères l'amour et parfois le désir.

Se divisent en
- personnelles : corporelles, spirituelles, mixtes ;
- inter-personnelles : envers êtres humains, êtres inférieurs, collectivités humaines ;
- supérieures : envers le vrai, le beau, le bien, Dieu.

Ces classes sont irréductibles les unes aux autres.

2° *Passions.* Ce sont des inclinations plus fortes. Elles sont exclusives, instables, contagieuses. Mêmes causes et même division que les inclinations. Elles sont essentiellement utiles à l'homme.

### III. VOLONTÉ

**Volonté et libre arbitre.** — La volition est distincte du désir. — La volonté est-elle libre ?

α. la morale l'affirme, la science le nie ;

β. toute volition a une cause (réfutation de la liberté d'indifférence), mais cette cause est psychologique (réfutation du déterminisme physique) ;

γ. toute volition est déterminée par des motifs, mais ces motifs eux-mêmes sont le produit de notre personnalité, de notre liberté.

**Habitude.** — L'habitude conserve les actes accomplis (loi d'inertie). Elle les aide donc à se reproduire, mais tend aussi à les rendre inconscients. D'où ses effets, à la fois utiles et fâcheux, sur la volonté et sur le progrès.

**Instinct.** — L'acte instinctif est un acte automatique exécuté avec une perfection irréfléchie. L'instinct n'est qu'une habitude ancestrale.

## IV. INTELLIGENCE

**Sensation.** — Excitation (physique); impression (physiologique); sensation (psychologique); perception (psychologique). Toute sensation a :

1º Une durée : d'un huitième à un cinquième de seconde;

2º Une intensité : la sensation croît en intensité comme le logarithme de l'excitation;

3º Une qualité : sensations des organes internes, du goût, de l'odorat, musculaires, du toucher, de l'ouïe, de la vue ; les dernières ont une bien plus grande importance scientifique que les premières; il n'y en a ni plus (prétendues sensations d'effet et de résistance) ni moins (leur prétendue réaction au choc nerveux).

4º Une tonalité : union avec des états affectifs.

**Perception.** — C'est une sensation élaborée :

1º rapportée au moi ou au monde extérieur;

2º associée à d'autres sensations, à des souvenirs et à des jugements.

**Association et dissociation des idées.** — Association par contiguïté. — Dissociation. — Association par ressemblance (de parties dissociées d'idées).

**Mémoire.** — Les idées reparaissent grâce aux habitudes laissées par elles et par leurs associations. — Une fois reparues, elles sont projetées dans le passé, grâce à leur contraste avec les sensations présentes. — Elles y sont localisées, grâce à leur association avec des phénomènes naturels concomitants.

**Imagination.** — Elle crée la forme, non la matière des idées. Elle les transforme par addition, soustraction ou substitution. Elle procède donc par association et dissociation d'idées. Son rôle dans la vie pratique (l'idée de l'avenir), dans l'art (idéal, fiction, symbole), dans la science (hypothèse).

**Abstraction.** — C'est une dissociation d'idées spontanée ou volontaire. Il y en a de plusieurs ordres et de plusieurs degrés. Son mérite (elle dégage l'esprit) et son danger (elle peut le fausser).

**Généralisation.** — Repose sur l'abstraction. C'est une association d'idées par ressemblance. Mêmes espèces que l'abstraction. — Nature des idées générales : réalisme, nominalisme, conceptualisme. — Utilité de la généralisation : elle est la condition de toute pensée distincte, de toute science, de tout langage.

**Jugement.** — C'est une opération rationnelle, une liaison d'idées, distincte de la simple association. S'exprime dans la proposition.

Jugements
{
universels, particuliers, singuliers ;
affirmatifs, négatifs ;
analytiques, synthétiques ;
*a priori, a posteriori* ;
en extension, en compréhension.
}

Impossibilité de donner une classification absolument complète des jugements (catégories). Jugements de substance, de cause, de fin.

Tout jugement comprend trois moments : percevoir un rapport, y croire, l'affirmer. La *croyance* est ainsi un moment de jugement. Elle est une opération à la fois intellectuelle et volontaire.

**Raisonnement.** — C'est une synthèse de jugements. Le raisonnement conclut : du particulier au général (induction) ; du particulier au particulier (analogie) ; du général au particulier (déduction). Il prouve à la fois la force de l'esprit humain et sa faiblesse.

**Raison, et principes directeurs de la connaissance.** — Toute connaissance est à la fois une et multiple. Dans la multiplicité des notions, venue du dehors, l'unité est mise par la raison au moyen des principes de : 1° contradiction ; 2° causalité ; 3° substantialité, finalité, moindre action, continuité.

Origine de ces principes :

1° Théorie criticiste : ils sont innés dans l'esprit. Objections : α cette théorie n'explique rien ; β les principes ne peuvent exister dans l'esprit avant les faits ; γ s'ils étaient innés, ils pourraient ne pas s'appliquer aux faits.

2° Théorie empiriste : les principes viennent de l'expérience. Objections : α ils paraissent innés ; β l'expérience ne peut les avoir engendrés, puisqu'elle témoigne plutôt contre eux ; γ elle ne pourrait leur donner une valeur absolue.

3° Théorie de l'hérédité : à l'expérience individuelle ajouter l'expérience de la race. Cela lève les objections α et γ, mais non l'objection β, faite à la théorie empiriste.

Pour trouver la solution, il faut ajouter à l'expérience de la race l'activité propre de l'esprit et sa tendance naturelle à l'unité.

L'association des idées et la raison : c'est la première qui dérive de la seconde.

**Résultats de l'activité intellectuelle.** — 1° Idée

du monde extérieur. Nous prenons nos idées pour les choses (illusion, hallucination vraie). Les sensations qui s'objectivent les premières sont les sensations tactiles et musculaires, puis visuelles. — Prétendues erreurs des sens : ce ne sont pas les sens qui se trompent, c'est l'esprit.

2° Idée du moi. Ses caractères : unité et identité. Son origine : le jugement.

3° Idée de Dieu. Ses caractères : infini, absolu, parfait. Son origine : la raison.

## V. RAPPORTS DE L'ESPRIT ET DU CORPS

**Relations spéciales du cerveau et de la pensée.** — La pensée est sous la dépendance du cerveau : concidérations anatomiques, physiologiques, pathologiques.

Mais elle n'est pas simplement un mouvement de la substance cérébrale : car un simple mouvement est inconscient, et la pensée est consciente. — Objection : il y a des pensées inconscientes (sensations, souvenirs, jugements, volitions). — Réponse : ce sont, ou des faits de sourde conscience, ou de simples faits physiologiques.

**Relations générales du physique et du moral.** — Action de l'esprit sur le corps, et du corps sur l'esprit. C'est une véritable influence, et non un simple parallélisme.

**Le mouvement.** — Mouvements : physiologique, psychologique spontané, psychologique réfléchi. Dans tous les cas, le mouvement est réflexe.

Sensations musculaires.

Fonctions du cervelet et des canaux semi-circulaires.

**Le jeu et l'art. — Le beau.** — Le jeu est un mouvement où l'activité s'exerce pour s'exercer.

L'art est un jeu où l'homme cherche à créer un être ayant les apparences de la vie.

L'idée du beau est née de l'art, et a été ultérieurement étendue aux « œuvres de la nature ». — Elle ne se confond pas avec l'idée du sublime.

**Les signes et le langage.** — Les signes sont des mouvements qui représentent la pensée. Signes naturels et conventionnels.

Le langage est un ensemble de signes, d'abord naturels, puis conventionnels.

1° Langage parlé. Il n'est pas dû à une révélation divine, mais au travail propre de l'homme. Preuve : la diversité des langues. — Son évolution : interjections, onomatopées, extension par analogie, formation des racines et des parties du discours.

2° Langage écrit :

son évolution : $\begin{cases} \text{langage idéographique,} \\ \text{langage phonétique,} \end{cases}$ $\begin{cases} \text{verbal.} \\ \text{syllabique.} \\ \text{littéral.} \end{cases}$

**Les états anormaux de l'esprit.** — 1° Sommeil, rêves, somnambulisme;

2° Maladies de l'intelligence, de la sensibilité, de la volonté, de la personnalité. — Hypnotisme.

**Notions de psychologie comparée.**

1° *Psychologie humaine.* Diverses divisions des tempéraments :

α. Lymphatiques, sanguins, bilieux, nerveux;

β. Auditifs, visuels, moteurs ;

γ. Sensitifs, volontaires, intellectuels.

2° *Psychologie générale.* Ébauche des facultés psychologiques dans la matière vivante (protoplasma, végétaux). Formes inférieures de l'intelligence chez les animaux.

# LOGIQUE

Logique
- Pratique : moyens de faire la science.
  - procédés généraux, communs à toutes les sciences;
  - méthodes spéciales à chacune d'elles.
- Critique : moyens de juger la science une fois faite.

## I. LOGIQUE PRATIQUE

**Observation.** — Les sens et les instruments. — L'esprit scientifique. — Exactitude et méthode dans l'observation. — Faits les plus importants à observer (ostensifs, clandestins, de transition, anormaux, cruciaux).

**Expérimentation.** — Elle produit artificiellement par
- extension
- variation
- renversement
- application, etc.

de l'observation des phénomènes plus nombreux, plus neufs, plus clairs et plus probants que ceux que fournit l'observation elle-même.

**Induction.** — 1° Recherche de la cause. Méthode du vulgaire : succession constante. Méthodes scientifiques :

succession unique (méthodes d'accord, de différence, des variations concomitantes, des résidus).

2° Transformation du rapport particulier de la cause à l'effet en loi universelle. Il se fait grâce au principe de causalité (voir, en Psychologie, la Raison).

**Classification.** — La classification naturelle et spéculative se fait en rapprochant les êtres d'après leurs caractères dominateurs. Ceux-ci sont unis aux caractères subordonnés par des lois de coexistence dont le principe doit être cherché dans le plan organique de l'individu et dans ses conditions d'existence. — La classification peut légitimement prétendre reproduire un jour l'ordre même de la nature.

**Définition.** — Définition de mots : employées en sciences mathématiques, à la base de la science. Doivent être claires et constantes.

Définitions de choses : employées en sciences naturelles, au milieu de la science (définitions d'individus) et à la fin de la science (définitions d'espèces). Doivent être adéquates à la chose définie.

Les définitions de mots furent à l'origine des définitions de choses.

**Hypothèse.**

Sa nécessité dans la science
- pour synthétiser les recherches faites ;
- pour diriger les recherches à faire ;

L'hypothèse peut porter
- sur une loi (son existence, sa formule ;
- sur une cause.

Ses preuves :

1° simplicité ;

2° nombre des faits connus qu'elle explique ;

3° nombre des faits nouveaux qu'elle fait découvrir ;
4° impossibilité de toute autre hypothèse.
L'hypothèse repose d'ordinaire sur l'analogie.

**Analogie.** — Analogie des choses = identité partielle.

Raisonnement par analogie = raisonnement qui d'une analogie observée entre deux choses infère l'existence d'une analogie plus complète entre elles.

Analogie spontanée (= association d'idées par ressemblance). Analogie réfléchie (= induction + déduction).

Causes d'erreurs dans le raisonnement par analogie : erreurs dans { l'induction / la déduction

**Déduction.** — 1° Déduction immédiate. Quantité et qualité des propositions. — Opposition des propositions — Conversion des propositions.

2° Déduction médiate.

Le syllogisme. Sa nature : propositions et termes ; extension et compréhension. Sa valeur. Ses espèces : figures ; modes ; règles ; modes concluants ; vrai sens des figures.

Syllogismes irréguliers (enthymème, épichérème, polysyllogisme, sorite), et composés (syllogisme hypothétique, syllogisme disjonctif, dilemme).

**Méthode des sciences en général : analyse et synthèse.** — L'observation et l'expérimentation sont des analyses ; les six autres procédés, des synthèses. — Toute science passe progressivement de l'analyse à la synthèse.

**Méthode des sciences mathématiques.** — Elles ont commencé par l'expérience. Les données de l'expérience sont devenues aujourd'hui les bases de la déduction. — Leurs procédés actuels, exclusivement déductifs : définitions, axiomes, démonstrations.

**Méthode des sciences physiques.** — Elles ont employé successivement l'observation, l'expérimentation, la classification, l'induction. Elles tendent à se constituer aujourd'hui sous la forme d'une vaste déduction, appuyée sur l'hypothèse de l'unité des forces physiques.

**Méthode des sciences naturelles.** — Observation, expérimentation, classification, définition, hypothèse, analogie, induction des lois de coexistence. L'induction des lois de succession et la déduction tendent à s'y introduire avec la théorie évolutionniste.

**Méthode des sciences sociales.** — Même marche que pour les sciences naturelles, mais moins rapide. — Les arts sociaux emploient la déduction, mais fondée sur les principes établis inductivement par les sciences sociales.

Comparaison des diverses sciences. Toutes tendent de l'observation à la déduction; mais leur marche est plus ou moins lente suivant leur plus ou moins grande complexité.

## II. LOGIQUE CRITIQUE

**L'erreur.**

1° Erreur de fait
- se représenter un être autrement qu'il n'est (cause : l'imagination).
- le croire tel qu'on se le représente (cause : jugement exprès ou tacite).

2° Erreur de raisonnement ou sophisme
- sophismes d'induction
  - dénombrement imparfait,
  - *non causa procausa*,
  - sophisme de l'accident.
- sophismes de déduction
  - ignorance du suje,
  - pétition de principe,
  - cercle vicieux,
  - fautes contre les règles du syllogisme,
  - fautes contre les règles de l'opposition et de la conversion.

**Le critérium de la vérité.** — 1° L'évidence peut tromper.

2° Le sens commun est variable, sans réponse sur la plupart des points, irraisonné.

Vrai critérium : épreuve de l'idée proposée par le concours avec les autres idées, et par l'action.

**Le scepticisme.** — 1° Scepticisme absolu. — (Voir le détail de la discussion.)

2° Probabilisme. — Réponse : la probabilité suppose la certitude.

3° Relativisme. — Réponse : la connaissance absolue sera possible un jour.

**L'idéalisme.** — Inventé pour échapper au scepticisme, l'idéalisme mène à un scepticisme plus radical encore : car il mène à la négation des choses extérieures, qui pour lui se réduisent à nos idées. — Réfutation : les choses extérieures sont les causes de nos idées.

# MÉTAPHYSIQUE

**Objet de la métaphysique.** — Chercher : 1° la loi suprême; 2° la cause et la substance suprêmes. Faire la synthèse du monde, dont les sciences font l'analyse.

**Conclusions des sciences mathématiques.** — Les mathématiques construisent leur représentation du monde avec les idées de nombre, d'espace, de temps et de mouvement. Clarté des faits et des lois mathématiques. Pourtant, les mathématiques ne peuvent tout expliquer : car l'abstrait, loin de faire comprendre le concret, ne peut être compris que par lui.

**Conclusions des sciences physiques.** — Les sciences physiques construisent leur représentation du monde avec l'idée de force. La force n'est pas le mouvement : c'est la cause du mouvement. C'est une activité, qui doit être conçue comme *analogue* à l'activité intellectuelle de l'homme.

**Conclusions des sciences naturelles.** — Les sciences naturelles emploient les idées de force, de vie et de pensée. La vie est supérieure à la force, et la pensée à la vie, par un double progrès dans la multiplicité et dans l'unité. Il y a progrès continu de l'une à l'autre : la force tend à la vie, la vie à la pensée. Chaque forme évolue vers la forme plus haute.

**Conclusions des sciences sociales.** — Elles étudient surtout l'activité intellectuelle de l'homme. Histoire du progrès humain : matériel, scientifique, esthétique, moral et politique.

**Conclusions générales des sciences : la loi d'évolution.** — En passant des sciences abstraites aux sciences concrètes, on passe du point de vue statique au point de vue dynamique, du déterminisme à la liberté, du mécanisme à la finalité. Le point de vue des sciences concrètes doit être préféré, comme enveloppant celui des sciences abstraites.

L'évolution universelle : l'homogénéité diffuse se change en une hétérogénéité coordonnée. Les nébuleuses; les astres; les minéraux. Apparition de la vie : protozoaires, végétaux, animaux. Lutte pour la vie; hérédité et adaptation; sélection naturelle. L'homme; le progrès humain. L'univers évolue vers le bien.

**Le problème de la cause et de la substance. Le positivisme.** — La loi universelle trouvée, le positivisme estime qu'il faut s'en tenir là. Un besoin impérieux force au contraire l'esprit à rechercher la cause suprême de l'Univers et la substance qui a formé tous les êtres.

**L'unité de la substance.** — Cette substance est une. Car s'il y avait deux substances (esprit et matière), elles ne pourraient agir l'une sur l'autre.

**La nature de la substance.** — Quelle est la substance unique?

1° Pour le *panthéisme*, c'est Dieu, qui a pour attribut l'étendue et la pensée. — Même difficulté qu'avec le dualisme.

2° Pour le *matérialisme*, c'est la matière, dont la force n'est qu'un attribut : « tout est matière et force, c'est-à-dire que tout est étendue en mouvement »; « rien ne se perd, rien ne se crée; tout se transforme ». La pensée n'est qu'un mouvement du cerveau. — Objections : c'est expliquer le supérieur par l'inférieur, le clair par l'obscur, le certain par le douteux.

3° Pour le *spiritualisme*, c'est l'esprit, que seul nous connaissons directement. L'esprit humain est un et identique à lui-même; raisonnable et libre, il est une personnalité; il est immortel. Le corps est un composé de forces analogues à l'esprit. Les êtres inférieurs à l'homme ne sont pas des personnes, mais seulement des individualités. Dieu existe: preuves métaphysiques (arguments ontologique, cosmologique, des causes finales) et morales (preuves par le devoir et par la sanction). Il est absolu, éternel, infini; sage, libre, juste, bon, tout-puissant. Il a créé l'univers, lequel renferme plus de bien que de maux.

Certitude *morale* qui s'attache à ces propositions.

# MORALE

**Objet de la morale** : régler la conduite humaine, en s'appuyant sur la connaissance de l'homme (psychologie) et du monde (métaphysique).

## I. MORALE THÉORIQUE

On a fondé la morale :

1° *sur les inclinations personnelles* :

α. le plaisir : mais nous attacher exclusivement au plaisir, c'est nous mettre en contradiction avec nous-mêmes, avec nos semblables, avec la raison ;

β. l'intérêt personnel : mais notre bien propre est inséparable de celui des autres hommes ;

2° *sur les inclinations inter-personnelles* :

α. la sympathie : mais elle est irraisonnée ;

β. l'intérêt général : mais ne semblera-t-il jamais en conflit avec notre intérêt individuel ? ;

3° *sur les inclinations supérieures* :

α. le devoir : mais le devoir suppose connu le bien ;

β. la volonté de Dieu, l'amour de Dieu : mais cet amour doit se concilier avec celui des autres êtres.

Tous ces systèmes sont étroits. Ils ne tiennent compte ni de toutes les facultés de l'homme, ni de la loi de l'univers.

Solution : nous devons travailler au *progrès universel*, en perfectionnant nous-mêmes, nos semblables et les êtres inférieurs.

Là est le bien, là est notre devoir. Nous méritons en l'accomplissant, nous sommes coupables en le négligeant. Responsabilité devant notre conscience, devant les hommes, devant Dieu. Sanctions de la loi morale : sanction intérieure, sanction externe, sanction éternelle.

## II. MORALE PRATIQUE

Différentes sortes de devoirs :

1º *Envers nous-mêmes* : envers { l'esprit : sagesse, tempérance, courage, justice ; le corps : le conserver, le subordonner à l'âme ;

2º *Envers nos semblables.* Fondement de leur droit : respect dû à leur droit. Justice et charité.

3º *Envers la famille et ses membres, envers l'État et ses membres.* Origine de l'État : l'organisme et le contrat social. Fin de l'État : la justice et l'amour. Droits et devoirs de l'État.

4º *Envers les êtres inférieurs et la nature* : moindres qu'envers les hommes.

5º *Envers Dieu.*

Nos divers devoirs sont indépendants les uns des autres. Pour trancher leurs conflits, examiner leur extension et leur excellence, en s'attachant surtout à l'excellence.

**Rapports de la morale et de l'économie politique** — 1º Production des richesses. Sources de richesses : α terre ; β forces naturelles ; γ travail (division du travail) ; δ capital. Légitimité de la propriété et du prêt à intérêt. La propriété foncière et l'hérédité.

2º Circulation des richesses. L'échange et la monnaie.

3º Répartition des richesses. Inégalité des conditions.

4º Consommation des richesses. Le luxe.

# TABLE DES MATIÈRES

## INTRODUCTION GÉNÉRALE

|   |   | Pages. |
|---|---|---|
| I. | De la science en général. | 2 |
| II. | Les diverses espèces de sciences, et leur classification. | 6 |
| III. | La philosophie. | 12 |

## PREMIÈRE PARTIE

### PSYCHOLOGIE

*Première Section. Considérations générales sur la psychologie.*

| IV. | Objet de la psychologie. | 19 |
|---|---|---|
| V. | Méthode de la psychologie | 23 |
| VI. | Divisions de la psychologie. | 32 |

*Deuxième Section. Sensibilité.*

| VII. | Les émotions | 38 |
|---|---|---|
| VIII. | Les inclinations et les passions. | 45 |

*Troisième Section. Volonté.*

| IX. | La volonté et le libre arbitre | 54 |
|---|---|---|
| X. | L'habitude. | 61 |
| XI. | L'instinct. | 65 |

*Quatrième Section. Intelligence.*

| XII. | La sensation et la perception. | 71 |
|---|---|---|
| XIII. | L'association et la dissociation des idées. | 85 |
| XIV. | La mémoire. | 88 |
| XV. | L'imagination. | 93 |
| XVI. | L'abstraction et la généralisation. | 97 |

# TABLE DES MATIÈRES.

| | | Pages |
|---|---|---|
| XVII. | Le jugement. | 103 |
| XVIII. | Le raisonnement. | 110 |
| XIX. | La raison et les principes directeurs de la connaissance. | 114 |
| XX. | Les résultats de l'activité intellectuelle. | 127 |

*Cinquième Section. Rapports de l'esprit et du corps.*

| | | |
|---|---|---|
| XXI. | Relations spéciales de la pensée et du cerveau. | 139 |
| XXII. | Relations générales du moral et du physique. | 144 |
| XXIII. | Le mouvement. | 147 |
| XXIV. | Le jeu et l'art | 152 |
| Appendice. | *Du beau.* | 156 |
| XXV. | Les signes et le langage | 161 |
| XXVI. | Les états anormaux de l'esprit | 171 |
| XXVII. | Notions de psychologie comparée. | 176 |

# SECONDE PARTIE

## LOGIQUE

| | | |
|---|---|---|
| XXVIII. | Objet et divisions de la logique. | 184 |

*Première section. Logique pratique.*

| | | |
|---|---|---|
| XXIX. | L'observation. | 187 |
| XXX. | L'expérimentation. | 192 |
| XXXI. | L'induction. | 197 |
| XXXII. | La classification. | 204 |
| XXXIII. | La définition | 212 |
| XXXIV. | L'hypothèse | 216 |
| XXXV. | L'analogie | 220 |
| XXXVI. | La déduction. | 224 |
| XXXVII. | De la méthode en général. Analyse et synthèse | 244 |
| XXXVIII. | Méthode des sciences mathématiques | 247 |
| XXXIX. | Méthode des sciences physiques. | 254 |
| XL. | Méthode des sciences naturelles. | 258 |
| XLI. | Méthode des sciences sociales. | 262 |

*Seconde section. Logique critique.*

| | | |
|---|---|---|
| XLII. | L'erreur. | 267 |
| XLIII. | Le criterium de la vérité. | 272 |
| XLIV. | Le scepticisme | 275 |
| XLV. | L'idéalisme | 279 |

## TROISIÈME PARTIE
### MÉTAPHYSIQUE

|  |  | Pages |
|---|---|---|
| XLVI. | Objet de la métaphysique | 284 |
| XLVII. | Conclusions des sciences mathématiques | 286 |
| XLVIII. | Conclusions des sciences physiques | 291 |
| XLIX. | Conclusions des sciences naturelles | 294 |
| L. | Conclusions des sciences sociales | 300 |
| LI. | Conclusions générales des sciences. La loi d'évolution | 303 |
| LII. | Le problème de la cause et de la substance. Discussion du positivisme | 309 |
| LIII. | L'unité de la substance | 313 |
| LIV. | Le panthéisme | 316 |
| LV. | Le matérialisme | 318 |
| LVI. | Le spiritualisme | 322 |

## QUATRIÈME PARTIE
### MORALE

| | | |
|---|---|---|
| LVII. | Objet et division de la morale | 332 |

*Première section. Morale théorique.*

| | | |
|---|---|---|
| LVIII. | Systèmes fondés sur les inclinations personnelles | 336 |
| LIX. | Systèmes fondés sur les inclinations inter-personnelles | 339 |
| LX. | Systèmes fondés sur les inclinations supérieures | 343 |
| LXI. | Le principe de la morale | 344 |

*Seconde section. Morale pratique.*

| | | |
|---|---|---|
| LXII. | Devoirs envers soi-même | 352 |
| LXIII. | Devoirs envers nos semblables | 359 |
| LXIV. | Devoirs envers la famille et envers l'État | 363 |
| LXV. | Devoirs envers les êtres inférieurs | 371 |
| LXVI. | Devoirs envers Dieu | 373 |
| LXVII. | Rapports des divers devoirs entre eux | 374 |
| LXVIII. | Rapports de la morale avec l'économie politique | 377 |
| RÉSUMÉ | | 385 |
| TABLE | | 405 |

Paris. — Imprimerie LAHURE, rue de Fleurus, 9

# EXTRAIT DU CATALOGUE

DE LA LIBRAIRIE HACHETTE et C$^{ie}$, 79, BOULEVARD SAINT-GERMAIN

---

**Adam** (Ch.), chargé du cours de philosophie à la Faculté des lettres de Dijon : *Études sur les principaux philosophes*, renfermant les matières indiquées dans les programmes de 1890, pour la classe de Philosophie et les candidats au baccalauréat ès lettres (2$^e$ partie). 1 vol. in-16, br.   4 fr.

**Rabier** (E.), inspecteur d'Académie à Paris : *Leçons de philosophie*. Nouveau cours, contenant les matières indiquées par le programme de 1890, pour la classe de Philosophie. 3 vol. in-8, brochés :

    Tome I$^{er}$ : *Psychologie*; 2$^e$ édition. 1 vol. . . . . . 7 fr. 50
        Ouvrage couronné par l'Institut.
    Tome II : *Logique*; 2$^e$ édition. 1 vol. . . . . . . . . 5 fr.  »
    Tome III : *Morale et Métaphysique* . . . . . . . .  »   »

**Ravaisson** (F.) : *La Philosophie en France au XIX$^e$ siècle* (1867); suivie du Rapport sur le prix de Victor Cousin (Le scepticisme dans l'antiquité 1884); 2$^e$ édition. 1 vol. grand in-8, broché . . . . . . . . . . . . . . . . . . . . . 7 fr. 50

**Tridon-Péronneau**, agrégé des classes supérieures : *Recueil de dissertations philosophiques*, à l'usage des candidats au baccalauréat ès lettres. 2$^e$ édit., revue et augmentée. 1 vol. in-16, broché . . . . . . . . . . . . . . . . . . . . 4 fr.

**Vacherot** (E.), membre de l'Institut : *Le Nouveau Spiritualisme*. 1 vol. in-8, broché . . . . . . . . . . . 7 fr. 50

**Zeller** (E.) : *La Philosophie des Grecs*, traduite de l'allemand, avec l'autorisation de l'auteur par M. Emile Boutroux, maître de conférences à l'École normale supérieure et par ses collaborateurs :

    Tomes I et II. *La Philosophie des Grecs avant Socrate*, par E. Boutroux. 2 vol. in-8, brochés. . . . . . . 20 fr.  »
    Tome III. *Socrate et les Socratiques*, par M. Belot. 1 vol. in-8, broché. . . . . . . . . . . . . . . . . 10 fr.  »

www.ingramcontent.com/pod-product-compliance
Lightning Source LLC
Chambersburg PA
CBHW052122230426
43671CB00009B/1088